KB112178

개정판

영단어 이미지 기억법

단어를 분석하여 쉽게 외우는

영단어 이미지 기억법 1 개정판

발행일 2024년 5월 13일

지은이 전왕
감수 박 프란세스, Jeffrey Fuller
펴낸이 손형국
펴낸곳 (주)북랩
편집인 선일영
편집 김은수, 배진용, 김현아, 김다빈, 김부경
디자인 이현수, 김민하, 임진형, 안유경
제작 박기성, 구성우, 이창영, 배상진
마케팅 김회란, 박진관
출판등록 2004. 12. 1(제2012-000051호)
주소 서울특별시 금천구 가산디지털 1로 168, 우림라이온스밸리 B동 B113~115호, C동 B101호
홈페이지 www.book.co.kr
전화번호 (02)2026-5777
팩스 (02)3159-9637

ISBN 979-11-7224-100-1 13740(종이책) 979-11-7224-101-8 15740 (전자책)

단어를 분석하여 쉽게 외우는

영단어 이미지 기억법 1

개정판

전왕 지음 | 박 프란세스 · Jeffrey Fuller 감수

영단어 기억의 원리,

몸통을 찾고 형상화하여 의미를 부여하라!

북랩

영단어 기억의 원리

1. 몸통 찾기

영어 단어는 몸통(어근, 語根, root / 어간, 語幹, stem - 단어의 실질적 의미를 나타내는 중심 부분으로 더 이상 분해할 수 없는 부분)에 접두사(ab, ad, bene, con, dis, ex, pre 등), 접미사(ate, ics, tion, ward 등)가 결합된 구조로 되어 있다. 보이지 않는 실체를 공략하기 위해서는 몸통을 찾아야 하듯이 영어 단어를 정복하기 위해서는 우선 몸통을 찾아야 한다. 단어의 몸통은 단어 형성 초기의 가장 원시적이고 기본적인 형태로서 대체로 그 기원은 라틴어, 그리스어에 있다. 이것을 찾으면 관련 단어를 쉽게 이해할 수 있다. 예컨대 라틴어 caput(머리)에서 나온 cap을 몸통으로 하여 escape, cape, capital 등의 단어가 만들어지는데 escape는 밖으로(es=ex) 머리(cap)를 내밀어 「탈출하다」. cape는 바다로 머리를 내민 곳, capital은 사업을 위해 가장 중요한 머리에 해당하므로 '자본'이 된다.

라틴어 tingere(물들이다, 염색하다)에서 tin, tinge라는 몸통을 찾아낼 수 있는데 tin, tinge는 '물들다', '접촉하다'의 의미를 가지게 되고 여기서 tint(색조, 염색하다), tinge(색채를 가미하다), contingent(대표단, 우발적인), contiguous(인접한, 근접한)가 만들어졌다.

trad(라틴어 tradere - 넘겨주다, 인도하다)를 몸통으로 하여 trade(거래), tradition(전통), extradite(범죄인을 인도하다)가 만들어졌다. 농사를 짓기 전 인류는 forest(숲)에서 사냥하거나 채집 생활을 하며 먹을 것을 찾았기 때문에 fo 또는 for는 먹이와 관련이 있다. food(음식), foster(먹이를 주어 양육하다), foray(먹이를 낚아채기 위해 습격하다)에는 모두 fo(for)가 몸통으로 들어가 있다. 항구(port)에 가면(ap=ad ~쪽으로) 기회(apportunity)가 있고 ramp(경사로)에는 풀이 걷잡을 수 없게 자란다(rampant 걷잡을 수 없는). 이런 식으로 영어 단어는 그 몸통을 찾으면 그 의미를 쉽게 유추할 수 있으므로 단어의 몸통을 찾는 것은 기억에 매우 유리하게 작용한다.

2. 형상화

문자가 발명되기 전 인류 역사의 대부분 동안 인간은 이미지로 기억해 왔기 때문에 인간은 이미지로 기억하도록 진화되어 왔다(수백만 년의 인류 역사에 비하면 문자를 사용한 2,000년 정도의 기간은 지극히 짧은 기간이다). 뇌과학 이론에 따르면 인간의 기억은 학습(경험) 당시의 분위기, 학습자의 감정과 섞여 일련의 스토리가 되어 맥락으로 저장되어 있고 인간은 기억할 때 이미지를 먼저 떠올리는데 진화 과정에서 쌓아온 인간의 이미지 재생능력은 매우 탁월하다. 기억할 내용의 이미지는 전체 기억의 골격이 되고 우리가 이미지를 떠올릴 수 있다면 이미 절반 이상은 기억한 것이다. 따라서 기억하고 싶은 내용을 이미지로 저장하는 것은 기억 재생에 있어서 매우 유리한 조건이 된다.

---

3. 의미 부여

"숲속을 헤매다가 기진맥진한 상태에서 맛본 잊을 수 없는 그 과일의 맛"처럼 기억하고자 하는 대상에 특별한 의미가 있다면 그것은 더 잘 기억된다. 의미를 부여하는 것은 기억의 접착제 역할을 한다. 이미지를 만드는 것이 기억이라는 건물의 골격을 만드는 것이라면 의미를 부여하는 것은 건물 벽에 접착제로 외장재를 붙이는 것이 되어 기억의 완성도가 더 높아지게 된다. 암기한 단어는 의미를 부여하고 이해해야 그것을 완전히 안다고 말 할 수 있다.

4. 이 책의 특징

- 단어의 어원에서 단어의 실질적 의미를 나타내는 몸통(어근, 어간)을 찾아서 기억하기 쉽도록 이미지로 형상화하였다.
- 영단어의 몸통에 해당하는 부분을 이미지로 형상화한 후 몸통에서 파생되는 여러 단어를 찾아 관련성 있는 어휘를 모두 익힐 수 있도록 하였다.
- 수록된 단어에 의미를 부여하여 이해를 통해 기억의 완성도를 높이고 그것을 다른 학문 분야와 연결하여 다방면의 지식과 통합함으로써 세상사 전반에 대한 사고력, 통찰력을 기를 수 있도록 하였다.

- p.s. 이 책의 영어문장을 감수해 주신 목동 청담어학원의 박 프란세스 선생님과 미국인 Jeffrey Fuller 선생님께 감사드립니다. 이 책에 수록하지 못한 단어는 시간이 허락하는 대로 후속편을 통하여 순차적으로 소개하고자 합니다.

2024. 5.

저자 전왕

이 책의 공부 방법

1.

왼쪽 페이지의 그림과 단어를 보고 그 의미를 짐작해 본 후 자신이 생각했던 의미와 일치하는지 확인해 본다.

2.

왼쪽 페이지의 그림과 박스 부분에서 어원을 파악하고 단어의 기본적 형태가 어떻게 변형되어 파생어를 낳게 되는지 살펴본다.

3.

오른쪽 페이지의 박스 부분에서 단어의 상세한 의미를 이해하고 박스 아래쪽의 예문, 구문으로 단어의 구체적 활용법을 익힌다.

4.

단어를 생각할 때 그 이미지를 떠 올려서 쉽게 기억할 수 있도록 그림을 머릿속에 입력시킨다.

5.

최상의 방책은 반복이라는 점을 명심하고 이미지와 내용이 상승작용을 일으킬 수 있도록 반복적으로 보고 읽는다.

Contents

75. lumin이 들어 있는 단어, absurd
76. conciliate, reconcile, irreconciliable
77. seduce, sever, severance, herald
78. captive, capture, captivate, evacuate
79. theism이 들어 있는 단어
80. molar, immolate, wedge
81. encumber, feign, feint
82. mortal, immortal, mortgage, engage
83. merit, meritorious, meritocracy, meretricious, prostitute
84. execute, executive, appease
85. resilient, decent, indulgent
86. moral, morale, infest
87. indulge, indulgent, indulgence, slay, slaughter
88. nav, nau가 들어 있는 단어
89. slip, slippery, slope, slant, slim, slime
90. ordeal, order, disorder, castrate
91. lethargy, moderate, immoderate
92. statistics, fulfill
93. mandate, mandatory, symmetry
94. tantalize, stingy, miser
95. nibble, abrade
96. predicate, preach, predict, hollow
97. intimidate, timid, scatter
98. foster, forage, cling, clingy
99. credit, credible, credulous, gullible, phobia
100. advocate, vocation, impeach
101. sequence, sequential, subsequent, consequence, series, serial
102. alleviate, lever, leverage, feasible
103. pervert, convert, invert
104. bias, prejudice
105. tint, contiguous, contiguity, contraband
106. menace, threat
107. resign, retire
108. hospitality, get on
109. forfeit, confiscate
110. worry, concern, anxiety
111. terminate, terminal, exterminate
112. dissident, dissent, crush, crunch
113. wise, wisdom, get over
114. adamant, invincible
115. dementia, mental, rampant
116. eu가 들어 있는 단어
117. manure, compost, vocation, avocation
118. hide, hideout, hideous, heuristic
119. urge, urgency, get off
120. doleful, condole, futile
121. saline, salinize, salary, desalinize
122. parasite, parasitism, comfort
123. escape, escapism, top down, bottom up
124. bless, bliss, curse
125. emerge, emergency, immerge
126. clemency, clement, glut, glutton
127. inspire, respire, respirate
128. proper, property, appropriate, print, imprint
129. foray, forage, stamp, stampede
130. fluke, extradition, betray
131. stand out, standard, media, mediocre
132. collude, malady, malnutrition, malice, malfunction
133. sacred, sacrifice, optic, option, optimal
134. rehab, rehabilitate
135. fragile, frail, brittle
136. tribe, tribute, attribute, contribute, distribute
137. forecast, predict, nemesis
138. pending, impending, suspend
139. stifle, hierarchy, monarchy, anarchy
140. request, require, integrate
141. humble, humus, humility, humid
142. mimic, mimicry, mime, imitate, comic
143. heresy, heretic, pagan
144. envy, jealousy
145. obsolete, usurer, loan shark
146. barbarian, barber, hate, hatred
147. blame, blameless, endemic, epidemic, pandemic
148. crater, meteor, skyscraper
149. embarrass, cutback, cut back
150. scapegoat, get ahead

1

attract, extract, detract, distract, contract, subtract

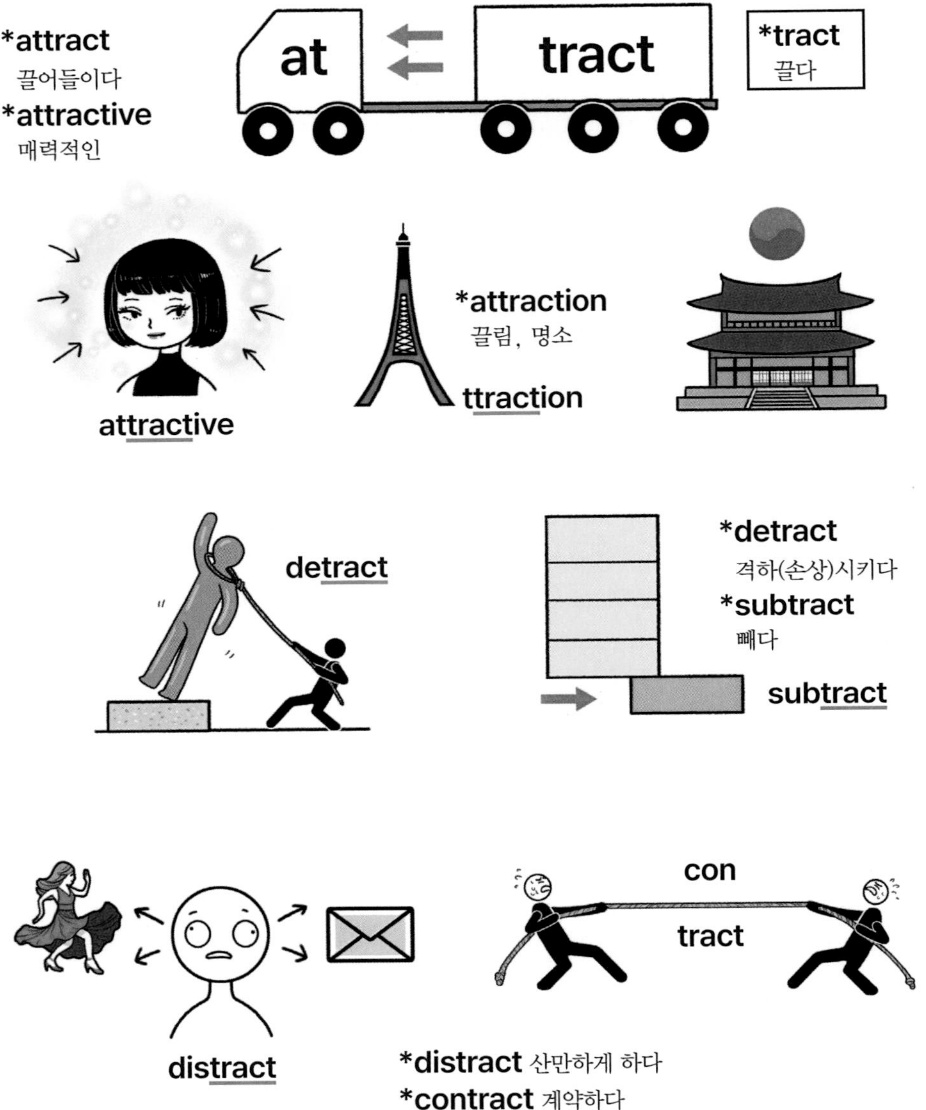

*distract 산만하게 하다
*contract 계약하다

ROOT/STEM

attract 마음을 끌다, 끌어들이다
* 라틴어 **trahere**(당기다, 끌다, 유인하다) → **tract** 끌다
* **at**(**ad**~쪽으로) + **tract**(끌다) → **attract** * **attraction** 끌림, 매력, 명소
* **attractive** 매력적인, 마음을 끄는
* **con**(함께) + **tract**(끌다) → **contract** 함께 당기며 줄다리기하는 것
① 계약, 계약하다 ② 수축하다, 줄어들다
* **ex**(밖으로) + **tract**(끌다) → **extract** ① 뽑다, 추출하다 ② 발췌, 초록
* **de**(아래로) + **tract**(끌다) → **detract** (가치를 떨어뜨려서) 격하(손상)시키다
* **dis**(분산) + **tract**(끌다) → **distract** 집중력을 떨어뜨리다, 산만하게 하다
* **sub**(아래, ~이하) + **tract**(끌다) → **subtract** 빼다

예문

Power attracts the corruptible. The sane are usually attracted by other things than power.
권력은 부패되기 쉬운 자들을 끌어들인다. 분별 있는 이들은 대체로 권력 이외의 다른 것들에 이끌린다. -데이비드 브린

Justice is a contract of expediency, entered upon to prevent men from harming or being harmed. * expedience 편의, 방편, 편의주의
정의란 인간이 서로 해치는 것을 방지하기 위한 편의적인 계약이다. - 에피쿠로스

The art of being happy lies in the power to extract happiness from common things.
행복해지는 기술은 흔한 것들로부터 행복을 뽑아내는 힘에 있다.
* 인생은 굵직한 이벤트로만 이루어진 것이 아니라 대부분 평범한 일상이다. 알고 보면 행복은 우리 주변에 얼마든지 널려있고 굴러다닌다. 세상은 아는 만큼 보고 느낄 수 있다. 지식을 쌓고 안목을 기르고 사물을 보고 경청하는 능력을 기른다면 평범한 일상에서도 많은 것들이 행복으로 다가오게 된다.

He is very easily distracted. 그는 쉽게 주의가 산만해진다.

구문

- **attract their attention** 그들의 관심을 끌다
- **attract sponsors** 후원자들을 끌어들이다
- **sexually attractive** 성적 매력이 있는
- **physically attractive** 육체적으로 매력이 있는
- **become less attractive** 덜 매력적으로 되다
- **the catering contract** 음식납품계약
- **renew a contract** 계약을 갱신하다
- **the muscles contract** 근육이 수축하다
- **contract to work** 일하기로 계약하다
- **extract oil** 석유를 뽑아내다
- **extract enriched uranium** 농축우라늄을 추출하다
- **extract a cork** 코르크 마개를 뽑다
- **an extract from a novel** 소설에서 발취한 인용문
- **mineral extraction** 광물 채굴
- **charge for an extraction** 치아를 뽑는 비용
- **detract from one's enjoyment** 즐거움을 빼앗다
- **detract one's attention** 주의를 떨어뜨리다
- **distract attention** 관심(주의)을 딴 데로 돌리다
- **distract students from studying** 학생들의 공부 집중력을 떨어뜨리다
- **subtract the smaller number from the larger number** 큰 숫자에서 작은 숫자를 빼다

2

complete, deplete, replete

*repletion
충만, 포식, 과다

ROOT/STEM

complete ① 완벽한 ② 완료하다, 기입하다
* 라틴어 **plere**(채우다) → **plete**
com(완전히) + **plete**(채우다) → **complete** 완벽한, 완료하다
de(아래로) + **plete**(채우다) → **deplete** 고갈시키다, 대폭 감소시키다
re(다시) + **plete**(채우다) → **replete** 가득 찬, 배부른
repletion ① 충만, 충실, 과다 ② 포식, 과식, 배부름

예문

There are only two ways of telling the complete truth–anonymously and posthumously.
완전한 진실을 말하는 방법에는 두 가지가 있다. 익명으로 하거나 유언으로 하거나. - 토머스 소웰
* posthumous 사후에 * posthumously 사후에, 유작으로, 유언으로

There is no revenge so complete as forgiveness.
용서만큼 완벽한 복수는 없다. - 조쉬 빌링스

The building is expected to be completed in next March.
그 건물은 내년 3월에 완공될 예정이다.

Rain forests have been steadily depleted.
열대우림이 꾸준히 격감해 왔다.

Marathon running left him totally depleted of energy.
마라톤 경주가 그의 체력을 완전히 고갈시켰다.

This book is replete with useful information.
이 책은 유익한 정보로 가득하다.

The Bible is replete with examples of ciphering and metaphors.
성경은 암호와 은유로 가득 차 있다.

구문

- **a complete surprise** 전혀 예상치 못한 일
- **a complete tyrant** 완전 폭군
- **complete strangers** 전혀 모르는 사람들
- **a complete novice** 완전 초보
- **complete nonsense** 전혀 터무니없는 소리
- **a complete nut** 완전 미친놈
- **be at a complete standstill** 완전 정지 상태다
- **be in complete agreement** 완벽한 의견일치 상태
- **complete the form** 서식을 작성하다
- **a car replete with latest technology** 최신 기술을 탑재한 자동차
- **a man replete with learning** 학식이 풍부한 사람

3
essence, piss

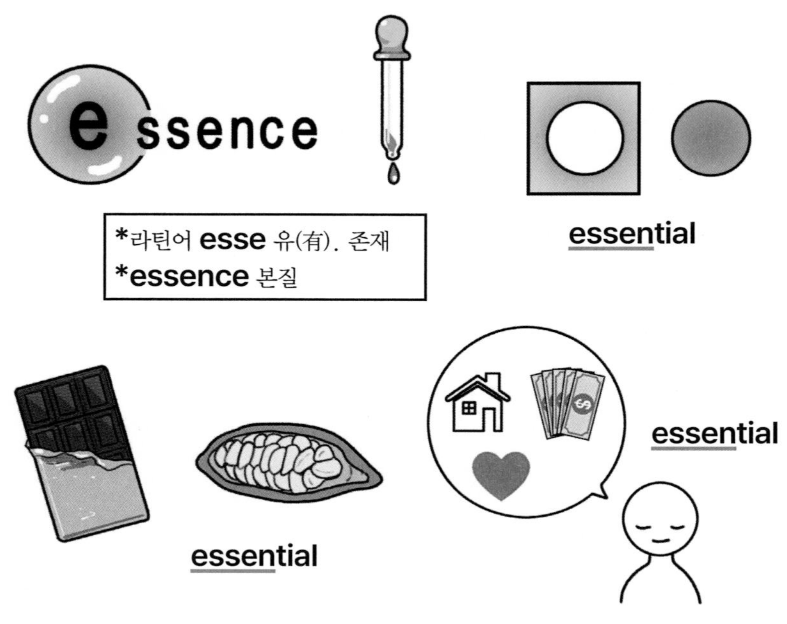

*라틴어 **esse** 유(有), 존재
***essence** 본질

***essential** 본질적인, 필수적인

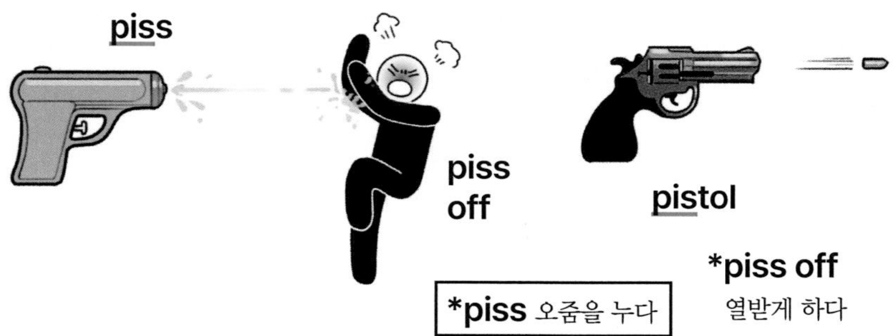

***piss** 오줌을 누다

***piss off** 열받게 하다

ROOT/STEM

essence 본질, 정수, 핵심

* 라틴어 **esse**(유有, 존재) → **essence**

* 라틴어 **essentia**(본질, 진수, 요소)

*** essential** ① 본질적인, 중요한, 필수적인 ② 본질적(필수적)인 것

예문

What is essential is invisible to the eye. 정말 중요한 것(본질적인 것)은 눈에 보이지 않는다.

Desire is the essence of a man. 욕망은 인간의 본질적인 요소다. - 스피노자

* 욕망은 인간이 자기 존재를 지속시키고자 하는 노력이다. 욕망은 억제되어야 하는 것이 아니라 인간의 본성이며 생명의 원동력이다. 욕망은 인생의 가치를 만들어 내고 사회의 진보를 가져온다.

구문

- **an essential precondition** 필수 전제조건
- **an essential tool** 필수 도구
- **the essence of life** 삶의 본질(정수)
- **in essence** 본질적으로
- **the essence of Stoicism** 스토아철학의 정수 (금욕주의 asceticism)

ROOT/STEM

piss 오줌을 누다

*** pee**(오줌 **urine**)는 **piss**의 첫 글자 **p**를 길게 발음하여 **pee**로 한 것이다. 소변 보는 것을 몰래 보면 **peek**(훔쳐보다)가 된다

piss off ① ~를 열 받게 하다 ② 꺼져

예문

Don't piss me off. 열 받게 하지 마.

He has been pissing off everyone. 그는 모든 사람을 짜증 나게 하고 있어.

I fucked it up and now they are pissed off. 내가 망쳐버려서 그들이 화나 있어.

Close the door and piss off. 문 닫고 꺼져.

It's time for you to piss off. 이제 네가 꺼져줄 시간이야.

구문

- **go for a piss**(pee) 오줌 누러 가다
- **sing on the piss** 술 취해 노래를 부르다
- **take(have) a pee** 소변을 보다(urinate)
- **take a peek** 훔쳐보다, 엿보다
- **peek into the files** 파일을 엿보다
- **peek into the locker room** 탈의실을 훔쳐보다
- **peek at his diary** 그의 일기를 엿보다

4

impede, replace

*라틴어 **pedes** 보행
***pedes**는 발, 걷는 것과 관련이 있다.

***impede** 지연시키다, 방해하다

***place** 놓다, 두다

***replace** 대체하다, 제자리에 놓다
***replaceable** 대체 가능한
***irreplaceable** 대체 불가능한

ROOT/STEM

impede 지연시키다, 방해하다
* 라틴어 **pedere**(발을 달다), **pedes**(보행) → **pede**는 발과 관련이 있다
im(안 **in**) + **pede**(발) → **impede**(안에서 발을 잡고 못 나가게) 지연시키다, 방해하다
* **impeding** 상대 선수의 추월을 방해하기 위해 고의로 진로를 가로막는 반칙행위
* **impediment** 장애, 장애물

예문

He was disqualified for impeding during the final short track.
그는 쇼트트랙 결승전에서 방해동작으로 실격되었다.

Unnecessary restrictions impede innovation. 불필요한 규제는 혁신을 방해한다.

* 규제가 혁신을 방해하는 이유: 규제는 처음에 필요에 의해 만들어졌으나 시간이 지나면 불필요하게 되는 경우가 많음에도 없어지지 않는다. 그동안 규제를 통해 많은 진입장벽(entry barrier)과 기득권(vested rights)이 형성되어 그것이 관료의 권한을 강화하는 측면이 있기 때문이다. 영국은 마차 업계의 기득권 보호를 위해 속도를 시속 16㎞로 제한하였다가 자동차 산업의 주도권을 독일, 프랑스, 미국에 빼앗겼다. 의원들은 실적을 위해 법안을 남발하고 입법공해로 말도 안 되는 규제가 넘쳐난다. 사고가 발생하면 피해자를 데려와서 국회에서 울게 만들고 국민의 감성을 자극하여 개인이나 기업이 도저히 감당할 수도 없는 규제와 처벌법을 만든다. 표를 노리는 사악한 정치꾼들은 현실성 없는 허접한 법을 만들어 경제활동을 위축시키는데 이러한 악순환으로 혁신은 어려워지고 미래산업은 발붙이기 힘들게 된다.

구문

- **impede bills** 법안을 지연시키다
- **impede the progress** 진보를 저지하다
- **impede the flow of one's work** 일의 흐름을 방해하다
- **impede access** 접근을 방해하다
- **a serious impediment to economic recovery** 경제회복의 심각한 장애

ROOT/STEM

replace 대신하다, 대체하다, 제자리에 놓다
re(다시) + **place**(놓다) → **replace** 대체하다
* **replacement** 교체, 대체(물)
* **replaceable** 대신할 수 있는, 교체 가능한
* **irreplaceable** 대신(대체)할 수 없는

예문

God has been replaced by money. 신은 돈으로 대체되었다.

* 돈은 재화를 효과적으로 재분배하고 인간에게 자유를 준다. 돈이 없는 사회에서는 대가 없는 노동이 제도화되고 인간을 지불 수단으로 삼는 노예제도가 되살아날 수도 있다. 돈은 사람을 굴복시켜 개종시킬 수도 있다. 오늘날 돈은 신보다 힘이 세다.

A mother's love cannot be replaced with anything. 어머니의 사랑은 그 무엇으로도 대신할 수 없다.

In order to be irreplaceable one must always be different.
그 무엇으로도 대체할 수 없는 존재가 되기 위해서는 남달라야 한다. - 코코 샤넬

구문

- **replace a flat tire with a new one** 구멍난 타이어를 새것으로 교체하다
- **the replacement of worn parts** 낡은 부품의 교체
- **replace a book on the shelf** 책을 도로 책장에 갖다 놓다
- **irreplaceable role** 대체할 수 없는 역할

5

candid, pay off

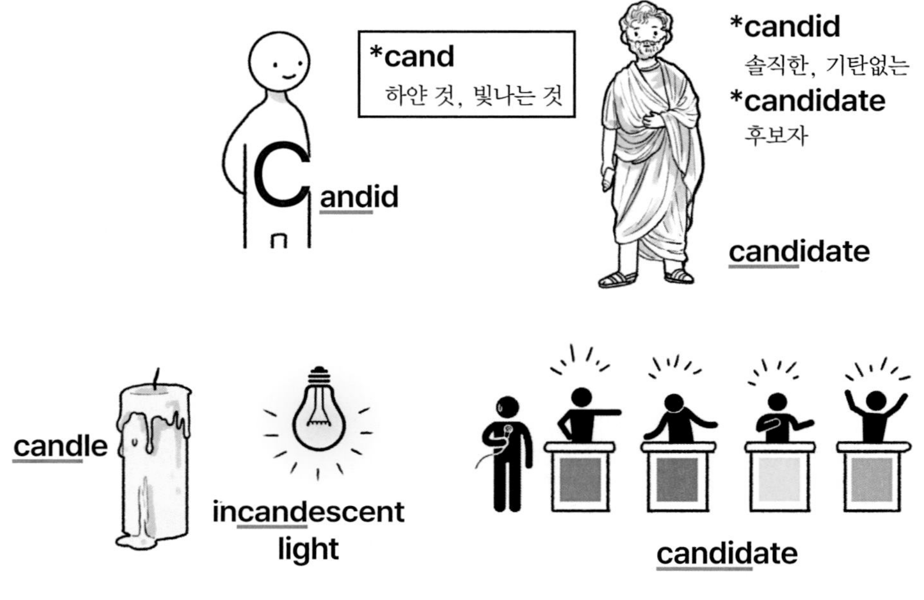

*in(안에) + 라틴어 candescere(빛나다) + ent(접미사)
→ incandescent 눈부시게 밝은, 백열성의

*pay off 다 갚다, 결실을 맺다
*payoff 급료 지불, 청산

ROOT/STEM

candid 솔직한, 기탄없는, 허심탄회한, 자연스러운 모습 그대로의
candidate 후보(솔직하고 기탄없는 사람이어야 한다)
* 라틴어 **candere**(빛나다, 백색광을 내다), 라틴어 **candidus**(반짝이는, 새하얀)
cand는 하얀 것, 빛나는 것과 관련이 있다
* 관직에 취임할 후보는 흰 옷을 입었기 때문에 후보자**(candidate)**에도 **cand**가 들어 있다.
빛을 내는 양초는 **candle**, 들장미소녀 **candy**는 밝고 순수하다
*** incandescent** 눈부시게 밝은, 백열성의 *** incandescent light** 백열등

예문

Come, be candid for once. 자, 이번 한 번만 솔직해 봐.

She was remarkably candid with me 그 여자는 놀랄 만큼 나에게 솔직했다.

You are on candid camera. 너 지금 소형 몰래카메라에 찍히고 있어.

No candidate fulfills all the criteria for the president.
어떤 후보도 대통령 자리에 적합한 모든 기준을 충족시키지 못하고 있다.

구문

- **hear your candid opinions** 여러분의 기탄없는 의견을 듣다
- **a candid interview** 솔직한 인터뷰
- **candid criticism** 기탄없는 비평
- **take a candid shot** 몰래카메라로 찍다
- **have candid talks** 솔직한 이야기를 나누다
- **a candid statement** 솔직한 진술
- **win the nomination as candidate for the presidency** 대통령 후보로 지명되다
- **the most suitable candidate** 가장 적합한 후보
- **officially adopt a candidate** 후보자를 공천하다
- **bribe a rival candidate** 경쟁후보를 매수하다
- **make a canid confession of one's shortcomings** 단점(결점)을 솔직하게 고백하다.

ROOT/STEM

pay off ① 다 갚다 ② 성공하다, 성과(결과)를 내다, 결실을 맺다
*** pay-off** 뇌물, 퇴직장려금, 성과급(보상)
*** payoff** 급료지불, 청산, 보복

예문

Your persistence and hard work will pay off. 너의 끈기와 노력이 결실을 맺게 될 거야.

Efforts must pay off. 노력은 배신하지 않는다.

Prayer can pay off? 기도하면 효과가 있을까?

구문

- **pay off a mortgage** 담보대출을 다 갚다
- **pay off my debts** 내 빚을 갚다
- **practice does pay off** 연습하면 성과가 있다
- **finally pay off** 마침내 결실을 맺다
- **the business pay off** 그 사업의 수지타산이 맞다

6

quarantine, conscious

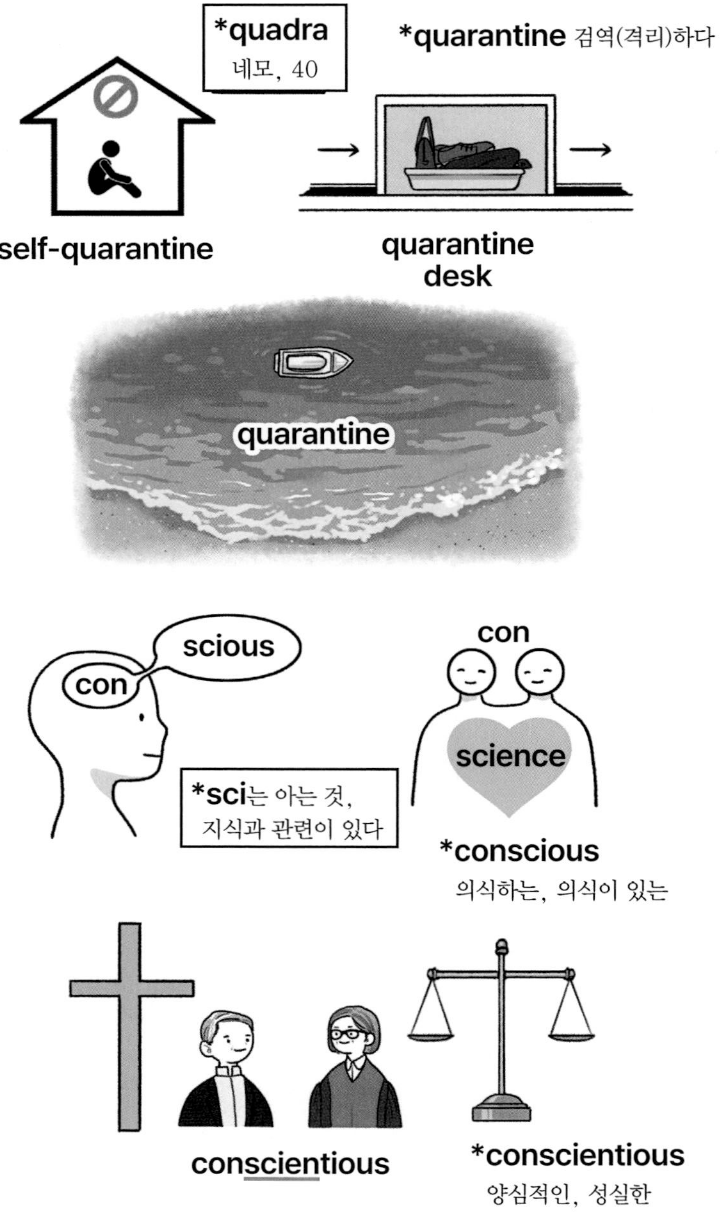

ROOT/STEM

quarantine 검역, 격리(하다)
라틴어 **quadraginta**(40) → 이태리어 **quarantina**(40)
→ **quarantine** 검역, 격리(하다)
* 예수가 광야에서 사탄의 유혹과 시련을 이겨내며 견뎌낸 40일의 기간, 19세기 이탈리아에서는 배가 검역을 통과할 때까지 40일 동안 해상에 격리되어 있어야 했다.
* **quadrangle** 사각형(quad)

예문

I was kept in quarantine for two weeks. 나는 2주 동안 격리되어 있었다.

구문

• **quarantine desk** 검역대
• **self-quarantine** 자가격리
• **be in quarantine** 검역(격리) 중이다
• **be out of quarantine** 검역을 마쳤다
• **be held(kept) in quarantine** 검역을 위해 묶여 있다

ROOT/STEM

conscious ① 의식하는, 의식이 있는 ② 지각 기능, 판단 기능이 정상인
* 라틴어 **scire**(알다) → **science** 과학, 체계적 지식
* 라틴어 **conscius**(같이 알고 있는, 의식하고 있는, 죄 없는) → 영어 **conscious**
* **con**(함께) + **science**(지식) → **conscience** 양심, 가책
정상적인 지각, 판단 기능을 가진 사람이라면 함께 알아야 하는 것
* **conscientious** 양심적인, 성실한

예문

The greatest of faults is to be conscious of none. 가장 큰 잘못은 아무 잘못도 인식하지 못하는 것이다.

To be conscious that you are ignorant is a great advance.
자신의 무지함을 인식하는 것은 큰 진전이다.

A clear conscious is a good pillow. 깨끗한 양심은 좋은 베개다.

Fear is the tax that conscience pays to guilt. 두려움은 양심이 죄에 대하여 내야 하는 세금이다.

In matters of conscience, the law of majority has no place. 양심에 있어 다수결은 설 자리가 없다.

I will be conscientious. 양심적으로 할게요.

구문

• **a conscientious judge** 양심적인 재판관(심판)
• **a conscientious objector** 양심적 병역거부자

7

evolve, revolve, volume, involve

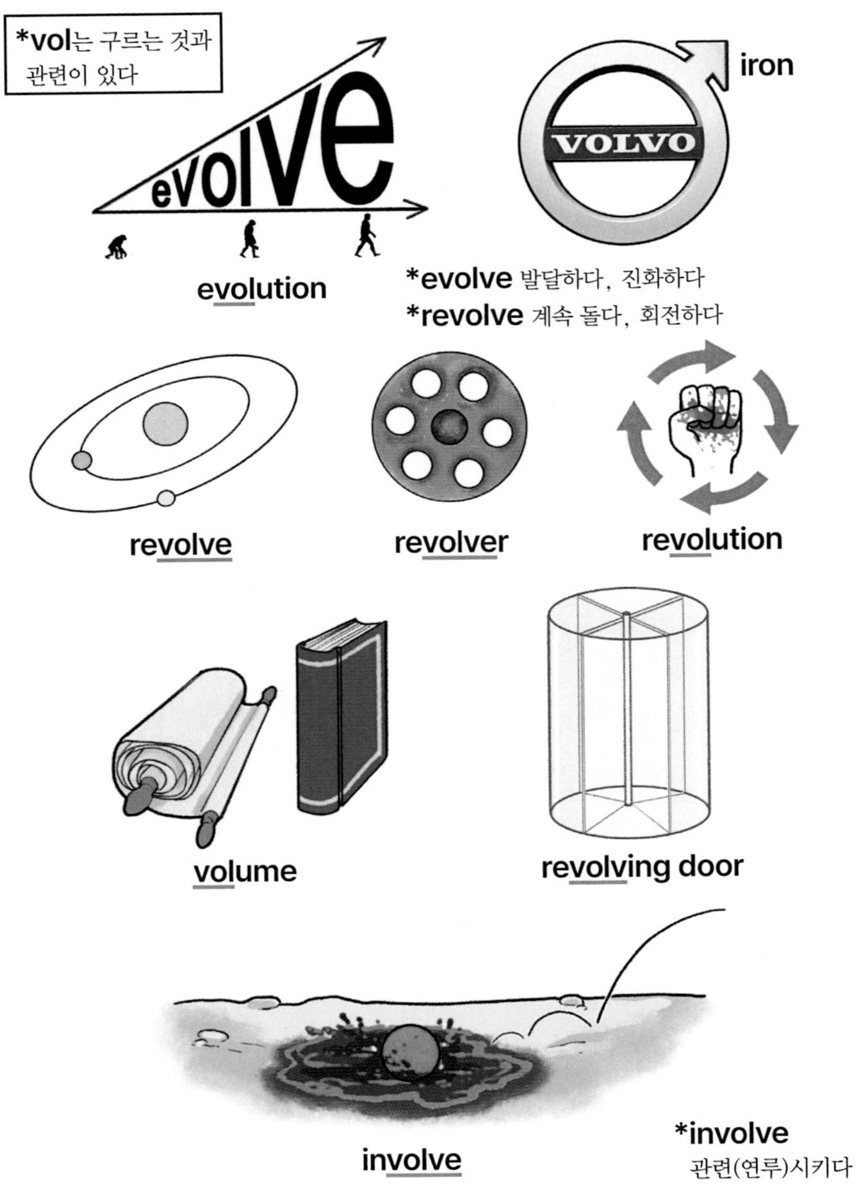

*involve
관련(연루)시키다

ROOT/STEM

evolve 발달하다, 진화하다

* 라틴어 **volvere**(굴리다, 구르다, 말다) → **volv**는 구르는 것과 관련이 있다
* **e**(ex 밖으로) + **volve**(구르다) → **evolve** 발달하다, 진화하다
* **evolution**(진화, 발전) * **evolutionist** 진화론자
* **evolutionary** 진화의, 점진적인 * **volume** 책, 용량, 부피, 음량

과거에 책은 두루마리 형태로 말려있었기 때문에 구른다는 의미가 있는 vol이 포함되어 있다.

* **in**(안으로) + **volve**(구르다) → **involve** 안으로 구르면 포함(연루) 되게 되므로 **involve**는 관련시키다, 연루시키다, 참여(몰두)시키다는 뜻이 된다
* **re**(다시, 반복) + **volve** → **revolve** (계속) 돌다, 회전하다
* **revolution** 혁명, 공전 * **revolt** 반란, 봉기 * **revolver** 회전식 연발권총

예문

The whole point of being alive is to evolve into the complete person you were intended to be.
전체적으로 삶이란 여러분이 되고자 했던 완벽한 인격체로 진화하는 것입니다.

Evolution occurs as a result of adaptation to new environments.
진화는 새로운 환경에 관한 적응의 결과로 일어난다.

The change should be evolutionary. 진화는 점진적이어야 한다.

Don't involve me in the problem. 그 문제에 나를 끌어들이지 마라.

Just because you love someone doesn't mean you have to be involved with them.
누구를 사랑한다고 해서 무조건 관여해야 한다는 뜻은 아니다.

It all revolves around you. 전부 네 위주로 돌아가고 있어.

Earth not only spins on its axis, it also revolves around the sun.
지구는 지축을 중심으로 자전할 뿐 아니라 태양 주위를 공전한다.

The French Revolution brought the collapse of the Bourbon monarchy.
프랑스 혁명은 부르봉 왕조의 몰락을 초래하였다.

The army quickly crushed the revolt. 군대는 재빨리 반란을 진압했다.

구문

- **evolve into a more complex creature** 좀 더 복잡한 생명체로 진화하다
- **evolve into intelligent beings** 지적 생명체로 진화하다
- **the evolution of humankind** 인류의 진화
- **theory of evolution** 진화론
- **from the evolutionary point of view** 진화론적 관점에서 보면
- **revolve around the Earth** 지구 주위를 돌다
- **a revolving door** 회전문
- **armed revolt** 무장반란
- **the peasants' revolt** 농민반란
- **stage a revolt** 반란을 일으키다
- **rise in revolt** 들고 일어나다
- **involve some risk** 어느 정도의 위험을 수반하다
- **involve skilled labour** 숙련된 노동이 필요하다
- **involve matters** 문제를 복잡하게 하다
- **involve prople** 사람들을 참여시키다

8

enthuse, enthusiasm, update

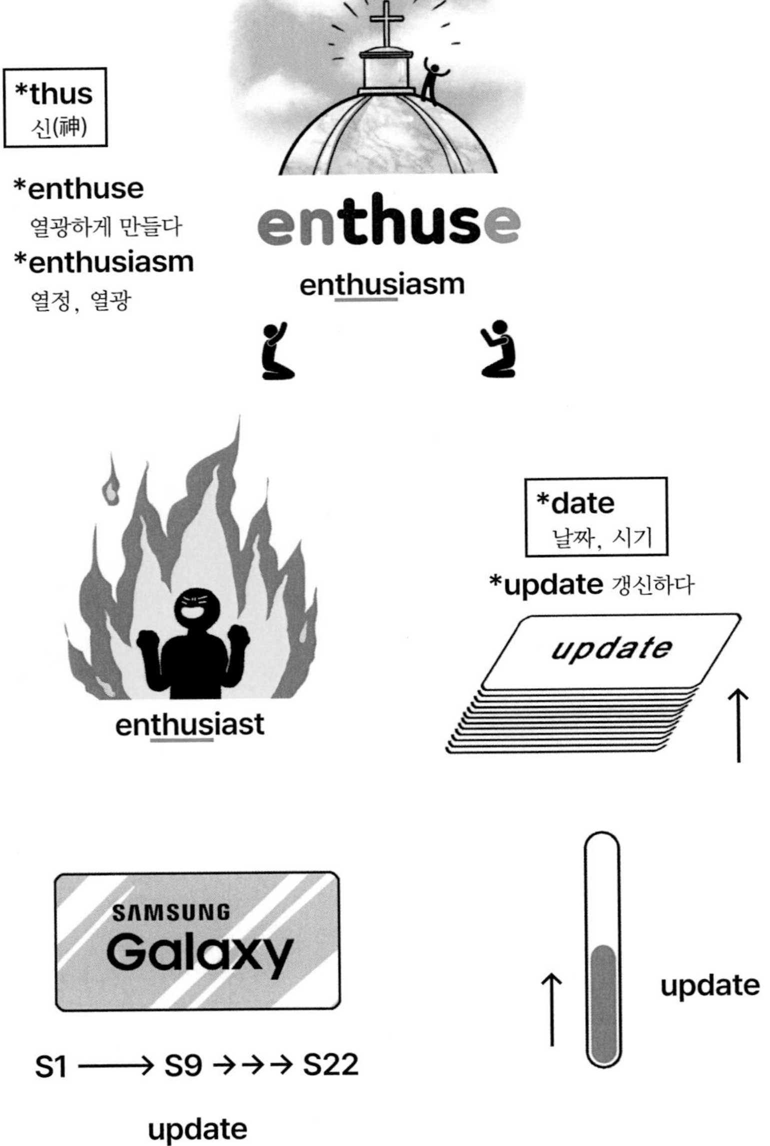

ROOT/STEM

enthusiasm 열정, 열광
* 그리스어 **theos** (신) → **thus**
* **en**(안에 **in**) + **thus**(신) → **enthuse** 열변을 토하다, 열광하게 만들다
* **enthusiast** 열광자, 광팬
* **enthusiastic** 열렬한, 열광적인 **enthusiastically** 열렬히, 열광적으로

예문

Giving up enthusiasm wrinkles the soul. 열정을 포기하는 것은 영혼을 주름지게 한다.

Success is the ability to go from one failure to another with no loss of enthusiasm
성공이란 열정을 잃지 않고 실패를 거듭할 수 있는 능력이다. - 윈스턴 처칠

Enthusiasm is catching. 열정은 전염성이 있다.

If you can give your son only one gift, let it be enthusiasm.
아들에게 한 가지 재능만 줄 수 있다면 열정을 주어라.

Nothing great was ever achieved without enthusiasm. 열정 없이 이루어진 위대한 일은 없다.

Try to be as enthusiastic as possible. 가능하면 열정적으로 해라.

Knowledge is power, but enthusiasm pulls the switch. 지식은 힘이다. 그러나 열정이 스위치를 당긴다.

구문

- **enthuse the players** 선수들을 고무시키다
- **a visionary enthusiast** 예지력 있는 열정가
- **a music enthusiast** 음악애호가
- **a comic book enthusiast** 만화광
- **a sports enthusiast** 스포츠광
- **an electronic enthusiast** 전자제품 애호가
- **a ship enthusiast** 배 애호가
- **an enthusiast supporter** 열렬한 후원자(지지자)

ROOT/STEM

update 갱신하다, 최근의 정보를 주다
* **updated** 최신의, 최근의

예문

I have an update for you. 따끈따끈한 정보를 알려줄게.

구문

- **up**date information 정보를 갱신하다
- **update one's bankbook** 통장을 정리하다
- **update one's software** 소프트웨어를 갱신하다
- **update the taximeter** 택시미터를 갱신하다
- **updated version** 최신 버전
- **an updated catalog** 업데이트된 카탈로그

legislature, conform

lation
late

*legis 법

*legislate 법을 제정하다
*legislation 입법
*legislature 입법부

conformity

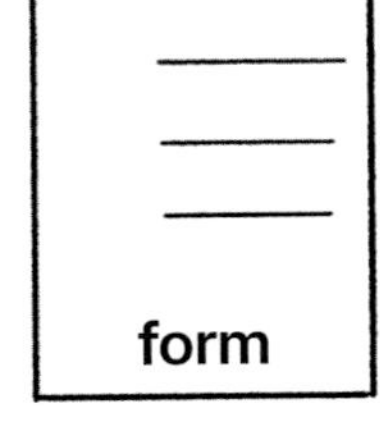

con form

*conform 행동을 같이하다, 따르다
*conformity 따름, 순응

방역수칙

마스크쓰기
친지 방문 자제
9시 이후 영업 금지

quarantine rules

conform the rules

ROOT/STEM

legislature 입법기관, 입법부

* 라틴어 **legis**(법) → **legislate, legislation, legislature**

* **legislate** 법률을 제정하다

* **legislation** 입법

* **legislature** 입법부, 입법기관

예문

The legislature is a den of thieves. 국회는 도둑놈들의 소굴이다.

The government will legislate against cigarette advertising.
정부는 담배광고를 금지하는 법을 만들 것이다.

구문

- **state legislature** 주의회
- **the legislature** 입법부
- **legislate on national matters**
  국가적 문제에 관하여 법을 제정하다
- **legislate to control drugs**
  약물 통제를 위한 법률을 제정하다
- **civil rights legislation** 시민권 법률
- **relevant legislation** 관련 법률, 적절한 법률

ROOT/STEM

conform 행동을 같이하다, (규칙, 법에) 따르다

* **con**(함께) + **form**(방식) → **conform** 방식을 함께 하다 → 따르다, 행동을 함께 하다는 뜻

* **conformity** 따름, 순응, 적합성 * **conformist** 순응주의자

* **nonconforomist** 일반적인 관행을 따르지 않는 사람, 비국교도

예문

I will conform to the safety regulations. 나는 안전규칙을 준수하겠다.

Writing also has to conform to an idea. 생각하는 대로 글을 써야 한다.

구문

- **conform to custom** 관습(관례)에 따르다
- **conform to a pattern** 패턴에 따르다
- **conform to the way of world**
  세상의 방식에 따르다
- **conform to safety standards** 안전기준에 따르다
- **conformity effect** 동조현상
- **strong resistance to conformity**
  순응에 대한 강한 반감
- **in conformiby with custon** 관습에 따라서
- **confomity certificate** 제품적합성
  확인서(품질보증서)

10

hypocrisy, content

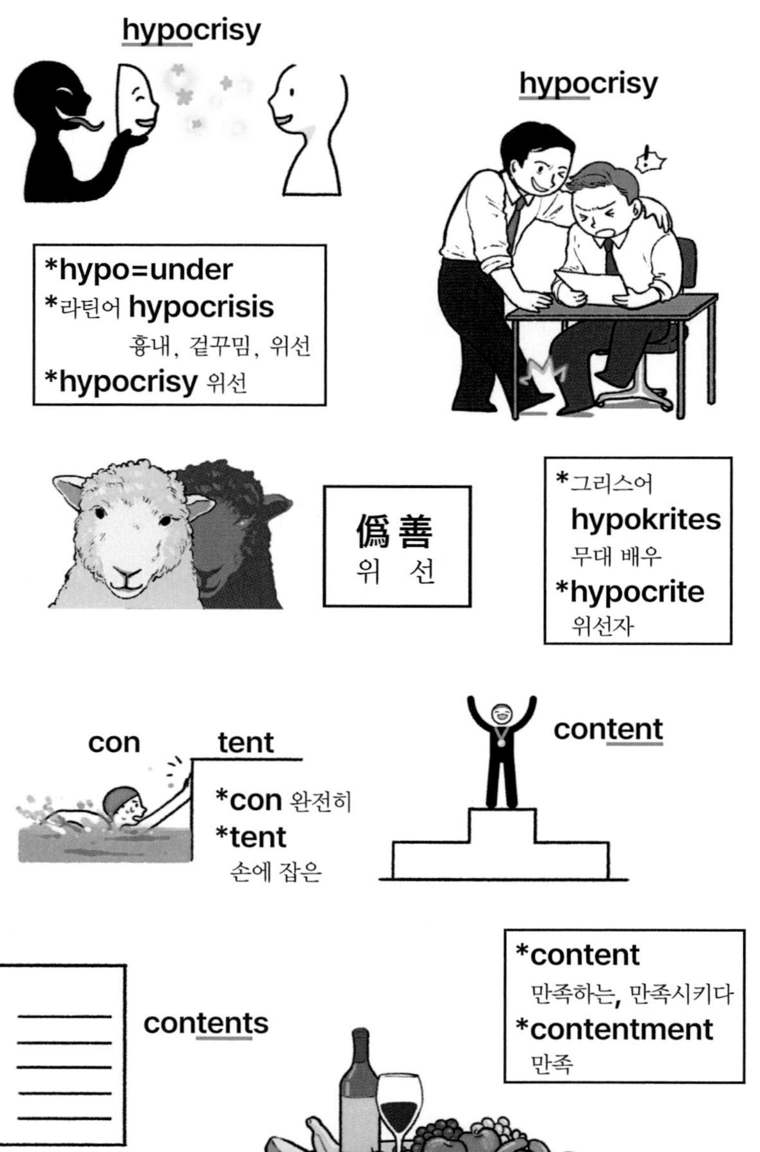

ROOT/STEM

hypocrisy 위선

* 그리스어 **hypo**(아래 **under**) + **krisis**(판단, 구별) → * 라틴어 **hypocrisis** → **hypocrisy** 위선

* 그리스어 **hypokrites**(무대 배우)

→ * **hypocrite** 위선자 * **hypocritical** 위선의, 위선적인

예문

Hypocrites lick with their tongues and kick with their feet.

위선자들은 혀로 핥고 발로는 찬다.

Politeness is the most acceptable hypocrisy.

정중함(공손함)은 가장 쉽게 받아들일 수 있는 위선이다.

* 위선은 사회적 삶의 징표다. 인간은 사회생활을 함에 있어 타인의 시선을 의식하며 살아간다. 타인과 더불어 살아가기 위해서는 본심을 숨기고 예의와 체면을 지키고 점잖게 행동해야 한다. 위선은 다른 사람과의 충돌을 방지하고 사회 평화를 유지하게 하는 순기능도 있다. 사회생활에 따른 필요성과 의식은 인간을 위선적으로 만든다. 인간관계는 가면놀이로 유지되고 인생은 가면무도회와 같다.

구문

- **condemn the hypocrisy** 위선을 비난하다
- **sheer hypocrisy** 순전한 위선(속임수)
- **brand him a hypocrite** 그를 위선자라고 낙인찍다
- **show us hypocritical behavior** 우리에게 위선적 행동을 보이다

ROOT/STEM

contentment 만족, 자족(감), 기쁨

* 라틴어 **tenere**(손에 잡다), **tentus**(손에 잡은)

* **content** ① 만족하는, 흡족한 ② 만족시키다 ③ 내용물(contents)

* **con**(완전히) + 라틴어 **tentus**(손에 잡은) → **content** (완전히 손에 잡아서) 만족하는, 흡족한

예문

Contentment is better than riches. 만족은 부유함보다 낫다.

Happiness consists of contentment. 행복은 만족으로 구성되어 있다.

* 행복한 삶은 만족하는 삶이다. 만족하기 위해서는 우선 즐거워야 한다. 그러나 즐거움(쾌락)은 만족의 필요충분조건이 될 수 없다. 쾌락은 느낌이기 때문에 오래 지속되지 않고 단기간 만족을 줄 수 있을 뿐이다. 장기적으로 볼 때 사람들은 고통을 겪더라도 의미 있는 삶에 더 큰 만족감을 느낀다. 행복은 순간적인 느낌, 기분의 문제가 아니라. 인생에서 성공하여 만족을 얻는 것이다. 그렇다면 쾌락(즐거운 삶) + 미덕(좋은 삶) = 행복(만족하는 삶)의 공식이 성립될 수 있다.

구문

- **be content to wait** 기꺼이 기다리다
- **be content to hear about one's promotion** ~의 승진 소식에 만족하다
- **food with a high fat content** 지방 함량이 높은 음식
- **a look of contentment** 만족한 표정

11

incentive, wither

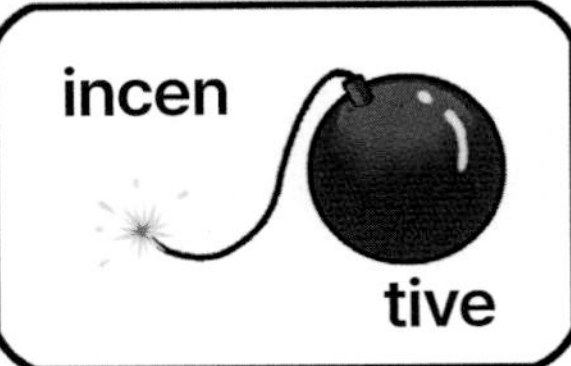

*라틴어 **incendo** 불붙이다, 자극하다
incen은 불붙이는 것, 자극하는 것과 관련이 있다.

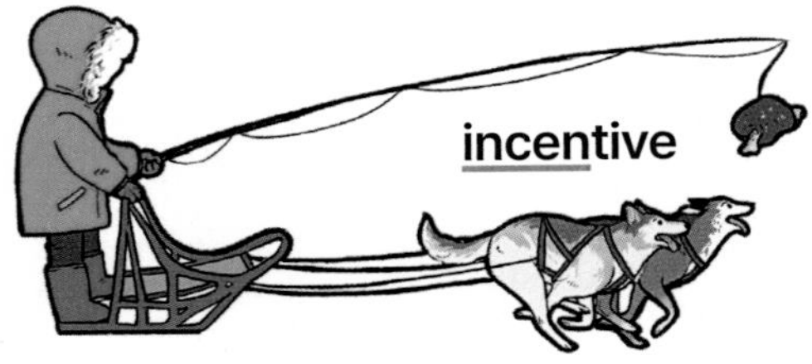

incentives

*incentive 장려책, 유인책
*incense 향, 향불

wither

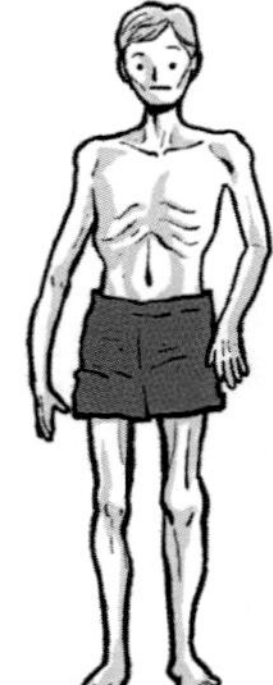

withering
arms, legs

*wither
시들다, 색이 바래다

ROOT/STEM

incentive 장려책, 우대책, 유인책

* 라틴어 **incendo(**불붙이다, 자극하다) → **incense** 향, 향불

* **incen**(불붙이다, 자극하다) + **tive**(접미사) → **incentive** 장려책, 우대책, 유인책

예문

Incentives aim improve performance.

인센티브는 실적을 향상시키는 것을 목표로 한다.

Incentives can hurt your concentration.

인센티브는 집중력을 흐리게 할 수도 있다.

* 인센티브는 효과가 있는가?

조직 구성원들의 업무성과를 높이기 위해 제공하는 인센티브는 단순반복노동에는 효과가 크다. 그러나 고도의 집중력을 요하는 과제, 창의력을 요하는 과제를 수행할 때 인센티브는 집중력을 떨어뜨려 업무수행에 방해가 되기도 한다. 또 인센티브는 범죄로 이어질 수도 있다. 인센티브에 대한 이러한 문제점이 대두되면서 최근에는 비금전적 보상(인정과 존경의 표시 부여)등 구성원을 가치 있게 여기는 다양한 보상 시스템이 활용되고 있다.

구문

- **burn incense** 향을 피우다
- **ceremonial incense** 의식용 향
- **incense burning** 분향
- **incense fumes** 향 연기
- **incentive fee** 성공보수금
- **incentive pay** 장려금
- **incentive tour** 보상여행
- **sell incentive** 판매 인센티브
- **tax incentive to encourage savings** 저축 장려를 위한 세금우대책
- **an incentive to an action** 행위의 동기(유인)

ROOT/STEM

wither 시들다, 색이 바래다, 말라죽다

* **withering** ① 시들어가는, 여위어가는 ② 기를 죽이는, 위축시키는

예문

What blossoms beautifully, withers fast.

아름답게 피는 꽃은 일찍 시든다.

Their hopes withered away.

그들의 희망은 시들어갔다.

구문

- **withering arms and legs** 야위어 가는 팔다리
- **withering scorn** 사람의 기를 죽이는 멸시
- **withering glance** 주눅들게 만드는 눈빛

12

frame, convict

Your conviction is your prison

*conviction 유죄 선고, 강한 신념
*ex-convict 전과자

ROOT/STEM

frame 틀, 뼈대
* **framing** 틀짜기, 짜맞추기, 획책
* **frame up** ~을 함정에 빠뜨리다, 날조하다

예문

Earth is your frame of reference. 당신의 준거 틀은 지구다.

* 해가 동쪽에서 서쪽으로 진다는 것은 인간 중심적 사고방식이다. 인간은 지구를 준거 틀(판단과 이해를 좌우하는 기준)로 해서 우주를 이해한다.

He is the victim of the frame-up. 그는 범행 조작의 희생자다.

Frame manipulates our cognitive structure. 프레임은 우리의 인지구조를 조작한다.

* 인간의 뇌는 사실에만 의존하지 않는다. 인간의 뇌는 틀 짜기에 취약하다. 인간은 감정이 실린 단어에 민감하게 반응하고 단어가 불러일으키는 느낌이 선택을 좌우하는 경우가 많다. 사망세보다는 상속세, 범죄율보다는 범죄 없는 비율, 카드 추가요금보다는 현금 할인이 더 좋게 들린다. 별 생각 없이 인상과 느낌으로 판단하고 살아가는 사람들, 뇌가 게으른 사람들은 타인이 짜놓은 프레임에 갇혀 생각을 조종당하며 살게 된다.

구문

- **frame a picture** 그림을 액자에 넣다
- **a picture frame** 사진틀(액자)
- **lock him in the frame** 그를 틀에 가두다
- **frame him up** 그를 함정에 빠뜨리다

ROOT/STEM

convict ① 유죄를 선고하다 ② 기결수, 재소자
* **con**(완전히) + **vict**(이기다) → **convict**(완전히 이겨서) 유죄를 선고하다, 기결수로 만들다
* **conviction** 유죄 선고, 확신, 강한 신념

예문

You can't convict him on circumstantial evidence alone.
정황증거만으로 그에게 유죄를 선고할 수는 없다.

Convictions are prisons. 신념은 감옥이다.

His voice lacks conviction. 그의 목소리에는 확신이 없다.

Convictions are more dangerous enemies of truth than lies.
강한 신념은 거짓보다 더 위험한 진리의 적이다. - 니체

* 신념이 지나치면 자신이 만든 독단(dogmatism)이라는 감옥에 갇히게 된다. 실제로 감옥이나 정신병원에는 신념이 가득한사람들이 넘쳐난다. 독단의 감옥에 갇힌 사람들은 악행도 거리낌 없이 해치운다.

* 인간의 신념은 왜곡되기 쉽다. 불완전한 기억, 감정, 욕구, 이해관계, 잘못된 정보, 선동 등이 인간의 신념을 왜곡한다. 정신적 태만은 잘못된 견해를 신념으로 굳어지게 하여 위험한 상황을 초래한다. 지식, 지혜를 갖추지 못한 채 신념만 강한 자가 권력을 갖게 되면 끔찍한 재앙을 몰고 온다.

구문

- **escort the convict** 죄수를 호송하다
- **confine the convict in jail** 죄수를 교도소에 가두다
- **a voice filled with conviction** 확신에 찬 목소리
- **overturn the conviction** 유죄선고를 뒤집다

13

divert, diverse, reverse

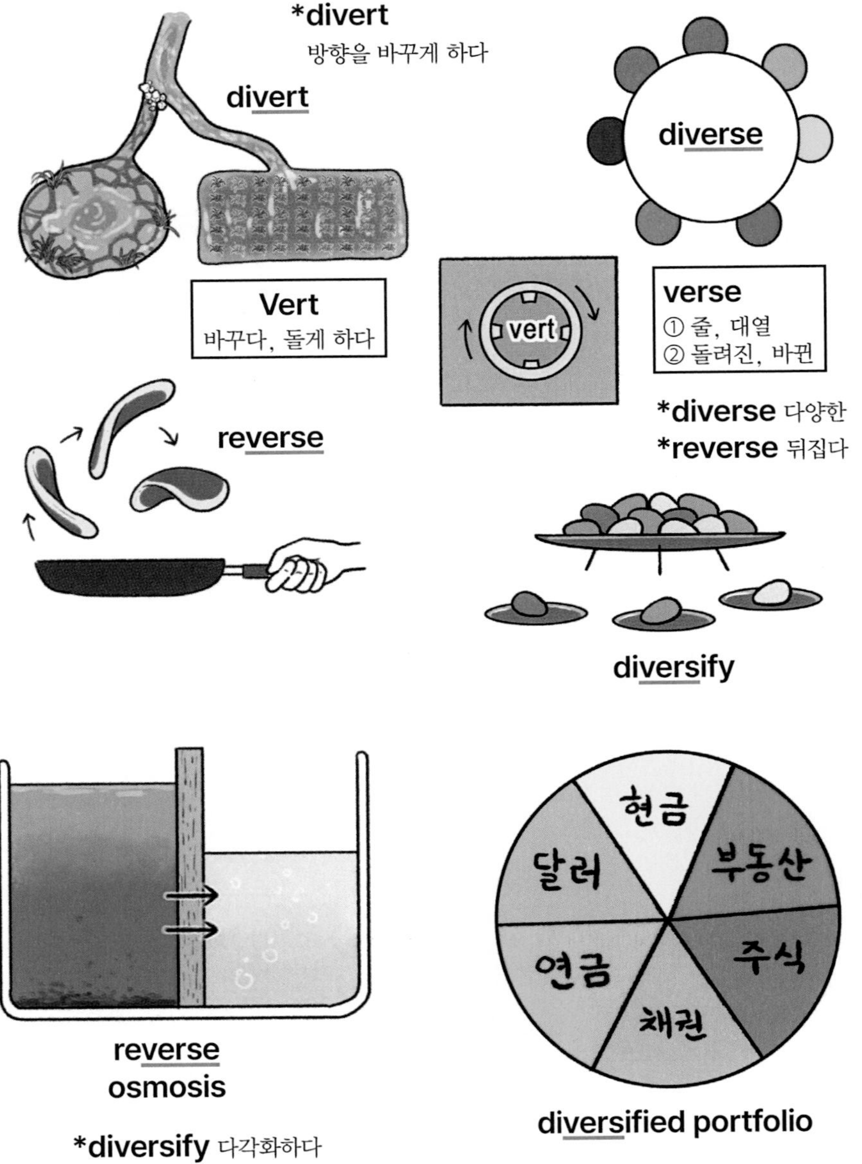

*diversify 다각화하다

ROOT/STEM

divert 방향을 바꾸게 하다, 우회시키다, 전환시키다
* 라틴어 **vertere**(돌게하다, 전환하다) → 영어 어근 **vert, verse**
* **di**(다른 쪽으로) + **vert**(돌리다) → **divert** 방향을 바꾸게 하다, 우회시키다
* **diverse**는 **di**(다른 쪽으로) **verse**(돌리는 것)이므로 한 가지 길 외에 "다양한"이라는 뜻
→ **diversify** 다각화하다, 다양해지다, 다양하게 만들다, * **diversity** 다양성
* **reverse**는 **re**(뒤로) **verse**(돌리는 것)이므로 "뒤집다, 반전시키다" "반대, 뒷면"이라는 뜻

예문

Don't divert the course of the river. 강의 물줄기를 돌리지 마라.

* 소련은 1960년대 농사를 위해 아랄해로 흘러 들어가는 아무다리야강의 물줄기를 돌려서 아랄해는 물이 줄어들어 많은 부분이 사막화되고 어류가 멸종 위기에 놓이게 되었다.

American citizens are made up of diverse ethnic groups.
미국 국민은 다양한 인종으로 구성되어 있다.

Patterns are diversifying. 패턴이 다양해지고 있다.

Maintaining biodiversity is essential to human survival.
생물다양성을 유지하는 것은 인간의 생존에 필수적이다.

* 단일 품종의 감자를 재배하던 아일랜드는 1840년대 감자에 역병이 발생하여 100만 명이 굶어 죽고 150만 명이 이민을 떠나야 했다. 이것은 생물다양성이 사라지면 모든 동식물이 멸종할 수 있다는 것을 보여준 사례다.

The court decision was reversed on appeal.
항소(상고)심에서 판결이 번복되었다.

구문

- **divert his attention from** ~로부터 그의 관심을 돌려 놓다
- **divert the responsibility for the war** 전쟁의 책임을 전가하다
- **divert funds to** ~자금을 ~에 유용하다
- **diverse culture** 다양한 문화
- **diverse interests** 다양한 관심사(취미)
- **diversify products** 제품을 다각화하다
- **diversify portfolio** 포트폴리오(자산구성)를 다양화하다
- **diversify services** 서비스를 다각화하다
- **diversify the risk** 위험을 분산시키다
- **cultural diversity** 문화적 다양성
- **the diversity of options** 다양한 선택안
- **cause reverse effect** 역효과를 초래하다
- **go in reverse** 후진하다
- **reverse side** 뒷면
- **reverse the order** 순서를 뒤집다
- **In Korea, the reverse applies** 한국에서는 그 반대다
- **the reverse side** 이면

14

league, leave out

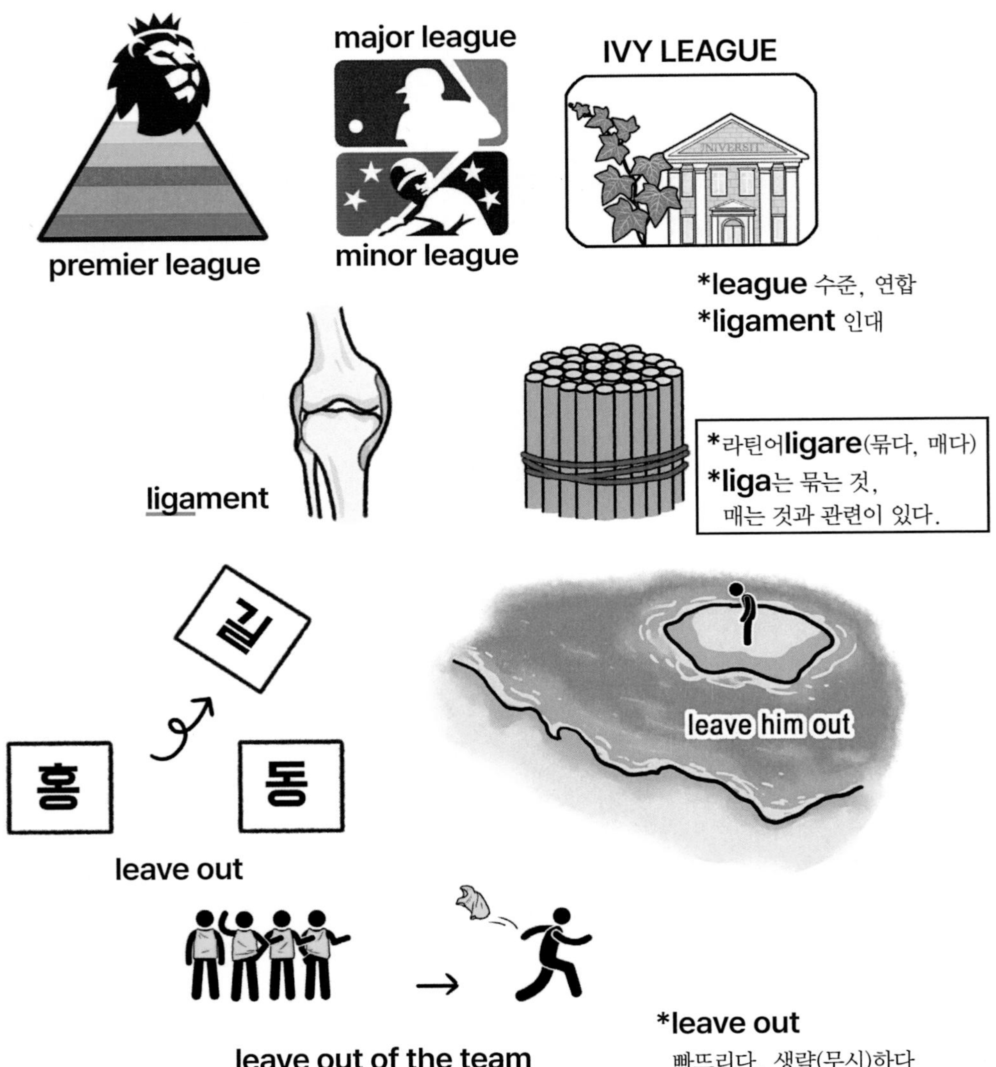

leave out of the team

*leave out
빠뜨리다, 생략(무시)하다

ROOT/STEM

league ① 수준 ② 연합, 연맹, 동맹
* 라틴어 **ligare**(매다, 맺다) → **league** * **ligament** 인대

예문

Forget it. He is out of your league. 꿈 깨. 그는 너와 급이 달라(너는 상대가 안 돼).

They are in a different league from us. 그들은 우리와 수준이 달라.

When it comes to bluffing, I'm not in his league. 허풍에 대해서라면, 나는 그와 비교가 안 된다.

I've torn a ligament 인대가 찢어졌어.

구문

- **football league** 축구연맹
- **performance league tables** 성취도 평가표
- **the league leader** 리그선두팀
- **IVY league** 아이비리스
- **fourth in the league** 리그 4위
- **pulled a ligament** 인대가 늘어났다
- **ligament damage** 인대 부상
- **have surgery on ligament** 인대 수술을 받다
- **surgery to reconstruct(reconnect) the ligament** 인대 재건(접합) 수술
- **cruciate ligament tear** 십자인대 파열

ROOT/STEM

leave out 빠뜨리다, 생략하다, 무시하다

예문

Leave me out of this project due to my inexpenence in this field.
나는 이 분야에 경험이 없으니 이 일에서 빼 줘.

Did I leave anyone out? 제가 빼먹은 사람이 있나요?

Did I leave your name out by accident? 제가 실수로 이름을 빠뜨렸나요?

Leave out unnecessary details! 필요 없는 것은 빼!

구문

- **left the dates out** 날짜를 빠뜨렸다
- **leave names out** 이름을 빠뜨리다
- **left out a zero** 영(0) 하나를 빠뜨렸어
- **leave out a line** 한 줄을 빠뜨리다
- **leave him out in the cold** 그를 따돌리다(홀대하다)
- **leave out of here** 이곳을 떠나다
- **leave out of this team** 이 팀에서 빠지다
- **leave ~ out of consideration** ~을 고려대상에서 제외하다

15

frustrate, medication

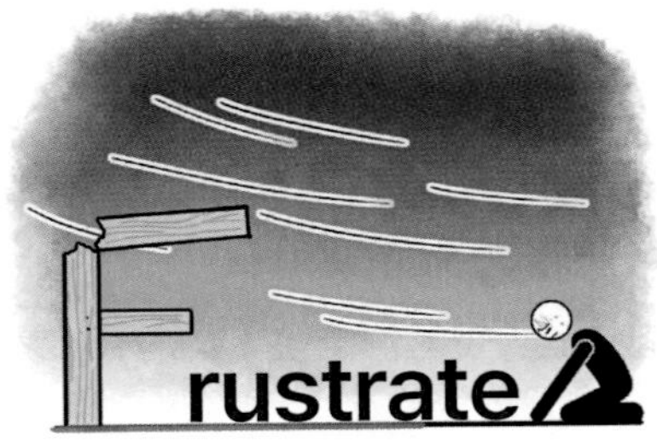

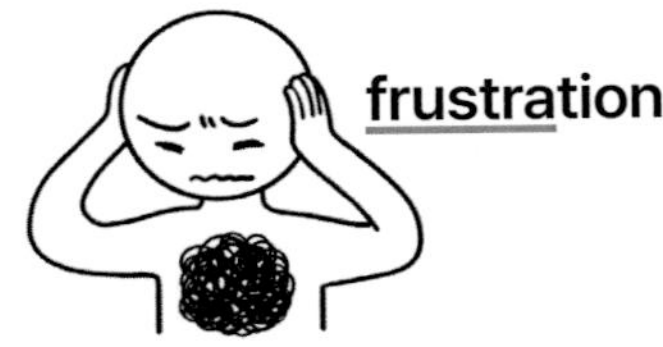

*라틴어 **frustra** 헛되이

***frustrate** 좌절시키다
***frustration** 좌절감

***medi**는 의술, 약과 관련이 있다

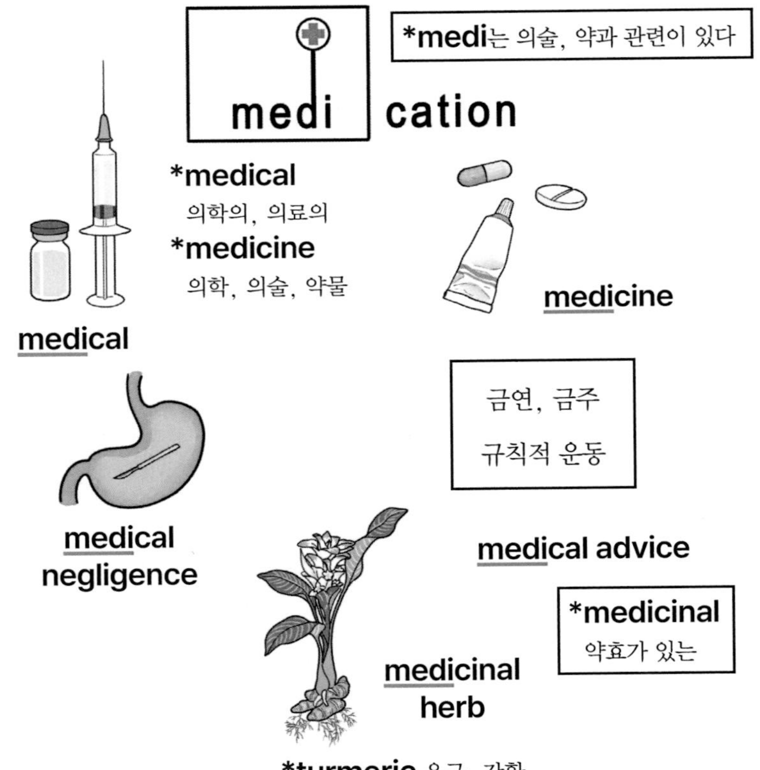

***medical**
의학의, 의료의
***medicine**
의학, 의술, 약물

***medicinal**
약효가 있는

***turmeric** 울금, 강황

ROOT/STEM

frustrate ① 좌절감을 주다, 좌절시키다, 불만스럽게 만들다 ② 방해하다, 망치다
* 라틴어 **frustra**(헛되이, 쓸데없이, 속여), 라틴어 **frustrare**(속이다, 우롱하다, 기대를 어기다) → **frustrate, frustration**
* **frustrated** 좌절당한, 좌절감을 느끼는
* **frustration** 좌절감, 불만, 좌절감을 주는 것

예문

I'm so frustrated. 너무 답답해.

It's very frustrating to have a dead end job. 장래성 없는 직장에 다니는 게 정말 화가 난다(불만스럽다).

I fully understand your frustration over the delay. 지연으로 인한 귀하의 불만을 충분히 이해합니다.

구문

- **frustrate me** 나를 좌절시키다
- **frustrate legislation** 입법을 좌절시키다
- **stand the frustration** 좌절감을 견디다
- **sigh with frustration** 좌절감으로 한숨을 쉬다
- **give someone frustration** 누구에게 좌절감을 주다

ROOT/STEM

medication 약, 치료, 약물치료, 약물요법
* **medi**는 "중간의, 적당한"이라는 뜻이므로 몸을 적당한 상태로 유지하는 의술, 약과 관련이 있다.
* 라틴어 **medicus**(의술의, 치료의), **medicina**(약, 의학) → **medical** 의학의, 의료의
* **medicine** 의학, 의술, 의료, (액체)약, 약물
* **medicinal** 약효가 있는, 치유력이 있는

예문

Is your medication wearing off? 네 약효가 떨어진 거야?

I'm still on medication. 나 지금도 약 먹고 있어

구문

- **atopy medication** 아토피 약
- **rely too much on medication** 약에 너무 의존하다
- **medical uses** 의학적 용도
- **medical negligence** 의료과실
- **medical advice** 의사의 충고
- **medical supplies** 의약품
- **take**(have) **medicine** 약을 먹다
- **be fired on medical grounds** 건강상의 이유로 퇴직당하다
- **time for medicine** 약 먹을 시간
- **medicinal plants** 약용식물(medicinal herbs)
- **for medicinal** use 약용으로
- **medicinal effect** 약효

16

flexible, aborigine

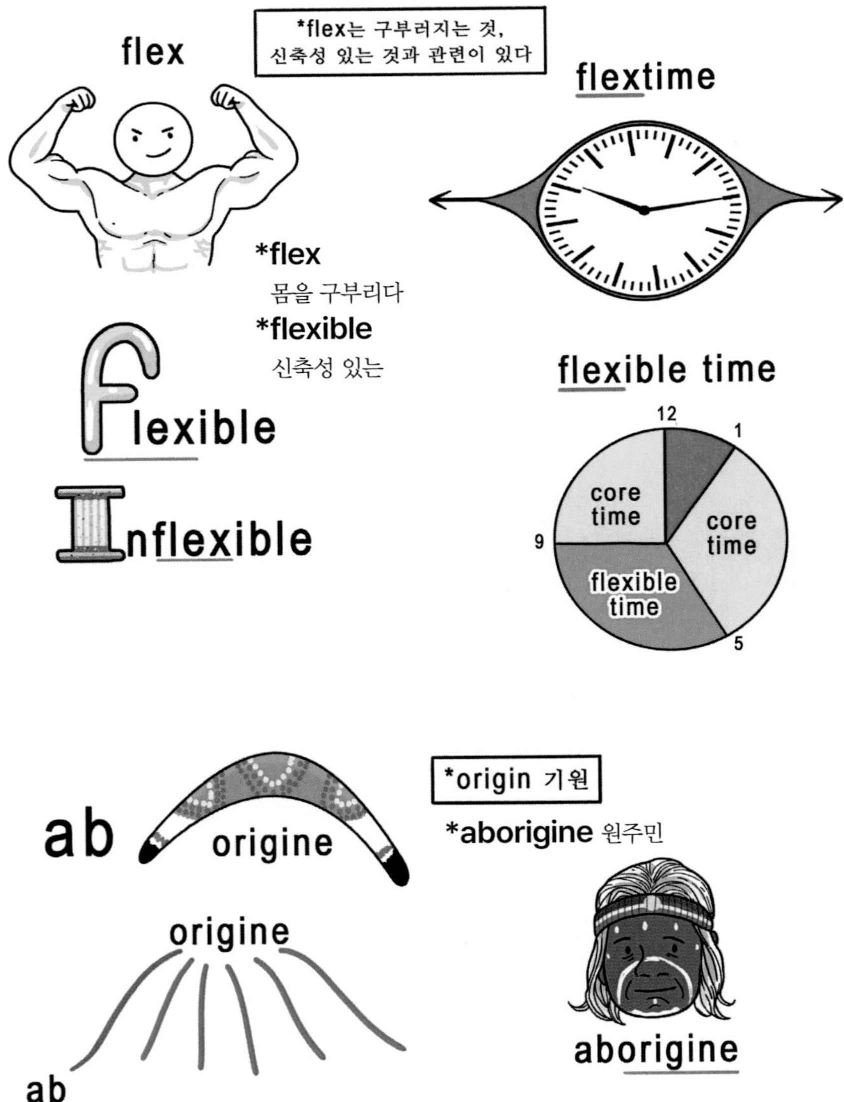

ROOT/STEM

flexible 신축성(융통성) 있는, 잘 구부러지는, 유연한
* 라틴어 **flexus**(굴곡, 변화) → **flex** 몸을 구부리다
* **flexible** 신축성 있는, 유연한
* **flexibility** 구부리기 쉬움, 나긋나긋함, 유연성, 융통성, 탄력성
* **inflexible** 신축성(융통성) 없는, 경직된, 완강한

예문

Be stubborn about goals, and flexible about your method. 목표는 뚝심 있게, 방법은 유연하게.

* 혀는 죽을 때까지 유연하나 치아는 부러지거나 빠진다. 큰 나무는 태풍이 불면 쓰러지지만 풀은 굽혔다가 다시 일어난다. 부드러우면 굽힐 수 있고 다툼을 피할 수 있다. 부드러우면 변할 수 있고 적응할 수 있으며 다시 일어설 수도 있다. 어려움에 부딪쳐 쓰러지기보다 굽혔다가 다시 일어서고 돌아갈 줄 아는 것, 이것이 진정 강한 것이다. 겉으로 강해보이는 허세, 화려함을 버리고 내실을 기하라 - 노자

Catholicism has inflexible views on homosexuality. 카톨릭은 동성애에 대하여 완강하다.

구문

- **flex one's muscle** 몸을 도사리다, 위력을 보이다, 겁을 주다, 힘자랑하다
- **flex the fingers** 손가락을 구부리다
- **flextime** 근무시간 자유선택제
- **flextime work** 탄력근무 시간제
- **flexible thinking** 유연한 사고
- **flexible management** 유연한 관리(경영)
- **show flexibility** 융통성을 보여주다
- **flexibility of labor market** 노동시장의 유연성
- **inflexible attitude** 융통성 없는(완고한) 태도
- **inflexible rules** 변경할 수 없는 규칙
- **inflexible system** 경직된 시스템
- **inflexible rod** 구부러지지 않는 막대기

ROOT/STEM

aborigine (호주) 원주민
ab(떨어져 있는) + **origin**(기원, 혈통) → **aborigine** 먼 옛날부터 있는 혈통, 원주민 * **aboriginal** 원주민의, 토착의

예문

The Australian government removed aborigine children from their homes.
오스트레일리아 정부는 원주민 아이들을 그들의 가정으로부터 떼어냈다.

* 오스트레일리아는 1788~1868년까지 영국의 죄수 추방지였다. 그곳은 백인 여자가 부족하여 원주민을 임신시키는 풍습이 있었는데 1910~1970년 사이에 3만 5천~10만 명의 아이들이 출생과 동시에 어머니로부터 분리되었다. 피부가 검은 아이는 기독교 고아원에 수용되었고 피부가 흰 아이는 백인 가정에 입양되었다. 백호주의(White Australianism)는 그때 호주 정부의 공식적인 정책이었다. 교회는 2000년이 되어서야 집단유괴에 대해 원주민들에게 용서를 빌었다.

The word "Koala" is the aboriginal word for "no drink".
코알라라는 단어는 "마시지 않는다"라는 원주민 말이다.

구문

- **anti-aboriginal racism** 반원주민 인종차별
- **aboriginal races** 토착인종
- **aboriginal culture** 토착문화
- **the aboriginal chief** 원주민 추장
- **aboriginal forest** 원시의 숲

17

lousy, banal

ROOT/STEM

lousy ① 안 좋은, 엉망인, 허접한, 형편없는 ② ~이 더럽게 많은, 우글거리는
* **louse** 이, 비열한 놈 → **lousy** 형편없는

예문

The food at the restaurant was so lousy. 그 식당 음식은 맛이 형편없었다.

Success is a lousy teacher. 성공은 형편없는 교사다.

* 실패와 좌절의 경험은 고통스런 시행착오의 과정을 축적함으로써 어려운 문제를 해결하는 힘을 길러준다. 실패는 충만한 삶을 위해 치러야 할 비용이며 삶의 훌륭한 교사다. 때이른 성공은 세상을 쉽게 보게 만들고 실패할 수 없다고 착각하게 만들어 인간을 좌절에 이르게 할 수도 있다.

I spent the day in bed because I felt lousy. 나는 기분이 꿀꿀해서 종일 침대에 누워 있었다.

I can't do this lousy job any longer. 이 일은 더러워서 더 이상 못 해먹겠다.

He is lousy with money. 그는 돈이 엄청(더럽게) 많다.

What lousy weather! 날씨 정말 더럽군!

구문

- **be lousy with tourists** 관광객이 우글거리다
- **a lousy movie** 형편없는 영화

ROOT/STEM

banal 지극히 평범한, 따분한, 진부한, 시시한
* **ban**(병역의무, **Old French**) → **banal** 평범한, 따분한, 시시한
* **banality** 따분함, 평범함, 시시한 말, 시시한 일

예문

The word "banal" itself has become banal. 진부하다는 말 자체가 진부해졌다.

What made Eichmann a formidable criminal is the banality of evil from thoughtlessness. 아이히만을 엄청난 범죄자로 만든 것은 무사유에서 비롯된 악의 평범성에 있다. - 한나 아렌트

* **the banality evil** 악의 평범성

거대한 악은 악의로 가득 찬 괴물, 이상인격자(sociopath)에 의해 저질러지는 것이 아니라 평범한 사람들의 '생각없음'에서 비롯된다. 시스템에 내재한 위험성을 무비판적으로 받아들이고 주어진 임무를 성실히 수행하는 평범한 사람들이 무서운 범죄자가 될 수 있다는 한나 아렌트의 주장은 우리의 고정관념(stereotypes)을 완전히 깨뜨렸다. 현대인들은 스스로 똑똑하다고 생각하지만 선동에 휘둘리고 조작된 여론에 동조하면서 별 생각 없이 감정적으로 중요한 결정을 해버린다. "무사유는 인간 속에 존재하는 모든 일을 행한 것보다 더 큰 가져올 수 있다. 사유는 인간의 능력이 아니라 의무다." - 한나 아렌트

구문

- **banal story** 진부한(따분한) 이야기
- **the banality of rural life** 농촌 생활의 따분함

18

fame, parvenu, upstart

*fame 명성

*famous 유명한
*infamous 악명높은

*defame
헐뜯다, 깎아내리다
*defamation
명예훼손, 비방

*parvenu 벼락부자, 졸부
*nouveau riche 벼락부자
*upstart 신흥부자, 졸부

ROOT/STEM

fame 명성 → **famous** 유명한
* **infamous** 악명 높은(**notorious**), 불명예스러운, 수치스러운
* **de**(아래로) + **fame**(명성) → **defame** 헐뜯다, 깎아내리다
* **defamation** 명예훼손, 중상, 비방

예문

It is futile trying to pursue fame. 명성을 좇는 것은 부질없는 짓이다.

Don't pursue fame at the risk of losing yourself. 자신을 잃을 정도로 명성을 추구하지 마라.

He denied any intention to defame the nation. 그는 국가의 명예를 훼손할 의도가 있었음을 부인했다.

He sued the Youtuber for defamation. 그는 그 유튜버를 명예훼손으로 고소했다.

구문

- **defame one's reputation** 명예를 훼손하다
- **defame the family honour** 가족의 명예를 훼손하다
- **a defamation suit** 명예훼손소송
- **defamation of character** 인격 모독
- **an infamous concentration camp** 악명 높은 강제수용소
- **be infamous for his brutality** 잔인하기로 악명높다

ROOT/STEM

parvenu 벼락부자, 졸부, 벼락출세한 사람
nouveau riche 벼락부자, 신흥부자(↔**the old rich**)
upstart 신흥부자, 건방진 놈, 졸부, 신어(新語)

예문

A parvenu is like a square peg in a round hole.
졸부는 둥근 구멍에 정사각형 말뚝(square peg 어울리지 않는 사람, 부적응자)과 같다.

* 정치적, 경제적 신분 상승만으로는 교양인이 될 수 없다
갑자기 선거에 당선되거나 벼락부자가 된 사람들은 외적 성공의 표지를 가졌으나 품행과 예절, 교양이 부족하고 지위나 돈 얘기를 함부로 하고, 있는 척하기를 좋아한다. 그들은 적절치 않은 언행, 상황에 맞지 않는 옷차림 등 조악한 취향을 보여준다. 벼락출세한 정치인, 졸부들이 고상한 모임에서 인간적 대접을 못 받고 개밥의 도토리가 되는 것은 상류층 진입이 정치적, 경제적 신분의 상승만으로 가능하지 않다는 것을 보여준다.

구문

- **act like a parvenu** 졸부처럼 행동하다
- **the nouveau riche lifestyle** 벼락부자 라이프스타일
- **an upstart company** 최근에 급부상한 신흥기업
- **feathered upstart** 가식의 졸부근성
- **an uneducated upstart** 무식한 졸부
- **You little upstart!** 요 건방진 놈아!

19

compensate, pension

ROOT/STEM

compensate 보상하다, (손해, 손실을) 보전해주다
* 라틴어 **pensare**는 저울에 달다, 대가를 치르다는 뜻, 금을 저울에 달아서 대가를 지급하였다는 것에서 유래, 이 때문에 **pens**는 돈, 대가를 지급하는 것과 관련이 있다
→ **pension** 연금 * **pensioner** 연금수급자
* **con**(함께) + **pensate**(저울에 달다) → **compensate** 보상하다
* **compensation** 보상, 배상
* **dis**(떼어서 **away**) + **pense**(저울에 달다) → **dispense** 떼어서 저울에 달아서 주는 것이이므로 ① 나누어 주다, 베풀다, 제공하다 ② 면제해주다
* **dispensation** 시혜, 베풂, 특별허가
* **dispense with** ~를 생략하다, ~ 없이 지내다

예문

If there is strife and contention in the home, very little else in life can compensate for it.
가정에서 불화와 논쟁이 있으면 인생에서 이를 만회해 줄 수 있는 일은 거의 없다.

You will be entitled to your pension when you reach 65.
65세가 되면 연금을 받을 자격이 주어진다.

I dispensed food to stray dogs.
나는 유기견에게 먹이를 주었다.

They need a papal dispensation for divorce.
그들이 이혼하려면 교황의 특별허가가 필요하다.

구문

- **compensate for the loss** 손실을 보상하다
- **compensate the victim for the loss** 피해자가 입은 손해를 배상하다
- **compensate me for the mental anguish** 나에게 정신적 피해를 보상하다
- **make amends for damage(a loss, injury)** 손상(손실, 부상)에 대하여 보상해 주다
- **pension plan** 퇴직연금 적립제도
- **the pension funds** 연금기금
- **dispense money to the poor** 가난한 사람들에게 돈을 나누어 주다
- **dispense with the formalities** 격식 차리기를 생략하다
- **dispense with coffee** 커피 없이 지내다
- **give him dispensation to** ~그에게 ~하도록 특별 허가를 해주다
- **a dispensation for those in need** 도움이 필요한 사람들에게 베푸는 것

20

cognize, recognize

*cogni는 아는 것, 인식 작용과 관련이 있다.

cognize

*cognize 인식하다
*cognition 인식, 인지
*recognize
(한번 보았던 것) 알아차리다

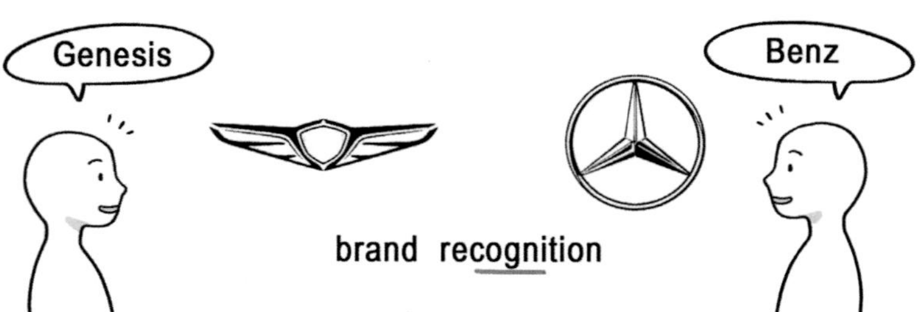

ROOT/STEM

cognize 인식하다, 인지하다

* 라틴어 **cognitio**(인식, 지식) → **cognize** 인식하다

* **cognition** 인식, 인지

* **cognitive** 인식의, 인지의

* **re**(다시) + **cognize**(인식하다) → **recognize**(전에 들었던 것, 보았던 것, 배운 것, 경험했던 것을 다시 보고) 알아차리다, 알아보다

* **recognition** 알아봄, 인식, 인정, 식별

예문

Bias is the barrier of all cognition. 편견은 모든 인식의 장벽이다.

Cognitive therapy helps people to speak and understand language.
인지 치료는 사람들이 말하고 이해하는 것을 돕는다.

No one can eliminate prejudices-just recognize them.
편견을 버릴 수 있는 사람은 아무도 없다. - 그저 편견의 존재를 인식하고 있을 뿐이다

In a crisis, be aware of the danger-but recognize the opportunity.
위기 속에서는 위험을 경계하되 기회가 있음을 알고 있어야 한다.

구문

- **cognitive function** 인지 기능
- **cognitive development** 인지 발달
- **cognitive ability** 인지 능력
- **cognitive disability** 인지 장애
- **cognitive test** 인지 테스트
- **cognitive behavioral therapy** 인지 행동 치료
- **cognitive dissonance** 인지 부조화*
- **recognize alcoholism as a disease** 알콜 중독을 병으로 인식하다
- **recognize the symptoms** 증세를 알아차리다
- **voice recognition** 음성 인식
- **character recognition** 문자 인식
- **achieve(gain) worldwide recognition** 세계적 인정을 받다
- **official recognition** 공식적 인정
- **formal recognition** 정식(공식) 승인
- **brand recognition** 브랜드 인지도
- **automatic recognition** 자동 인식
- **face recognition** 얼굴 인식
- **be no sign of recognition** 알아보는 기색이 없다
- **change beyond recognition** 놀라울 정도로 달라지다

* 인지 부조화는 자신의 신념과 태도가 모순되는 상태를 말한다. 여우는 높은 나무에 있는 포도가 먹고 싶지만 먹을 수 없기 때문에 포도가 시고 맛이 없다고 생각하는데 이것은 여우가 인지 부조화의 불편함을 해소하기 위해 자신의 신념을 바꾼 것이다.

21

coincide, grain, granary

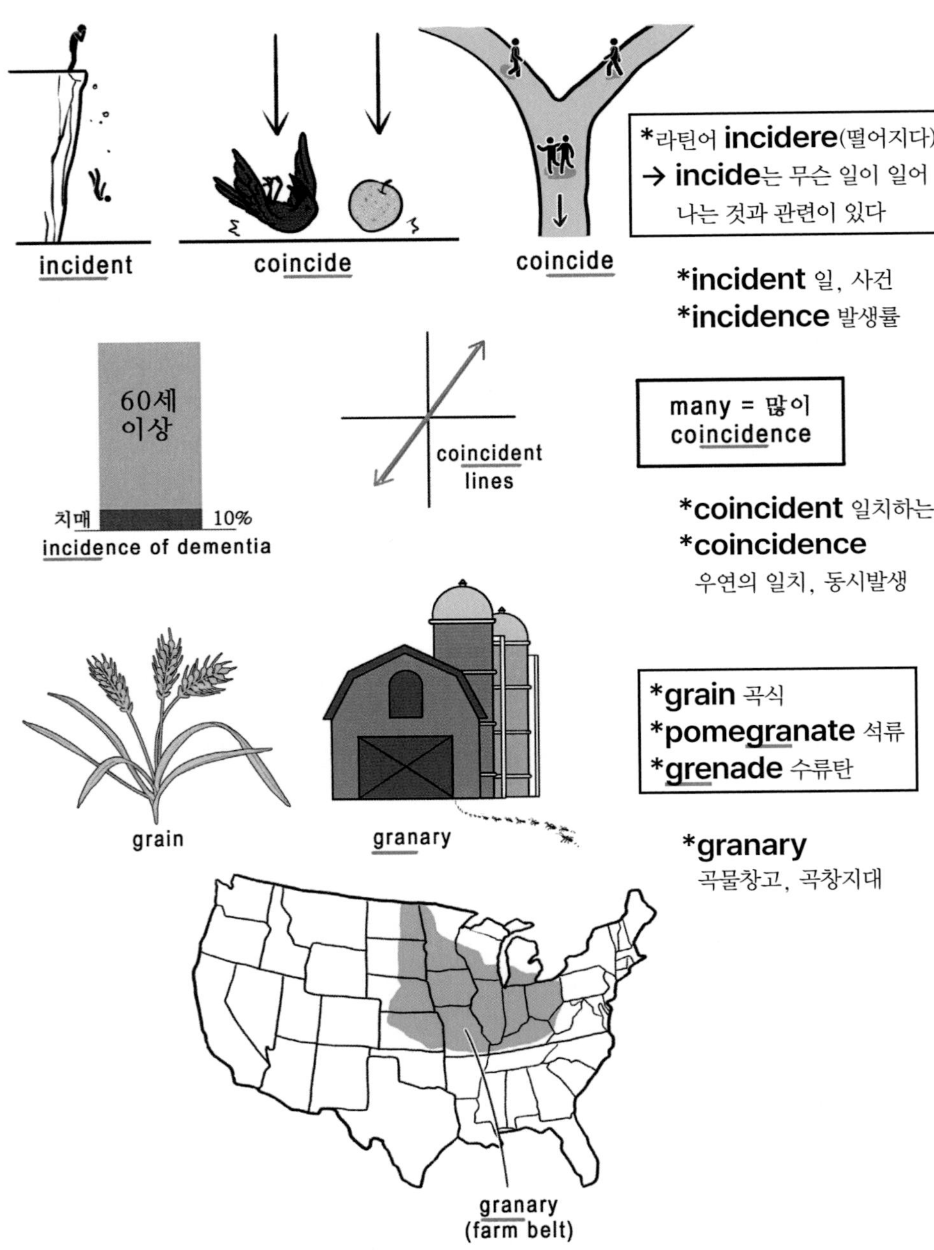

ROOT/STEM

coincide 동시에 일어나다. 일치하다.
* 라틴어 **incidere**(떨어지다) → **incident** 일, 사건 * **incidence** 발생률
* **co**(함께) + 라틴어 **incidere**(떨어지다) → **coincide** 동시에 일어나다
* **coincident** 일치하는
* **coincidence** 우연의 일치, 동시발생

예문

The ideal and the real never coincide. 이상과 현실은 일치하지 않는다.

Life is full of coincidences. 삶은 우연의 연속이다.

* 세상 일은 법칙대로 되지 않으며 많은 것이 우연에 의해 결정된다. 특히 미시적 세계에서는 우연성이 더 분명하게 드러난다.
* 세상은 우연으로 가득 차 있는데 왜 혼돈, 무질서로 무너지지 않는가? 복잡계(complex system)에서는 수많은 우연이 부딪쳐 서로 상쇄(offset)하는 작용을 하기 때문이다.

My opinion is coincident with yours. 내 의견은 네 의견과 일치한다.

It was purely coincidental that we met there. 우리가 거기서 만난 것은 순전히 우연이었다.

The incident was reported in the press. 그 사건은 언론에 보도되었다.

구문

- **two paths coincide** 두 오솔길이 만나다
- **a coincidence of interests** 이해관계의 일치
- **the coincidence of inflation and unemployment** 인플레이션과 실업의 동시발생
- **their coincident demands** 그들의 일치된 요구
- **the latest incident** 최근의 사건(사례)
- **a high incidence of crime** 높은 범죄 발생률
- **the incidence of heart disease** 심장병 발병률
- **the cancer incidence rate** 암 발병률

ROOT/STEM

granary 곡물창고, 곡창지대
* **grain** 곡물, 낟알 → **granary** 곡물창고

예문

Good will comes from the granary. 호의는 곳간에서 나온다.

Ants never bend their course to an empty granary 개미는 빈 곡식창고로 가지 않는다.

The granary is empty and summer is still far off. 곳간이 비었는데 여름은 여전히 멀리 있다.

The Midwest is America's granary. 미국 중서부는 미국의 곡창지대다.

* 곡창지대는 breadbasket이라고도 한다. 미국 중서부는 화산재가 쌓인 비옥하고 광대한 땅이다. 이곳에서는 콩, 옥수수, 밀 등 곡식이 대량 재배되고 있다.

구문

- **grain store** 곡물저장고
- **the grain harvest** 곡물수확량
- **surplus grain** 잉여곡물
- **a grain of truth** 한 줌의 진실

22

sublime, subliminal, sublimate

sublime
sublimity

*sub 아래
*라틴어 **limen** 출입문

***sublime**
숭고한, 장엄한
***sublimity**
장엄, 숭고

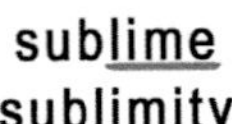

subliminal

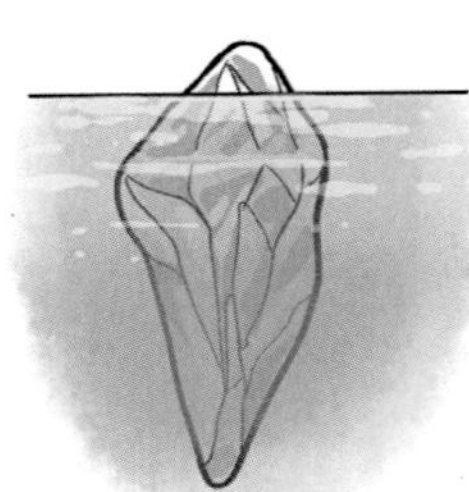

***subliminal**
부지불식간에 영향을 미치는
***sublimate**
승화시키다

昇 華
승 화

sublimate
sublimation

sublime beauty

sublime scenery

ROOT/STEM

sublime 숭고한, 장엄한, 지고한

*** sub**(아래) + 라틴어 **limen**(출입문) → **sublime** 숭고한, 장엄한

* 성당의 출입문 아래 장식은 숭고하고 장엄하게 보인다.

*** subliminal**은 출입문 아래로 살며시 스며드는 것이므로 "알지 못하는 사이에 부지불식간에 영향을 미치는", "잠재의식의"라는 뜻이다.

*** sublimate** 승화시키다, 바람직한 방향으로 돌리다.

*** sublimation** 순화, 승화

예문

Poets are like prophets who deliver all their sublime messages.
시인들은 고귀한 메시지를 전달하는 예언자들과 같다.

There are only one step from the sublime to the rediculous.
숭고함에서 우스꽝스러움까지의 거리는 한 발자국이다.

Sublimation involves turning sexual urges into more productive activities.
승화는 성적 욕구를 좀 더 생산적인 활동으로 전환시키는 것을 포함한다.

I was enchanted with the sublimity of the cathedral.
나는 그 성당의 장엄함에 넋을 잃었다.

The melted ice would sublimate into water vapor.
얼음이 녹으면 수증기로 승화한다.

We may not be aware of the subliminal influences which affect our thinking.
우리는 우리의 사고에 영향을 미치는 잠재의식의 영향을 잘 모르는 것 같다.

구문

- **sublime beauty** 숭고미*
- **sublime scene** 장엄한(숭고한) 광경
- **sublime combination** 절묘한 배합
- **the sublimity of the palace** 그 궁전의 장엄함
- **the subliminal message** 잠재의식에 주는 메시지
- **subliminal advertising** 잠재의식에 영향을 미치는 광고
- **sublimity of the mundane** 세속적인 것의 장엄함**
- **sublimation of human suffering** 인간 고통의 승화

* 중세 기독교 회화는 숭고미를 갖출 것이 요구되었다. 숭고미를 갖춘 걸작은 고귀하고 위대한 영혼의 광채를 보여줌으로써 경탄과 경외를 이끌어내고 심성을 고양시키고 영혼을 정화(purify)한다고 생각했기 때문이다. 기독교 회화의 걸작은 기독교인들로 하여금 세속의 번잡함, 저열함에서 벗어나 시공간 너머에 존재하는 영원에 다가가는 느낌을 갖게 하고 그들을 숭고한 가상의 세계로 인도함으로써 경건함을 일깨워주었다.

** 세속적인 것의 장엄함은 모든 사물에 깃들어 있는 매우 놀랍고도 의미심장한 아름다움을 말한다. 진정한 창조자는 가장 장엄하고 비루한 것들에서도 주목할만한 가치를 찾아낸다. - 스트라빈스키

23

terra가 들어 있는 단어

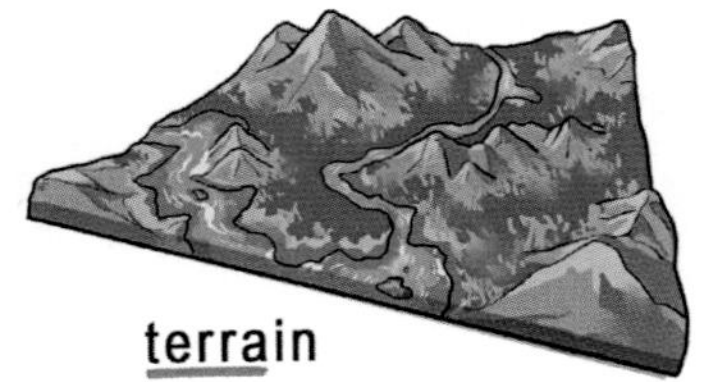

*라틴어 **terra**
땅, 육지, 흙

***terrace** 테라스
***terrain** 지형
***territory** 영역

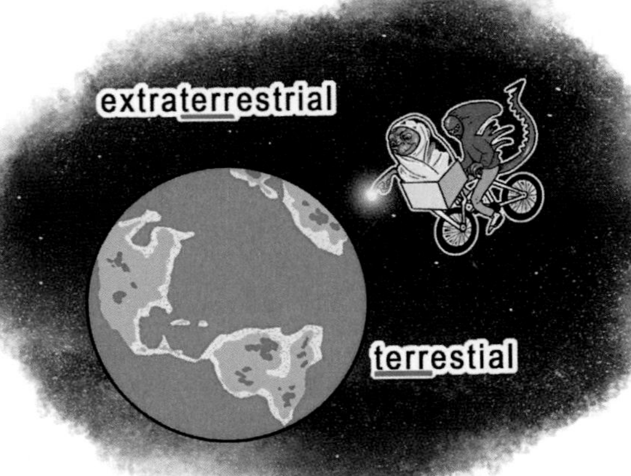

***terrestrial**
땅에 사는, 지구의
***extra-terrestrial**
외계의, 외계인

ROOT/STEM

terra 땅, 육지, 흙(라틴어 **terra**에서 유래)

* **terra**가 들어 있는 단어

- **terrace** 건물 밖 야외공간(휴식공간), 계단식 관람석
- **territory** 지역, 영역, 영토
- **terrain** 지형, 지역
- **terrestrial** 육생의, 땅에 사는, 지구의
- **extra - terrestrial** 외계의, 외계인, 외계 생명체
- **terracotta** 테라코타(적갈색 점토를 구운 것), 적갈색

예문

They built terraced paddy fields to prevent soil erosion.
그들은 토사유출을 방지하기 위해 다랭이 논(계단식 논)을 만들었다.

Does extra - terrestrial life exist? 외계 생명체는 존재하는가?

They will defend their territory against intruders.
그들은 침입자에 대항하여 그들의 영역을 지키려 한다.

The terrain of the moon is bumpy.
달의 지형은 울퉁불퉁하다.

구문

- **breakfast on the terrace** 테라스에서의 아침식사
- **open terrace** 야외 테라스
- **uncharted territory** 미지의 영역
- **cover a large territory** 넓은 지역을 담당하다
- **the moon's bumpy terrain** 달의 울퉁불퉁한 지형
- **train over tough terrain** 험준한 지대에서 훈련하다
- **terrestrial animals** 육지에 사는 동물
- **terrestrial condition** 토양조건
- **search for extraterrestrial life** 외계 생명체를 찾다
- **the terracotta soldiers** 점토 병마용
- **the particular terrain can be only found in Sedona** 세도나에서만 볼 수 있는 독특한 지형

24

flaccid, dogma

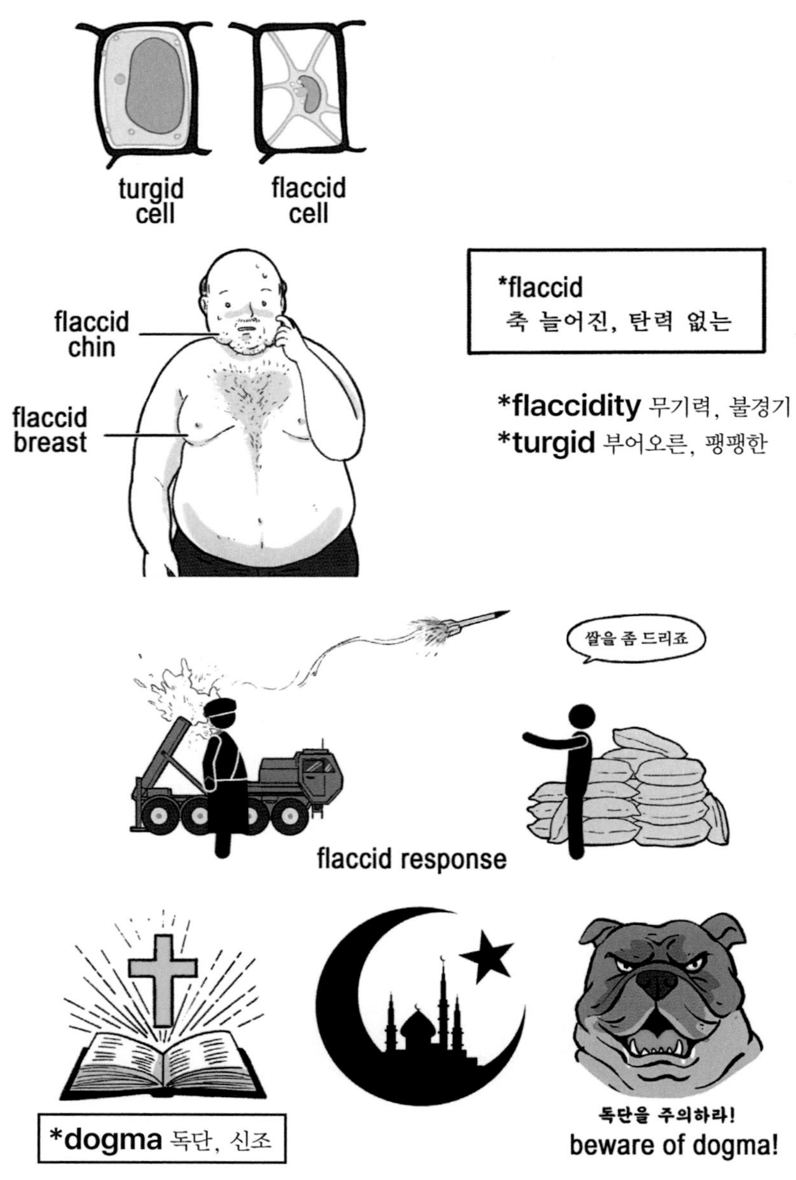

*flaccid
축 늘어진, 탄력 없는

***flaccidity** 무기력, 불경기
***turgid** 부어오른, 팽팽한

***dogma** 독단, 신조

***dogmatic** 독단적인

ROOT/STEM

flaccid 축 늘어진, 무기력한 (↔ **turgid** 부어오른, 물이 불어난)
* 라틴어 **flaccere**(축 늘어지다, 시들다), **flaccidus**(축 늘어진, 시든)
→ **flaccid** * **flaccidity** 무기력, 늘어짐, 불경기

예문

A flaccid response only makes things worse. 무기력한 대응은 사태를 악화시킬 뿐이다.

* 평화주의자들은 평화를 지킬 수 없다. 국가를 위협하는 외부세력에 대하여 평화를 떠드는 자들은 평화를 지킬 수 없다. 그것은 공물을 바치거나 패배, 굴욕을 감수하겠다는 것을 의미한다. 국제정치에서는 힘이 우선이다. 평화는 힘이 대등한 국가 사이에서나 통하는 것이고 힘이 없는 국가는 평화를 말해봐야 소용이 없다. 평화를 수호하기 위해서는 위협적 세력을 응징할 준비가 되어 있어야 하고 철저한 전쟁 준비와 동맹 구축만이 평화를 보장할 수 있다. 역사적 경험에 비추어 볼 때 유화정책(appeasement policy)은 적대세력의 입지만 강화시켜준 경우가 더 많았다. 평화주의자들은 순진(naive)하거나 위선자이거나 적의 심지어 앞잡이(agent)인 경우도 있었다.

구문

- **flaccid cheek** 늘어진 볼
- **flaccid breasts** 축 늘어진 가슴
- **flaccid plot** 늘어진 구성
- **flaccid paralysis** 이완성 마비
- **turgid water** 불어난 물
- **turgid cell** 팽창 세포

ROOT/STEM

dogma 독단, 신조, 교리
* **dogmatic** 독단적인
* **dogmatism** 독단론, 교조주의, 독단적 태도

예문

Pragmatism replaced political dogma in the US. 미국에서는 실용주의가 정치적 교의를 대체하였다.

His dogmatic decision made others angry. 그의 독단적 결정은 사람들을 화나게 했다.

I reject all forms of dogmatism. 나는 모든 형태의 독단을 거부한다.

* dogma는 원래 신이 계시한 진리를 일컫는 것으로 절대적 권위를 가지고 있었고 이성에 의한 비판이 허용되지 않았다. 중세 유럽에서는 기독교 교리만이 진리였고 인간은 신의 피조물로서 주체성이 부정되었으며 자유로운 인간 정신, 학문과 예술의 자유가 억압되었다. 5세기부터 13세기까지 약 800년 동안은 철학, 자연과학, 문학의 명맥이 끊어진 암흑의 시기, 지적 퇴행의 시기였다.

구문

- **religious dogma** 종교적 신조(교리)
- **political dogma** 정치적 교의
- **party dogma** 정당의 신조
- **market dogmatism** 시장지상주의

25

liable, thorough

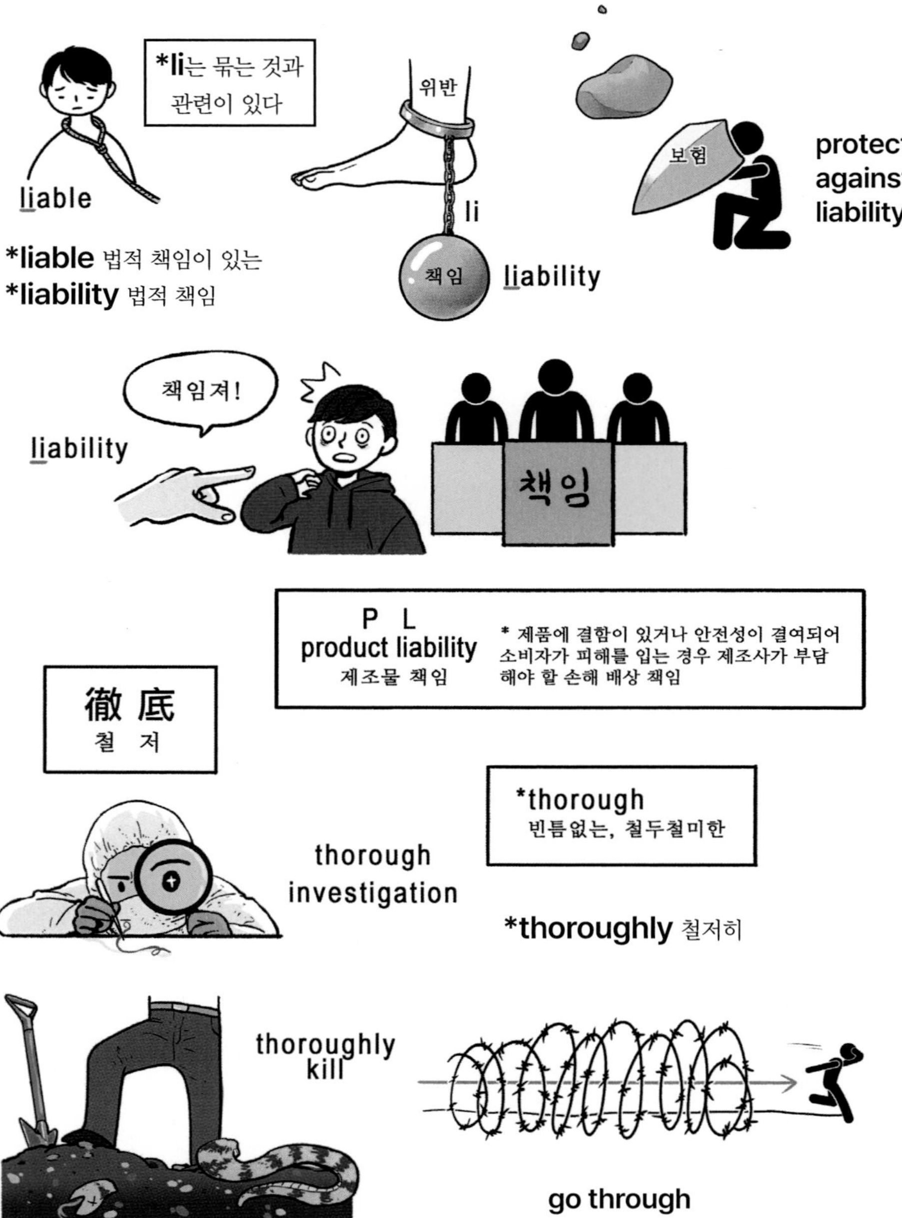

ROOT/STEM

liable ① 법적 책임이 있는 ② ~하기 쉬운, ~할 것 같은
* 라틴어 **ligare**(매다, 맺다), **Old French "lier"**는 영어 **tie**(묶다, 묶어두다)와 같은 뜻
* **li**는 묶는 것, 엮는 것과 관련이 있다. 다른 것과 묶이거나 엮이게 되면 책임을 져야 하고 골치 아프게 된다.
* **liability** 법적 책임, 골칫거리, 부채

예문

Offenders are liable to fines. 위반자들은 벌금을 물게 될 수도 있다.

If you lend money, you are liable to lose it. 돈을 빌려주면 잃기 쉽다.

We cannot accept liability for any damage caused by natural disasters.
저희는 천재지변으로 인한 손상에 대해서는 법적 책임을 지지 않습니다.

Insurance protects you against liability. 보험은 법적 책임으로부터 당신을 보호한다.
* 사람들이 보험에 가입하는 이유: 보험에 가입하는 것은 확률로 볼 때 경제적 손실이다. 그러나 사람들은 위험을 회피하는 경향이 있기 때문에 위험을 완전히 없앨 수 있다면 비용을 더 지불할 용의가 있다. 보험에 가입하는 것은 걱정을 없애고 마음의 평화를 사는 것이다.

Stockholders have limited liability so they cannot lose more than their investment.
주주들은 유한 책임만 지므로 투자비용 이상의 손실을 입지 않는다.
* Product Liability (PL) 제조물책임: 제품에 결함이 있거나 안전성이 결여되어 소비자가 피해를 입는 경우 제조사가 부담해야 할 손해배상책임

ROOT/STEM

thorough 빈틈없는, 철두철미한 * 고기를 철저히 "썰어" **(pun English)**
* **go through** ① 통과하다 ② (힘든 일을) 겪다 ③ 자세히 검토하다.

예문

Everything is in a thorough mess. 모든 것이 완전 엉망진창이다.

Whatever you do, do it thoroughly, not superficially. 무엇을 하든지 피상적으로 하지 말고 철저히 하라.

He went through a red light. 그는 빨간 신호들을 그냥 지나쳤다.

The bill did not go through. 그 법안은 통과되지 않았다.

Most teenagers go through a period of rebellion. 대부분의 십 대는 반항기를 거친다.

She is going through a lot. 그녀는 요즘 어려움을 겪고 있어.

Sorry to make you go through this. 이렇게 수고스럽게 해서 미안해요.

You don't have to go through all that trouble. 그렇게까지는 안 해 주셔도 되는데.

I went through all my emails. 모든 이메일을 다 자세히 검토해 봤어.

구문

- **thorough investigation** 철저한 수사
- **go through every single file** 모든 파일을 빠짐없이 확인해 보다
- **a thorough checkup** 정밀 건강진단(정밀검사)
- **go through the list** 목록을 철저히 검토하다

26

solemn, bully

ROOT/STEM

solemn 엄숙한, 근엄한, 침통한
* 라틴어 **sol**(태양, 하나) → **sole** 단 하나의, 단독의
* **sole**(단 하나의) 행사는 엄숙해야 하므로 **solemn**은 "엄숙한", "근엄한"이라는 뜻
* **solemnity** 엄숙, 근엄(함), 침통함, 의식 절차
* **solemnize** 엄숙하게 치르다, 엄숙하게 행하다

예문

She took a solemn oath to the national flag. 그 여자는 국기에 대하여 엄숙한 맹세를 했다.

Put more trust in nobility of character than in an oath. 한갓 맹세보다는 고귀한 인격을 믿어라. - 솔론

* 맹세를 믿을 수 있는가?
맹세한다는 것은 한때의 감정을 약속하는 것이다. 그러나 감정은 의지대로 되지 않으며 시간이 지나면 변한다. 맹세는 일시적 감정의 약속이거나 상대에게 확신을 주기 위한 속임수인 경우가 많다. 맹세를 믿기보다는 그 이행을 보장할 수 있는 장치를 마련하는 것이 낫다.

구문

- **solemn expression** 근엄한 표정
- **solemn ritual** 엄숙한 의식
- **be conducted with solemnity** 엄숙하게 거행되다
- **indescribable solemnity** 말로 표현할 수 없는 근엄함
- **an atmosphere of solemnity** 엄숙한 분위기
- **with official solemnity** 공식적으로 딱딱하게
- **solemnize the wedding(marriage)** 결혼식을 엄숙하게 치르다

ROOT/STEM

bully ① 괴롭히다, 따돌리다, 협박하다. ② (약자를) 괴롭히는 사람, 불량배, 골목대장
* **bull**(황소)은 거칠고 공격적이다.
* **16~19C** 영국에서 **bully**는 매춘부를 관리하는 정부 **lover**, 기둥서방이라는 의미로 쓰였다.
* **bullying** 집단 괴롭힘(따돌림), 모서리 주기
* **bullish** ① (주식 등의 가격이) 강세의, 오름세의 ② 낙관적인
bullying은 의도적, 적극적이고 지속성이 있다. 이것은 소수가 주도하는 유·무형의 폭력에 다수가 동조하기 때문에 발생한다. 이것은 피해자의 자살 **suicide**, 묻지마 범죄 **hate crimes**로 이어지기도 한다.

예문

Let the bully have a taste of his own medicine. 약자를 괴롭힌 자에게는 똑같이 당하게 하라.

The market opened up bullish with the news of decreased inflation.
인플레 감소 소식과 함께 시장이 강세 분위기로 출발했다.

The stock market has turned bullish.
주식 시세가 강세로 돌아섰다.

구문

- **bully him** 그를 괴롭히다
- **play the bully** 약자를 괴롭히다
- **run into a bully** 불량배와 마주치다
- **schoolyard bully** 학교깡패
- **remain bullish** 강세를 유지하다
- **a bullish forecast** 낙관적 예측

27

pirate, bootleg

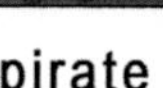
pirate

pirated edition

*pirate 해적, 저작권침해자
불법복제하다

bootleg

*boot 장화

*bootlegger
주류 밀매자

bootlegger

ROOT/STEM

pirate ① 해적, 저작권 침해자. 불법복제자 ② 저작권을 침해(불법복제)하다
* 라틴어 **pirata**(해적) → **pirate** 해적, 불법복제자 * **piracy** 해적질, 저작권 침해

예문

Somali pirates hijacked a Russian oil tanker. 소말리아 해적들이 러시아 유조선 한 척을 납치했다.

* 러시아의 해적선 대처법: 러시아는 해적선을 격침하거나 해적들을 사살한다. 살아 남은 해적들은 항법장치 없는 고무보트에 태워 해안에서 멀리 떨어진 공해상에 버린다. 이들은 바다에 빠져 상어 밥이 되거나 굶어 죽는다. 러시아는 몸값(ransom)을 지불하고 인질(hostage)을 데려오는 방법을 택하지 않고 희생이 따르더라도 초기에 강력히 대응함으로써 후환을 막는다. 이 때문에 해적들은 러시아 배는 건드리지 않는다고 한다.

The problem of software piracy is rampant in China. 해적판 소프트웨어 문제는 중국에서 만연하고 있다.

* rampant 만연하는, 걷잡을 수 없는

구문

- **a pirated software** 해적선 소프트웨어
- **a pirate edition** 해적판
- **pirate one's music** 음악을 불법복제하다
- **a pirate ship** 해적선
- **a pirate lord** 해적 두목
- **pirate radio** 해적 방송, 무허가 방송
- **anti-piracy operation** 해적 소탕 작전

ROOT/STEM

bootleg ① 밀주를 제조하다(판매하다) ② 불법의, 해적판의
* **bootleggering** 주류 밀매
* **bootlegger** 주류 밀매자, 밀수업자(**smuggler**)

예문

Let's ban bootlegged liguor! 밀주를 추방합시다!

The term "bootlegger" comes from the old smuggler's trick of hiding a bottle inside the leg of boot. 부트레거라는 말은 장화 안에 술병을 몰래 숨겼던 옛날 밀수업자의 수법에서 유래하였다.

* 미국 금주법시대(the period of prohibition 1920~1933) 부트레거(bootlegger)들은 술을 밀조하거나 밀수하여 스피크이지(speak-easy)라는 불법 주점에 공급하였다.

구문

- **bootleg whisky** 밀수 위스키
- **a bootleg copy of** ~의 불법복제품
- **a bootleg trade** 암거래
- **bootleg imports** 밀수품
- **bootlegging cigarette** 밀수 담배
- **illegal bootlegging** 불법적인 밀주

28

contingent, rig

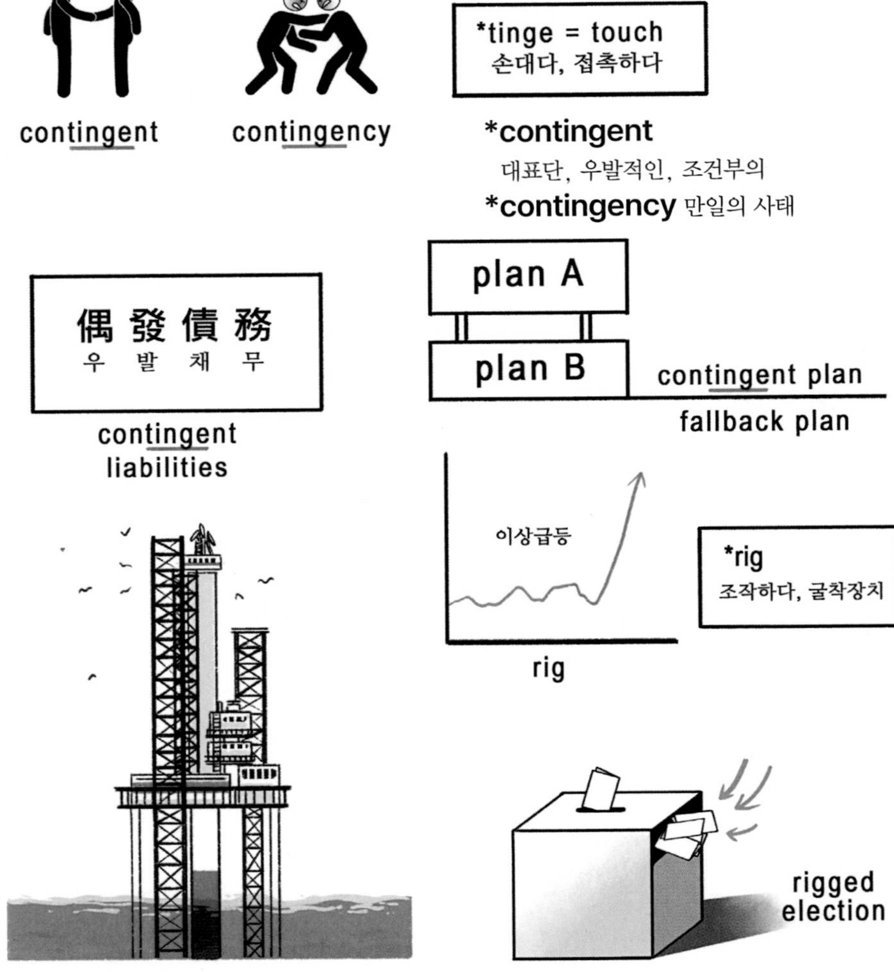

ROOT/STEM

contingent ① 혹시 있을지도 모르는, 우발적인 ② 조건부의, ~에 의존하는 ③ 대표단, 파견대
con(함께) + 라틴어 **tangere**(손대다) → 라틴어 **contingere**(접촉하다, 일어나다)
→ **contingent**(대표단이 파견되어 다른 사람들과 접촉하면 조건을 제시하게 되고 무슨 일이 발생할지 모르기 때문에)
contingent는
① 대표단 ② 조건부의 ③ '우발적인'이라는 뜻을 가지고 있다.
* **contingency** 만일의 사태, 우발사태

예문

Are you ready to take risks contingent to the investment?
투자에 따르는 우발적 위험을 감수할 용의가 있습니까?

Your success is contingent on your perseverance. 너의 성공은 인내심에 달려 있다.

구문

- **the Korean contingent** 한국 대표단(파견대)
- **dispatch a contingent** 대표단을 파견하다
- **contingent flooding** 혹시도 있을지 모르는 범람
- **risks contingent to the trade** 그 거래에 따르는 우발적 위험
- **a contingent result** 뜻하지 않은 결과
- **a contingent fee** 성공보수
- **contingent liabilities** 우발채무
- **contingency plan** 만일의 경우를 대비한 계획

ROOT/STEM

rig
① (부정한 수법으로) 조작하다
② (장비, 시추시설 등을) 설치하다. 갖추다. 굴착장치

예문

The vote was rigged. 투표가 조작되었다.

I think it was rigged. 그건 조작된 것 같아.

His vest was rigged with a bomb. 그의 조끼에는 폭탄이 장착되어 있다.

Hosts of people who were rigging stock prices were exposed.
주가를 조작하던 작전 세력이 적발되었다.

* 주가조작 stock price manipulation
시세차익을 얻기 위해 주가 형성에 인위적으로 개입하는 것을 말한다. 부패공무원은 국가의 고급정보를 이용하여 미리 관련사업을 하는 기업의 주식을 취득하고 권력과의 유착으로 국책사업을 따낸 뒤 주가가 폭등하면 팔아치우는 수법으로 이득을 챙긴다. 주가조작은 회사내부자, 부패공무원, 증권 애널리스트, 언론인, 전주(錢主) 등의 결탁으로 이루어진다.

구문

- **rigged election** 부정선거
- **rig an election** 선거를 조작하다
- **rig the stock price** 주가를 조작하다
- **a rigged broadcast** 조작 방송

29

mundane, abort

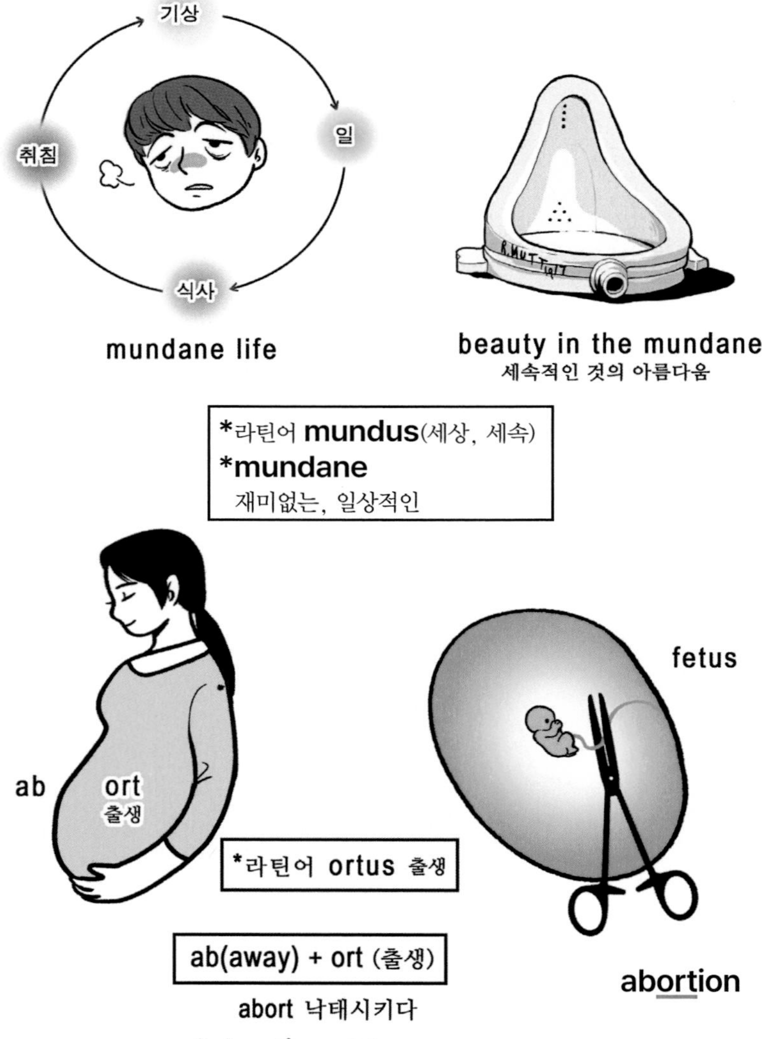

ROOT/STEM

mundane ① 일상적인, 평범한, 재미없는 ② 속세의, 세속의, 현세의
* 라틴어 **mundus**(세상, 세속) → **mundane** 세속의, 평범한

예문

He has a god-given talent of capturing the miraculous within the mundane.
그는 일상적인 것에서 기적적인 모습을 포착해 내는 천부적인 재능을 가지고 있다.

* 관찰의 중요성: 모든 지식은 관찰에서 시작된다. 위대한 발견, 발명, 작품 등은 수동적인 보기가 아닌 적극적인 관찰의 산물이다. 평소에 무심하게 보아넘겼던 것도 정밀하게 관찰하면 나에게 특별한 의미를 가지고 다가온다. 세계는 참을성있는 관찰자(the patient observer)에게 놀라운 모습으로 다가와 말을 걸고 보상을 해준다. 세속적인 것의 아름다움(beauty in the mundane)을 발견하는 능력, 가장 평범하고 사소한 것에서 의미를 찾아내는 능력은 창조와 발명, 예술창작의 원동력이 된다.

구문

- **esape from mundane life** 평범한 일상에서 벗어나다
- **mundane affairs** 세속적인 일
- **a mundane name** 속세의 이름
- **a mundane plot** 진부한 구성
- **a hectic and mundane life** 정신없이 바쁜 일상의 삶

ROOT/STEM

abort ① 유산(낙태)시키다 ② 유산하다, 도중하차하다
* **ab**(떨어져서 **away**) + 라틴어 **ortus**(출생, 일어남) → **abort** 낙태시키다
* **abortion** 낙태, 임신중절

예문

The chinese women were often forced to abort their children. 중국 여성들은 종종 낙태를 강요당했다.

* 중국의 한 자녀 정책과 강제낙태: 중국 공산당은 과다인구로 식량난이 심각하게 되자 한 자녀 정책을 실시하였다. 이 정책은 인류역사상 전무후무한 인구정책으로 중국보건연감 통계에 의하면 1971~2012년 사이에 중국에서는 약 2억 7000만 건의 인공유산이 이루어졌다. 이 때문에 대량의 여아가 버려지거나 살해당하여 30세 이하 남녀인구 성비에 심각한 불균형을 초래하여 매매춘, 인신매매, 성범죄 등 사회문제를 야기하였다.

Abortion is contributing to reduction in the crime rate. 낙태는 범죄율 감소에 기여하고 있다.

* 낙태와 범죄율의 상관관계: 원치 않는 임신으로 태어난 아이들은 대체로 열악한 환경에 놓여있고 교육과 취업에서 어려움을 겪기 때문에 범죄환경에 노출될 위험성이 크다. 상식과 통념을 깨는 괴짜 경제학(스티븐 레빗, 스티븐 더브너 공저)에 의하면 낙태의 합법화는 억만금을 들여서도 해결할 수 없는 골치아픈 문제를 적은 비용으로 해결하는 엄청난 경제적 효과를 거두었다고 한다.

구문

- **abort the fetus** 태아를 낙태시키다
- **abort the mission** 임무를 중단하다
- **be forced to abort** 강제낙태 수술을 받다
- **oppose to abortion** 낙태에 반대하다
- **a debate on the morality of abortion** 낙태의 도덕성에 관한 논쟁

30

compete, hold up

*compete 경쟁하다, 겨루다
*competent 능숙한
*competence 능숙함
*competitor 경쟁자

*라틴어 **petere** (찾아가다)
→ **pete**는 찾아가는 것과 관련이 있다

compete

competent
competence

competitive
*competitive 경쟁력 있는

hold up

hold up

hold up

*hold
잡고 있다, 쥐다

ROOT/STEM

compete 경쟁하다, 겨루다
* com(함께) + 라틴어 petere(찾아가다)
→ compete 경쟁하다
* competitor 경쟁자
* competition 경쟁, 대회, 시합
* competitive 경쟁력 있는, 뒤지지 않는, 경쟁심이 강한
* competitiveness 경쟁력, 승부욕
* competence ① 능숙함, 능숙도 ② 권한, 기능
* competent ① 능숙한 ② 만족할 만한 ③ 권한(결정권)이 있는

예문

There is no player who can compete with him. 그보다 뛰어난 선수는 없다.

America can't compete with India on price. 미국은 가격 면에서 인도와 경쟁이 안 된다.

The construction companies are conducting cutthroat competition against each other.
건설회사 간에 출혈경쟁이 심하다.

Korean companies are striving to survive the cutthroat competition in the world market.
한국 기업들은 세계시장에서도 치열한 경쟁에서 살아남기 위해 분투하고 있다.

He is competent in his work. 그는 자기 일에 능숙하다.

구문

- compete for one's attention ~의 관심을 받으려고 경쟁하다
- cut-throat competition in the job market 취업시장에서의 치열한 경쟁
- competitive bidding 경쟁적 입찰
- competitive price 경쟁력 있는 가격
- gain a competitive advantage 경쟁력 우위를 점하다
- be competitive on the global market 세계시장에서 경쟁력이 있다
- highly competitive 경쟁이 심한
- a competent psychiatrist 유능한 정신과 의사
- a competent attorney 유능한 변호사
- be competent for teaching 가르칠 자격이 있다
- a competent authority 결정권 있는 당국
- be within my competence 내 권한 범위 안에 있다.
- build English competence 영어 능력을 키우다
- enhance competitivenss 경쟁력을 강화하다

ROOT/STEM

hold up ① 지연시키다, 방해하다 ② 잡아주다, 떠받치다

예문

I got held up at work. 나는 회사에 잡혀 있었어(일에 묶여 있었어).

I got held up the office. 나는 사무실에 묶여 있었어. / I got held in traffic. 교통체증으로 꼼짝 못했어.

구문

- hold up the roof 지붕을 떠받치다
- hold up! 손들어!
- hold up one's opinion 의견을 고수하다
- hold up the riot 폭동을 진압하다
- hold up pants 바지가 흘러내리지 않도록 잡아주다
- be held up by rain 강우로 지체되다

31

aggress, progress, regress

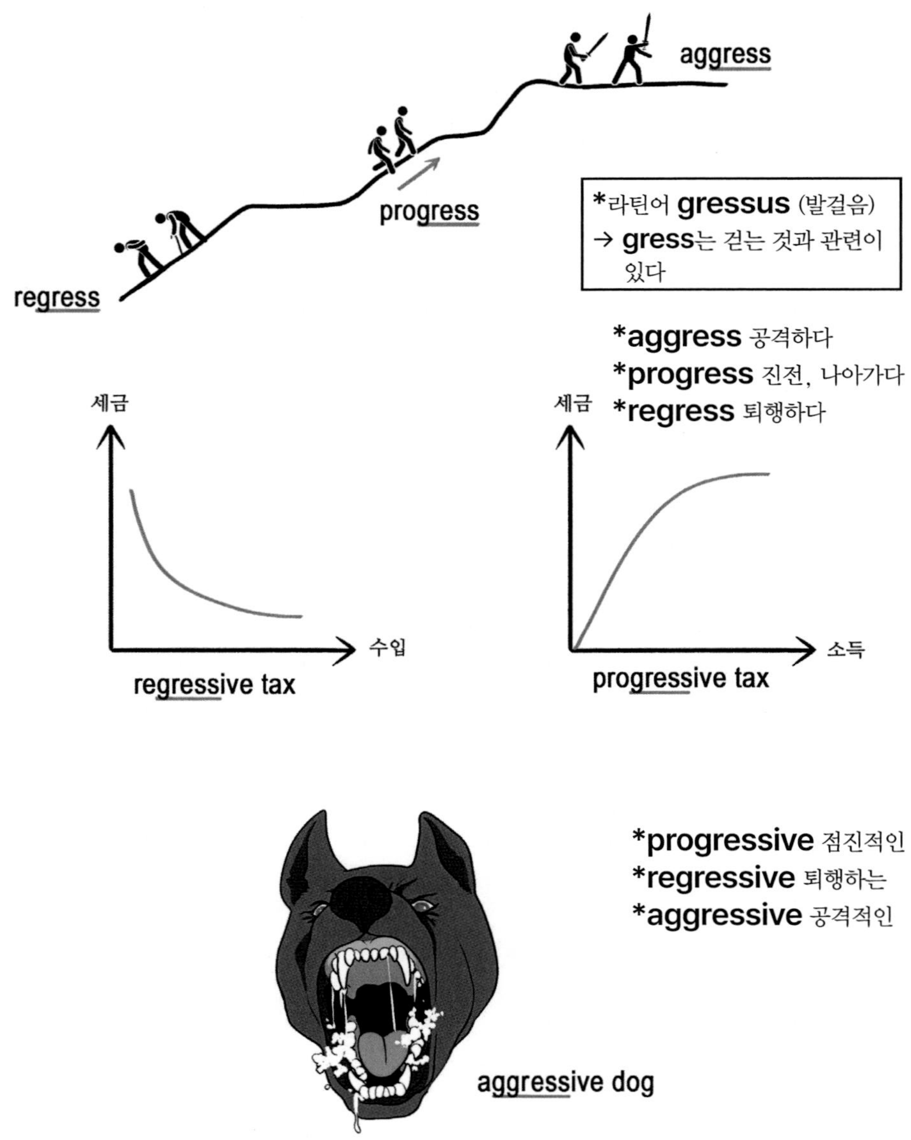

ROOT/STEM

aggress 공격하다, 공세를 취하다
progress ① 진전, 진척 ② 진전을 보이다, 나아가다
regress 퇴행(퇴보)하다
* 라틴어 **gradi**(걷다, 전진하다), 라틴어 **gressus**(발걸음) → **gress**
* **ag**(**ad** ~쪽으로) + **gress**(걷다) → **aggress** 공격하다
* **aggressor** 침략자, 공격자
* **aggressive** 공격적인 * **aggresson** 공격, 침략, 공격성
* **aggressiveness** 원하는 것을 얻기 위한 적극성
* **pro**(앞으로) + **gress**(걷다)→ **progress** 진전,진척
* **progressive** 점진적인,진보적인, 진보주의자
* **re**(뒤로) + **gress**(걷다) → **regress** 퇴행하다
* **regressive** 퇴행하는, 역진세의 * **regression** 퇴행, 퇴보

예문

The aggression against God is retorted upon the aggressor.
신의 뜻을 거역한 사람은 신의 보복을 받는다.

She likes a man with aggressiveness.
그 여자는 적극적으로 들이대는 남자를 좋아한다.

A good salesperson has to be aggressive.
훌륭한 판매원은 적극적(공격적)이어야 한다.

Sports is a good outlet for our aggression.
스포츠는 공격성을 배출하는 좋은 수단이다.

Technological progress is like an axe in the hands of a pathological criminal.
기술의 진보는 병적인 범죄자의 손에 있는 도끼와 같다. - 알버트 아인슈타인

Education is a progressive discovery of our own ignorance.
교육은 우리 자신의 무지를 점차 발견해나가는 과정이다.

Helicopter parents make their children regress.
헬리콥터 부모들은 그들의 자녀를 퇴보시킨다.

구문

- **an aggressive war** 침략전쟁
- **an aggressive sales pitch** 공격적 구입권유
- **an aggressive campaign** 공격적(적극적) 캠페인
- **an aggressive dog** 공격적인 개
- **progressive reduction** 점진적 감축
- **a progressive party** 진보정당
- **regressive step** 퇴보적 조치
- **regressive tax** 역진세(↔**progressive tax** 누진세)
- **the regression of democracy** 민주주의의 후퇴

dissonance, sonar, consonant

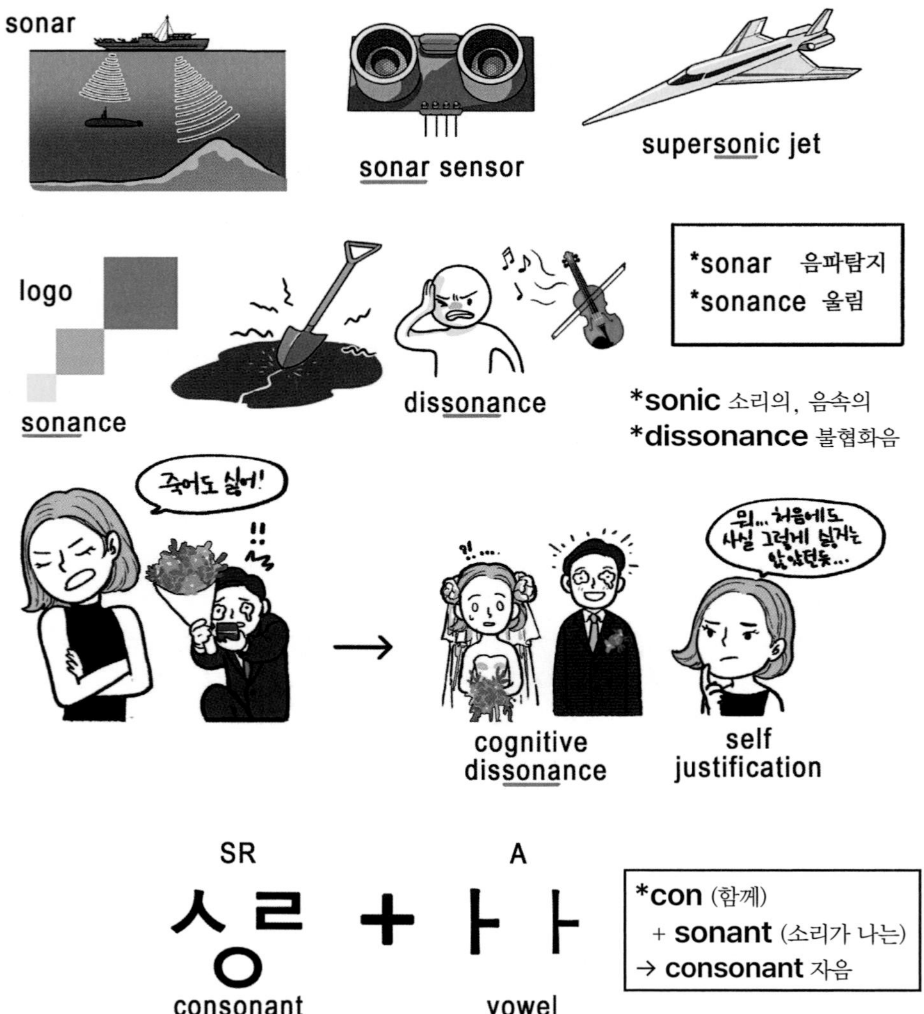

ROOT/STEM

dissonance 불협화음, 불화, 의견충돌
* 라틴어 **sonare**(소리나다, 울리다) → **sonar** 수중 음파 탐지기
* **sonance** 울림, 음조
* **sonic** 소리의, 음속의 * **supersonic** 초음속의
* **dis**(반대로) + **sonance**(울림) → **dissonance** 불협화음
* **dissonant** 귀에 거슬리는, 불협화음의
* **consonant** 자음(의), ~와 일치하는 (모음과 함께 **con** + 소리가 나는 **sonant**) → **consonant**

예문

Their duet was in dissonance.
그들의 이중창은 불협화음을 이루고 있었다.

Psychologists call the rationalization mechanism "cognitive dissonance".
심리학자들은 정당화 메커니즘을 "인지부조화"라고 부른다.

* 인지부조화는 인간의 신념과 행동사이에 불일치가 있는 것을 말한다. 인지부조화 이론에 의하면 인간은 자신의 신념과 행동사이에 불일치가 있을 때 인간은 불편함을 느끼게 되고 이 불편함을 해소하기 위해 신념을 바꾸어 자신을 합리화한다. 예컨대 마음에 없는 남자로부터 자꾸 선물을 받다가 결혼까지 하게되는 경우 사실은 처음부터 그렇게 싫지는 않았다고 하는 식으로 자신을 합리화한다는 것이다.
대부분의 사람들은 자기의 신념에 따라 행동하는 것이 아니라 외부환경, 사회적 압력 또는 자신의 이익을 좇아 행동하고 모순된 태도에 대한 타인의 비난 또는 자신의 불편함을 해소하기 위해 신념을 바꾸어 자신을 합리화한다. 인지심리학에 의하면 인간은 합리적 동물이라기보다 자기 합리화self-justification를 도모하는 동물이다.

Bats have sonar ability. 박쥐는 음파탐지능력이 있다.

구문

- **a sonar technician** 수중음파탐지 기술자
- **be located by sonar** 수중음파탐지기로 위치가 발견되다
- **sonic waves** 음파
- **supersonic flight** 초음속 비행
- **cognitive dissonance** 인지 부조화
- **stand their dissonance** 그들의 불협화음을 견디다
- **dissonance occurs** 불협화음이 일어나다.
- **dissonant voices** 불협화음을 내는 목소리들
- **dissonant chord** 불협화 화음

33

verge, converge, diverge, swap

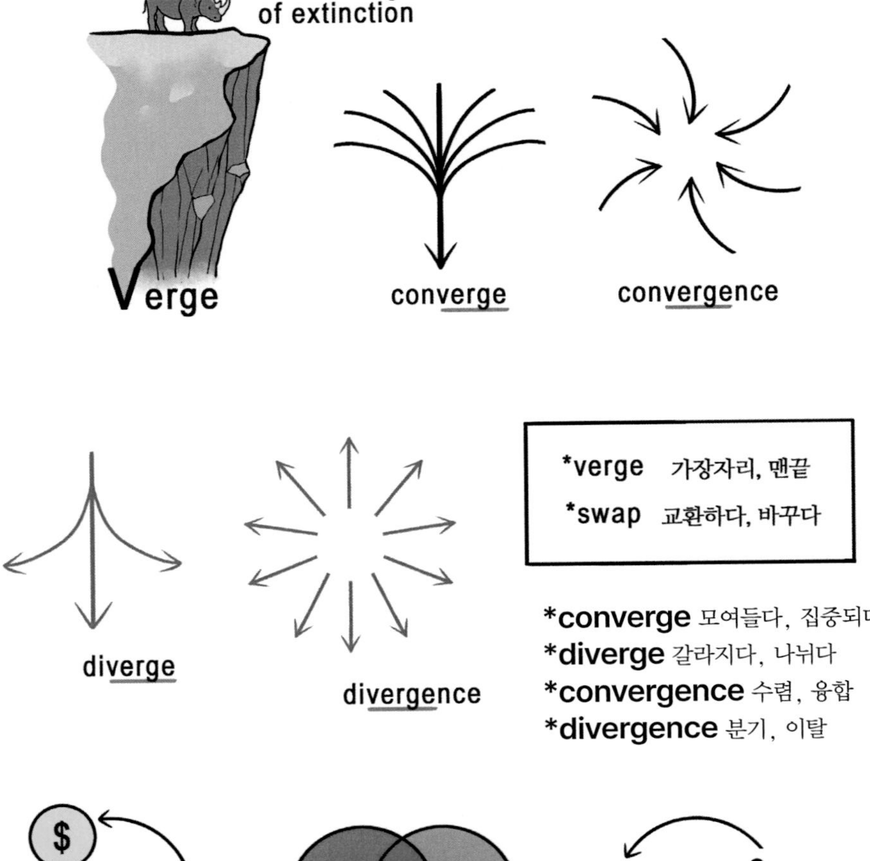

$
₩ ap
currency swap

swap

prisoner swap

ROOT/STEM

verge 길가, 가장자리, 맨 끝
* **verge**는 원래 영역을 표시하는 긴 나무 막대기를 의미했다.
* **con**(함께) + **verge**(끝) → **converge** 모여들다, 집중되다
* **convergence** 수렴, 융합
* **di**(다른 곳으로) + **verge**(끝) → **diverge** 갈라지다, 나뉘다, 벗어나다
* **divergence** 분기, 이탈, 방산

예문

The rhinoceros is on the verge of extinction. 코뿔소는 멸종 직전에 있다.

The avenues of Paris converge at a central square. 파리의 도로는 중앙광장에서 모인다.

It took a long time for organisms to diverge and adapt.
유기체가 분화하고 적응하는 데는 오랜 시간이 걸렸다.

구문

- **be on the verge of death** 거의 죽을 위기에 처해 있다
- **be on the verge of drowning** 익사 직전이다
- **be on the verge of tears** 울기 직전이다
- **be on the verge of being fired** 해고되기 직전이다
- **converge on the beach** 해변에 모이다
- **converge into a focus** 초점으로 모이다
- **the convergence art school** 융합예술대학
- **cutting-edge convergence of technologies** 최첨단 기술융합체
- **opinions diverge** 의견이 갈리다
- **diverge from the main stream** 본류에서 갈라지다

ROOT/STEM

swap ① 바꾸다, 교대하다 ② 교환, 교체(품)
* **swap**는 다른 것을 얻기 위해 내 것을 내주는 것을 말한다.

예문

Never swap horses while crossing a stream. 개울을 건널 때 말을 바꾸지 마라(전쟁 중 장수를 바꾸지 마라).

Can we swap places? 자리를 바꿔 앉을까?

Spouse-swapping is a sort of sexual perversion. 배우자 맞교환은 일종의 성도착증이다.

구문

- **the negotiation on a prisoner swap** 포로 교환에 관한 협상
- **swap stories** 이야기를 서로 교환하다
- **swap meet** 중고품 시장, (소장품 등의) 교환 모임

* currency swaps 통화 스와프
두 나라가 현재의 환율에 따라 서로 필요한 만큼의 돈을 상대국와 교환하고 일정기간이 지난 후 최초 계약때 정한 환율로 원금을 재교환하는 거래. 이것은 사실상 외환보유액을 늘려서 환율을 안정시키는 효과가 있기 때문에 외환위기 시에 유용하다.

34

fluent, influence, flux, influx

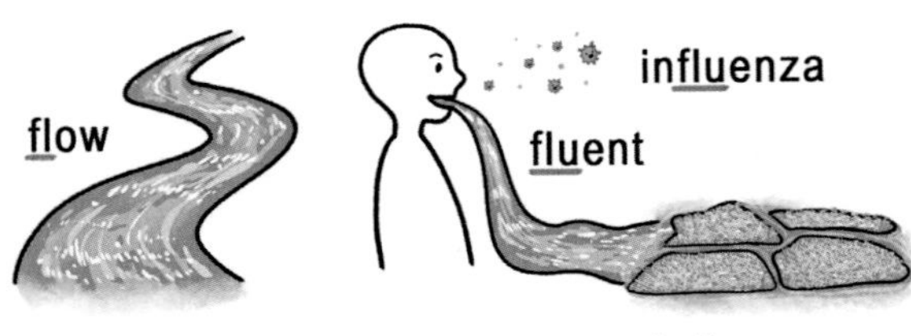

*flu 는 흐르는 것과 관련이 있다

*fluent 유창한, 능숙한
*influence 영향을 끼치다
*influenza 유행성 감기

*flu 독감
*flux 유동, 흐름
*influx 유입

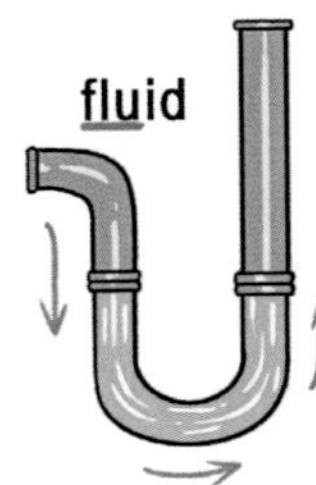

*fluid
유체, 유동적인

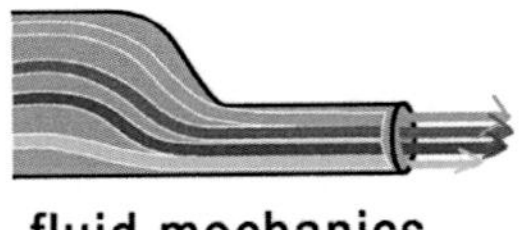

ROOT/STEM

fluent 유창한, 능숙한, 능수능란한
* 라틴어 **fluere**(흐르다) → **fluent** 유창한, 능수능란한
* **fluency** 유창함, 능숙도 * **flow** 흐름
* **influence** 영향, 영향을 끼치다
* **influencer** 영향력을 행사하는 사람
* **flu** 독감 * **influenza** 유행성 감기
* **flux** 유동, 흐름 * **influx** 유입 * **fluid** 유체, 유동적인

예문

He is fluent in English. 그는 영어가 유창하다.

Yon need fluency in at least two foreign languages to pass the exam.
그 시험에 합격하려면 두 개 이상의 외국어에 능통해야 합니다.

They discussed ways of blocking an endless flow of refugees into the country.
그들은 그 나라로 끝없이 흘러들어오는 난민을 막기 위한 방법들을 논의했다.

He is a bad influence on you. 그는 너에게 나쁜 영향을 준다.

She is the most powerful fashion influencer in Korea.
그녀는 한국패션업계에서 가장 영향력이 큰 사람이다.

The spanish flu is another media hyped misnomer.
스페인 독감은 언론이 과장하여 만들어 낸 부적절한 명칭이다.

* 유럽에서 발생하여 1918~1920년 사이에 전 세계에 확산되어 2500만~5000만 명의 사상자를 발생시킨 스페인 독감은 스페인에서 발생한 것이 아니다. 당시는 제1차 세계대전 중이었기 때문에 전쟁상황, 병영생활, 참호 등 비위생적 환경 때문에 전쟁 중이던 독일, 오스트리아, 영국, 프랑스 등에서 많은 사상자가 발생했다. 당시 스페인은 중립국이었기 때문에 언론의 자유가 있었고 검열 없이 제대로 보도가 되다 보니 마치 스페인에 환자가 많은 것처럼 알려져서 스페인 독감으로 부르게 되었다. 지역 명칭을 붙이는 것은 해당 국가의 지역에 대한 혐오감을 조성하므로 WHO는 지역 명칭을 쓰지 않고 있다. 전염병 명칭을 둘러싼 싸움은 단순한 언어싸움이 아니라 사유의 싸움이며 영향력 증대를 노리는 인간들끼리의 싸움이다.

Influenza is raging all over the world. 독감이 전 세계적으로 맹위를 떨치고 있다.

The world is in a state of flux. 세상은 끊임없이 변하고 있다.

We could not accommodate the sudden influx of visitors.
우리는 갑자기 밀려드는 방문객들을 다 수용할 수가 없었다.

Nepenthes exudes a sticky fluid. 네펜데스는 끈적끈적한 액체를 유출한다.

구문

- **his influence** 그의 영향력
- **influence life expentancy** 기대수명에 영향을 끼치다
- **an influential figure** 영향력 있는 인물
- **a highly influential book** 아주 영향력 있는 책
- **a bird flu** 조류독감
- **the swine flu** 돼지독감
- **be down with influenza** 독감으로 누워 있다

35

officiate, concise, precise

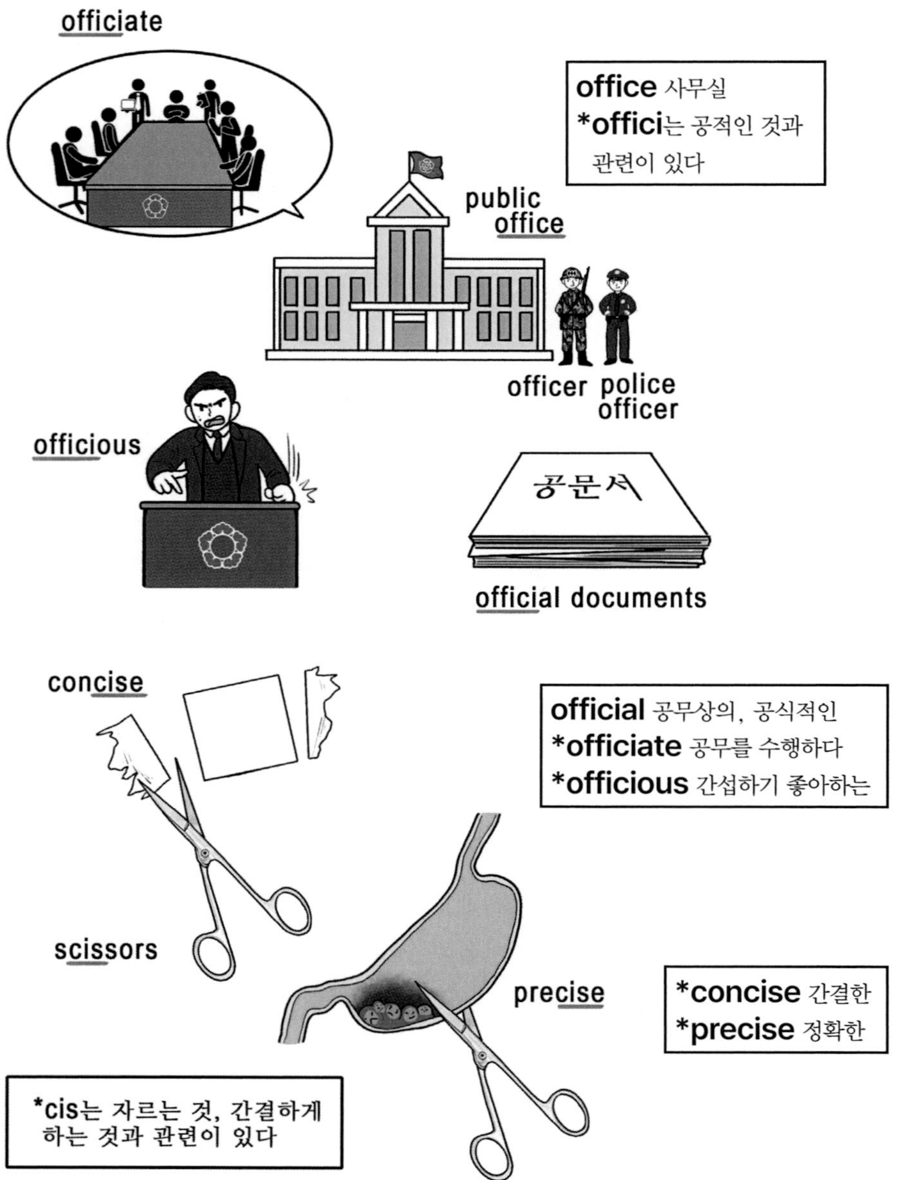

ROOT/STEM

officiate ① 공무를 수행하다 ② (의장으로) 사회를 보다, 주재하다
③ (혼례, 장례 등을) 진행하다
* **office** (사무실) → **official** 공무상의, 공식적인, 공인된
* **officials** 임원
* **officer** 장교, 정부 기관이나 큰 조직체의 중요 직책에 있는 사람(**police officer** 경찰관, **public officer** 공무원)
* **officious** 간섭(참견)하기 좋아하는, 거들먹거리는, 위세를 부리는

예문

The reverend will officiate the wedding. 그 목사님이 주례를 보실 거야.

The referee is there to officiate. 심판은 보라고 있는 것이다.

Chinese officials were often officious and rude. 중국 관리들은 종종 거들먹거리고 무례했다.

구문

- **officiate as chairman** 의장으로서 사회를 보다
- **officiate at the funeral services** 장례를 집전하다
- **officiate in the world cup finals** 월드컵 결승전 심판을 보다
- **ask him to officiate** 그에게 주례를 요청하다
- **the official view** 공식적 견해
- **the official launch date** 공식 출시(출간)일자
- **officious interference** 주제넘는 간섭
- **an officious bitch** 거들먹거리는 못된 놈

ROOT/STEM

concise 간결한, 축약된
precise 정확한, 정밀한, 꼼꼼한
scissor 가위로 자르다(가위 **scissors**)
* 라틴어 **caedere**(자르다) → **cisus**(자른) → **cise**
* **con**(함께) + **cise**(자른) → **concise**(둘이 함께 잘라서) 간결하게 된
* **pre**(미리) + **cise**(자른) → **precise**(미리 표시해두고 잘라서) 정확한, 정밀한
* **precision** 정확(성), 정밀(성)

예문

Make your report in a clear and concise way. 보고서를 명확하고 간결하게 작성해.

The precise details are still pending. 정확한 세부 사항들은 아직 결정되지 않았다.

구문

- **write in a concise style** 간결한 문체로 쓰다
- **concise instructions** 간결한 사용설명서
- **a precise definition** 정확한 정의
- **to be more precise** 좀더 정확히 말하자면
- **precise figures** 정확한 숫자
- **precision instruments** 정밀기구(기기)
- **mathematical precision** 수학적 정확성
- **analytical precision** 분석상의 정확성

36

suffrage, battery

ostracon 도편

suffrage movement

woman suffrage

*suffrage
투표권, 참정권

battery

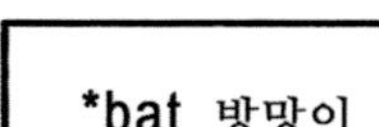

***battery** 구타, 폭행
***combat** 전투, 싸움

battery

ROOT/STEM

suffrage 투표권, 참정권, 선거권

* 라틴어 **suffragium**(투표에 쓰던 사금파리, 투표, 선거) → **suffrage**

예문

Suffrage is one of the most important civil rights.
참정권은 시민의 가장 중요한 권리 중의 하나다.

구문

- **equal suffrage** 평등한 참정권
- **popular suffrage** 일반 참정권, 보통 선거권
- **woman suffrage** 여성 참정권
- **manhood suffrage** 성년 남자 참정권
- **the women's suffrage movement** 여성 참정권 운동
- **universal suffrage** 보통 선거권
- **rob voters of their suffrage** 유권자들의 선거권을 빼앗다
- **give the suffrage** 참정권을 주다
- **campaign for women's suffrage** 여성 참정권 운동
- **exercise the right of suffrage** 참정권을 행사하다
- **the extension of suffrage** 참정권 확대

ROOT/STEM

battery ① (법률) 구타, 폭행 ② 포대, 포열 ③ 건전지 ④ 투수와 포수

bat 방망이, 곤봉 → **battery** 구타, 폭행

* **combat** ① 전투, 싸움(을 하다) ② (좋지 않은 일을) 막다, 방지하다

* **combatant** 전투원, 전투병

예문

Simpson has a history of domestic battery. 심슨은 가정폭력의 전력이 있다.

They took a battery of tests before entering the military 그들은 입대 전에 일련의 테스트를 받았다.

구문

- **battery charge** 배터리 충전
- **low battery** 얼마 안 남은 배터리
- **battery operated** 건전지로 작동되는
- **dead battery** 방전된 배터리
- **battery discharge** 배터리 방전
- **battery-office** 직원들로 꽉 차 있는 사무실
- **battery farm** 대량사육농장
- **the fire of battery** 포대의 포격
- **a battery of cannon** 대포대
- **a battery of questions** 일련의 질문들
- **suspicion of battery** 폭행(구타) 혐의
- **cambat fatigue** 전투 피로증
- **unarmed combat** 무기를 사용하지 않는 결투
- **mortal combat** 목숨을 건 전투
- **combat credit card fraud** 신용카드 사기를 막다
- **combat crime** 범죄를 방지하다
- **combat drug abuse** 약물 오남용과 싸우다
- **a combat ship** 전함
- **combat shoes** 전투화

37

contagion, infect

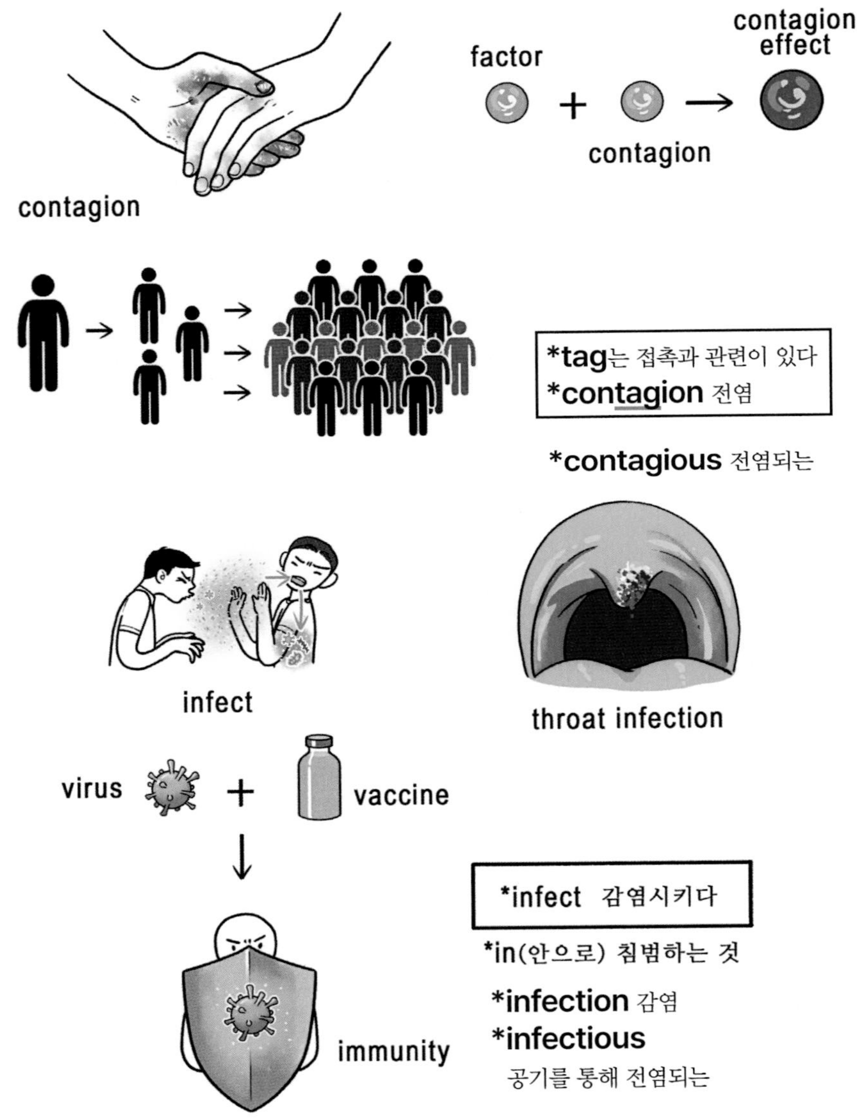

*tag는 접촉과 관련이 있다
*contagion 전염

*contagious 전염되는

*infect 감염시키다

*in(안으로) 침범하는 것

*infection 감염
*infectious
공기를 통해 전염되는

ROOT/STEM

contagion ① 전염, 감염 ② (접촉성) 전염병
con(함께) + 라틴어 **tangere**(접촉하다, 만지다) → **contagion** 전염, 감염(병)
* **contagious** 전염되는, 전염성의
infection ① 전염, 감염 ② 전염병 ③ 염증
* **in**(안에) + 라틴어 **facere**(만들다, 낳다) → **infect** 감염시키다
* **infection** 감염
* **infectious** (공기를 통해) 전염되는
* **contagious**는 물리적 접촉으로 전염되는 느낌, **infectious**는 바이러스, 박테리아, 곰팡이 등에 의해 무언가 몸안으로 침투해서 감염되는 뉘앙스가 있다.

예문

Smallpox is a contagion. 천연두는 (접촉성) 전염병이다.

His enthusiasm is contagious. 그의 열정은 전염성이 있다.

Yawns are contagious. 하품은 전염성이 있다.

A medical mask helps to minimize the risk of infection.
의료용 마스크는 감염의 위험성을 최소화하는 데 도움이 된다.

One stranger spread an infectious disease in town.
한 낯선 사람이 마을에 전염병을 퍼뜨렸다.

The flu is highly infectious. 독감은 전염성이 강하다.

I'm still infectious. 아직 나한테서 전염될지도 몰라.

* 인간과 바이러스의 대결
인간은 교육, 학습, 모방, 전달을 통해 집단의 행동양식과 지식을 공유하기 때문에 종족차원에서 진화를 하고 진화 속도가 빠르다. 그러나 바이러스는 생물학적 진화를 통해 발전하기 때문에 진화 속도가 느리다. 무기를 만들어 대처하는 속도에 있어서는 인간이 훨씬 유리하다.

구문

- **contagion effect** 전염(연쇄파급) 효과
- **a behavioral contagion** 행동 전염 (예: 하품 yawning)
- **contagious germs** 전염성 있는 세균들
- **a contagious laugh** 전염성 있는 웃음
- **a virus infection** 바이러스 감염
- **immunity to infection** 감염에 대한 면역력
- **infect the respiratory system** 호흡기를 감염시키다
- **an ear infection** 중이염
- **a throat infection** 인후염
- **a kidney infection** 신장염
- **a fungal infection** 진균(곰팡이) 감염
- **a veneral infection** 성병 감염
- **an infectious laughter** 전염성 있는 웃음
- **a serious infectious disease** 심각한 전염병

38

cease, oblivion

cease fire

ceaseless flow

smoking cessation

momentary cessation

the cessation of business

oblivion

oblivion

*cease 그치다
*oblivion 망각

*cessation 중단, 중지
*ceasefire 휴전, 정전
*decease 사망

Lethe

忘却
망 각

fall into oblivion

ROOT/STEM

cease 그치다, 중단되다, 중단시키다.
* 라틴어 **cessare**(그치다, 멈추다, 중단하다)
→ **cease** 그치다

* **cessation** 중단, 중지
* **ceasefire** 휴전, 정전 * **ceaseless** 끊임없는
* **de**(아래로) + **cease** (그치다) → **decease** 사망

예문

Whoever ceases to be a student has never been a student.
학생이 되기를 멈춘 사람은 한 번도 학생인 적이 없었던 사람이다.

Spread the table and contention will cease. 식탁을 차려라, 그러면 논쟁이 그칠 것이다.

Drunkenness is only a momentary cessation of unhappiness. 취하는 것은 불행의 순간적인 중지일 뿐이다.

Upon his decease, his son will inherit everything. 그가 사망하면 그의 아들이 모든 것을 상속받을 것이다.

구문

- **cease fire** 사격을 그치다, 전투를 중지하다
- **cease strike** 파업을 중단하다
- **agree to the ceasefire** 휴전에 동의하다
- **a call for an immediate ceasefire** 즉각적인 휴전 요구
- **the family of the deceased** 유가족
- **his deceased father** 돌아가신 그의 아버지
- **the cessation of business** 사업 중단, 폐업
- **smoking cessation** 금연
- **the cessation of cold war** 냉전의 종식
- **continue without cessation** 중단 없이 계속되다.
- **the cessation of life support treatment** 연명 치료의 중단
- **make a ceaseless effort** 부단히 노력하다
- **the ceaseless noise** 끊임없는 소음

ROOT/STEM

oblivion ① (명성, 중요성 등이 잊혀짐, 망각, 의식하지 못하는 상태 ② 흔적도 없이 사라짐
* 라틴어 **oblivio**(잊어버림, 망각, 사면) → **oblivion** 망각 * **oblivious** 의식하지 못하는

예문

Such a bubble of a name will quickly fall into the oblivion.
이까짓 거품과도 같은 이름은 망각되기 마련이다.

Why are you so oblivious? 왜 그렇게 눈치가 없어?

He was oblivious of the damage he had caused. 그는 자신이 야기한 손해를 의식하지 못하고 있었다.

* the river or oblivion 망각의 강
저승에는 망각의 여신 레테(Lethe)의 이름을 붙인 망각의 강이 흐른다. 이승을 떠나 저승으로 가는 사람들은 이 강물을 마시고 이승의 기억을 전부 잊어야 한다.

구문

- **fall into oblivion** 망각 속으로 사라지다
- **be destined for instant oblivion** 순식간에 잊혀질(사라질) 운명이다
- **be consigned to oblivion** 망각 속으로 보내지다
- **drink oneself into oblivion** 인사불성이 되도록 술을 마시다
- **political oblivion** 정치적으로 잊힘
- **be bombed into oblivion** 폭격으로 흔적도 없이 사라지다
- **be oblivious to the noise** 소음을 의식하지 못하다
- **be oblivious to the impending danger** 임박한 위험을 인식하지 못하다

39

perjury, scam

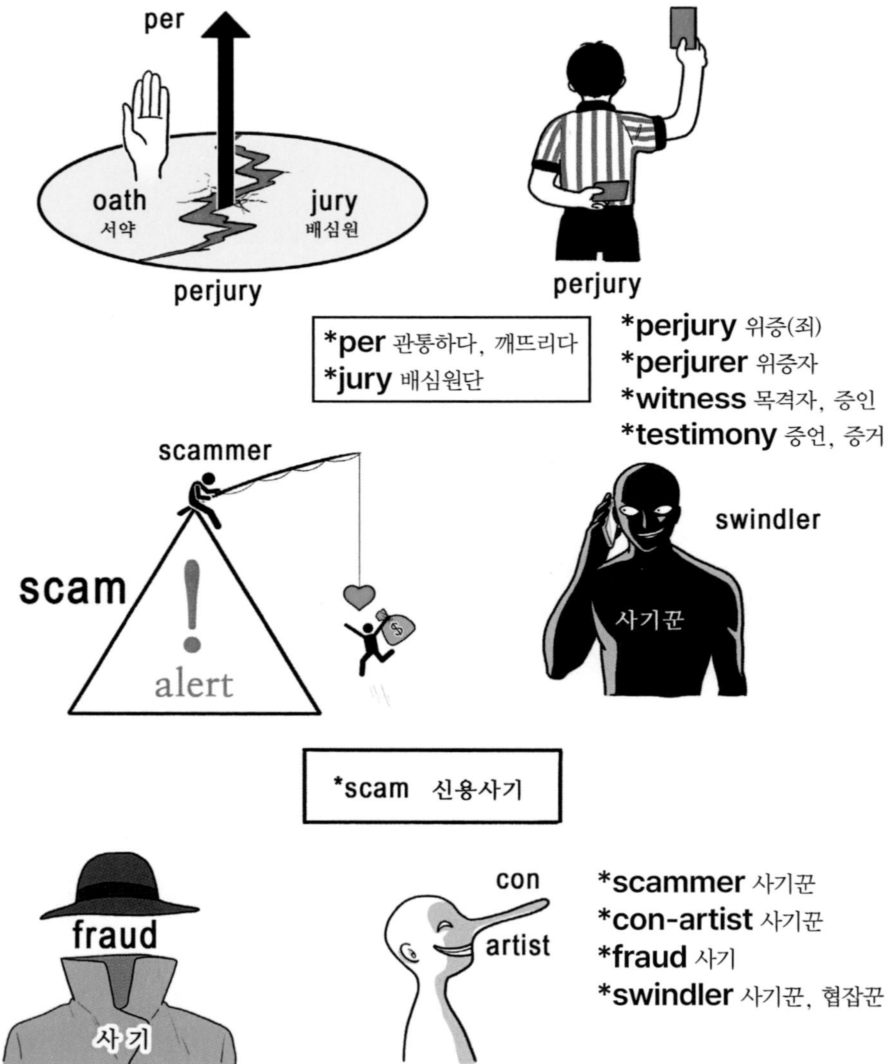

*scammer 사기꾼
*con-artist 사기꾼
*fraud 사기
*swindler 사기꾼, 협잡꾼

ROOT/STEM

perjury 위증, 위증죄

* 라틴어 **jurare**(서약, 맹세) → **jury** 배심원단, 심사위원단
* **per**(관통, 깨뜨리다) + **jury**(배심원단) → **perjury** 위증(배심원들 앞에서 거짓말 않겠다는 서약을 깨뜨리는 것)
* **perjurer** 위증자
* **testimony** 증거, 증언
* **witness** ① 목격자, 목격하다 ② 법정 증인

예문

I will accuse you of perjury. 나는 너를 위증죄로 고소하겠다.

He was given a two-year sentence for perjury. 그는 위증죄로 2년 징역형을 선고받았다.

구문

- **commit perjury** 위증죄를 범하다
- **subornation of perjury** 위증교사(매수)
- **a testimony to his innocence** 그가 결백하다는 증거
- **give false testimony against** ~에게 불리하게 위증을 하다
- **give testimony** 증언하다
- **witness box** (법정의) 증인석
- **Jehovah's witness** 여호와의 증인
- **a reliable witness** 믿을 만한 증인
- **a witness to the murder** 살인사건의 목격자

ROOT/STEM

scam (타인의 신용을 미끼로 벌이는) 사기

scam → **scammer** 사기꾼

* **con-artist** 사기꾼
* **swindle** 사기(를 치다)
* **fraud** 사기, 사기꾼, 가짜, 엉터리
* **swindler** 사기꾼, 협잡꾼

예문

I was taken in by his scam. 나는 그의 사기에 걸려들었다.

You are trying to scam me. 나한테 사기 치려고 하는군.

He was convicted of fraud. 그는 사기죄로 유죄를 선고 받았다.

구문

- **a financial scam** 금융사기
- **an insurance scam** 보험사기
- **make scam** 사기를 치다
- **the exit scam** 먹튀 사기
- **a bride scam** 신부사기(결혼사기)
- **turn out to be a scam** 사기임이 드러나다
- **an advertising scam** 광고성 사기
- **evidence of fraud** 사기의 증거
- **go on trial for fraud** 사기죄로 재판을 받다
- **an insurance fraud(swindle)** 보험사기
- **swindle customers** 고객을 속이다

clarity, schism

clear

sky

clarity

*clarify 명확히 하다
*clarity 명료성, 명확성

clarity

*clear
맑은, 투명한, 분명한

*clearance 없애기, 정리
*clearance distance
이안 거리
*creepage distance
포복 거리

clearance
50%
sale

clearance
distance

creepage distance

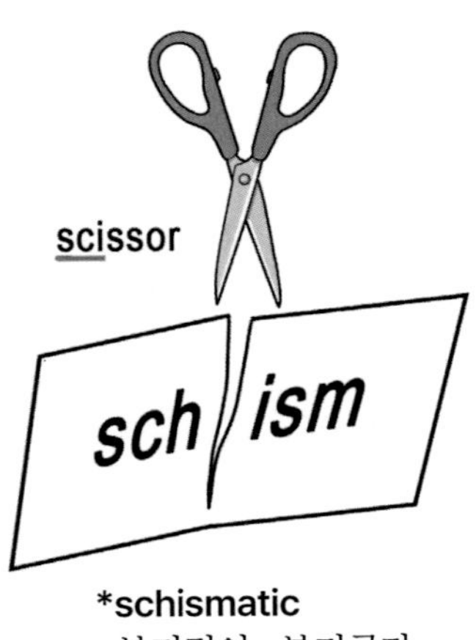

*schismatic
분리적인, 분리론자

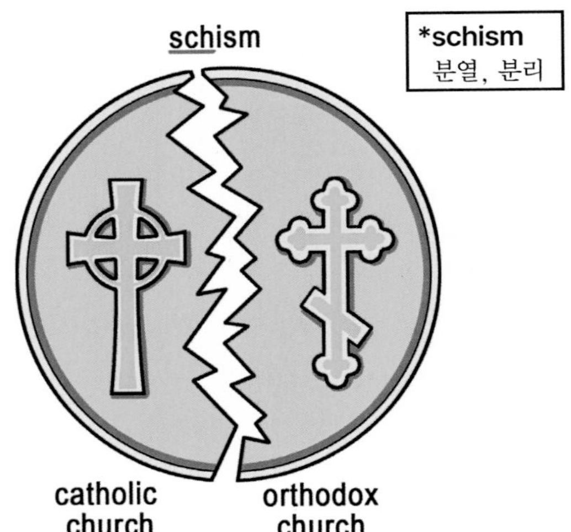

*schism
분열, 분리

ROOT/STEM

clarify 명확(분명)하게 하다, 투명하게 만들다.
* 라틴어 **clarus**(맑은, 밝은, 명확한)
→ **clear** 맑은, 분명한, 명백한
* **clarify** 명확히 하다
* **clearly** 또렷하게, 분명하게

* **unclear** 불확실(불분명)한
* **clearance** ① (불필요한 것의) 없애기, 정리
② 승인, 허락
* **clarity** 명료성, 명확성, 선명함
* **clarification** ① 깨끗하게 함 ② 설명, 해명

예문

Time cools and clarifies everything. 시간은 모든 것을 차갑게 식혀주고 명확하게 보여준다.

Could you clarify one point for me? 저에게 한 가지 분명히 해주시겠습니까?

Let me clarify. 제가 명확히 설명해 드리지요.

Clear up your own mess! 네가 어질러 놓은 건 네가 치워!

Writing should have clarity. 글은 명료성이 있어야 한다.

구문

- **keep clear** 비워 놓다
- **the clear sky** 맑게 갠 하늘
- **clear the soil of weeds** 흙에서 잡초를 없애다
- **clear the table** 식탁을 치우다
- **time to clear up** 정리해야 할 시간
- **draw clear lines** 분명한 경계를 정하다
- **be clear of debt** 빚이 없다
- **a clear case of fraud** 분명한 사기 사건
- **unclear motives** 불확실한 동기
- **an unclear voice** 탁한 음성
- **clearance sale** 재고정리 판매
- **clearance for take-off** 이륙 허가
- **security clearance** 신원 승인
- **clearance to land** 착륙 허가
- **clearance of the site** 부지의 정리
- **get clearance** 출항 허가를 얻다, 통관을 마치다
- **lack clarity** 명확성(명료성)이 부족하다
- **clarity of statement** 진술의 명료성
- **get some clarification** 명확한 설명을 듣다
- **require further clarification** 좀 더 설명을 요하다

ROOT/STEM

schism 분열, 분리
* **scissor**(가위로 자르다) → **schism** 분리, 분열

* **schismatic** 분리적인, 종파분립의, (종파)분리론자

예문

A schism broke out. 분열이 일어났다.

He came up with a plan how to end the schism. 그는 분열을 종식시킬 수 있는 방안을 제시했다.

Luther was a schismatic. 루터는 분리론자였다.

구문

- **the Great schism** 대분열(1054년 로마카톨릭 교회와 동방 정교회로 분리된 사건)
- **cause a schism within the party** 당 내에 분열을 야기하다

41

mercenary, reactionary

ROOT/STEM

mercenary ① 용병(**hired soldier**) ② 돈 버는 데만 관심이 있는, 돈이 목적인
* 라틴어 **merces**(임금, 보수) → **mercy** 자비
* **mercenary** 용병
* **merchandise** ① 물품, 상품 ② 판매하다
* **merchant** 상인

예문

Mercenary soldiers fight for money. 용병들은 돈을 위해서 싸운다.

* 용병을 고용하는 이유
용병은 의회의 장고를 기다릴 필요 없이 하루 만에 투입이 가능하다. 용병의 고용주는 국제법상 전쟁을 하는 것이 아니므로 전쟁법과 인권침해 문제에서 우리 군대와 무관한 일이라고 발뺌할 수 있다. 용병들은 전사해도 전사자 통계에 포함되지 않고 군대장례식을 치러줄 필요가 없고 기념비를 세워줄 필요도 없다. 용병들은 전투기술이 뛰어나고 대담하고 호전적이어서 기존 군대가 대응하기 어려운 전투작전을 잘 수행한다. 용병은 마초 기질, 모험심이 강하고 영웅적 죽음을 추구하며 전투를 할 때 살아있음을 느낀다. 용병들의 사기, 동료애, 결속감은 남녀관계보다 강하다고 한다. 미국의 민간군사기업 블랙워터는 세계최대규모의 훈련장을 보유하고 있다. 구르카 용병, 스위스 용병, 프랑스 외인부대를 세계 3대 용병으로 꼽는다.

He is interested in politics for purely mercenary reasons.
그는 순전히 금전적인 이유 때문에 정치에 관심이 있다.

Mercy bears richer fruits than strict justice. 엄격한 정의보다 자비가 더 큰 결실을 맺는다.

We have various kinds of merchandise to attract people.
우리는 사람들을 끌어들일 다양한 종류의 상품을 가지고 있다.

He is the wealthy merchant. 그는 부유한 상인이다.

구문

- **the merchant of Venice** 베니스의 상인
- **raid on merchant ships** 상선을 습격하다

ROOT/STEM

reactionary ① 반동(분자) ② 반동적인, 복고의(**retro**)
* **re**(뒤로) + **action**(행동, 반응) → **reaction** 반작용, 반발, 반응
* **reactionary** 반동적인, 반동분자
* **retro**(뒤로) + **active**(활동적인) → **retroactive** 소급하는(~to)

예문

He was accused of being reactionary. 그는 반동분자로 몰렸다.

I was surprised by her reaction. 나는 그 여자의 반응에 깜짝 놀랐다.

구문

- **reactionary movement** 반동, 복고운동
- **the reactionary forces** 반동 세력
- **retro style** 복고풍 스타일
- **retroactive laws** 소급법

42

compose, decompose, component, divine

*pose 자세, 자세를 취하다

*compose 구성하다, 작곡하다
*decompose 분해하다, 부패하다

*composition 구성, 작곡
*decomposer 분해자

ROOT/STEM

compose 구성하다, 작곡하다
component 구성요소, 부품
decompose 분해하다(되다), 부패하다
* 라틴어 ponere(놓다, 두다) → pose 자세
* com(함께) + pose(자세)
→ compose 구성하다, 작곡하다
* composition 구성, 작곡, 작문
* composed 침착한, 차분한
* composer 작곡가 * composure 침착, 평정
* com(함께) +라틴어 ponere 놓다, 두다
→ 라틴어 componere(모아놓다)
→ component 구성요소, 부품
* de(이탈) + compose(구성하다)
→ decompose 분해되다, 부패되다
* decomposition 분해, 부패
* decomposer 분해자

예문

The United States is composed of 50 states. 미국은 50개 주로 구성되어 있다.

Plastic does not decompose well. 플라스틱은 잘 분해되지 않는다.

Dead leaves decompose into the ground. 낙엽은 썩어서 흙이 된다.

Bacteria work as decomposers. 박테리아는 분해자 역할을 한다.

No matter what happens, keep your composure. 무슨 일이 일어나도 침착하라.

구문

- compose the committee 위원회를 구성하다
- compose one's thoughts 생각을 가다듬다
- compose music 음악을 작곡하다
- compose oneself 마음을 가라앉히다
- compose the components 부품을 조립하다
- compose the team 팀을 구성하다
- lose one's compsure 평정을 잃다
- recover(regain) one's composure 평정을 되찾다
- chemical composition 화학적 구성
- English composition 영어 작문
- connect the component 부속품을 연결하다
- the car component 자동차 부품
- the main component of eggs 달걀의 주성분
- add a component 구성요소를 추가하다
- decomposition of dead animals 죽은 동물의 분해(부패)

ROOT/STEM

divine 신의, 신성한
* 라틴어 divum(하늘), 라틴어 divinus(하늘의, 신이 내려준) → divine 신의, 신성한

예문

The universe was created by divine intervention. 우주는 신에 의해 창조된 것이다.

Religion turns human judgment into divine command.
종교는 인간의 판단을 신의 명령으로 바꾼다.
* 종교의 계율은 인간사회에서 꼭 지켜야 한다고 생각되는 인간의 판단을 신의 권위를 빌어 신의 명령으로 바꾼 것이다.

구문

- divine power 신의 권능
- the divine right of kings 왕권신수설
- fear of divine retribution 천벌에 대한 두려움
- divine providence 신의 섭리
- divine punishment 신벌
- divine intervention 신의 개입

43

count, account, placebo, nocebo

ROOT/STEM

count ① 세다, 계산하다, 계산에 넣다(포함시키다)
② 믿다(**~on**)
* **court** 법정(에 있는 사람 수를 세다) → **count** 세다
* **countable** 셀 수 있는
* **uncountable** 셀 수 없는
* **counter** 계산대, 판매대
* **countless** 무수한, 셀 수 없이 많은
* **recount** (경험한 것을) 이야기하다, 다시 세다, 재검표 하다
* **account** 계정, 장부, 설명 * **accounting** 회계
* **accountable** (해명할) 책임이 있는
* **unaccountable** 이해(설명)할 수 없는, 책임질 수 없는
* **accountant** 회계원, 회계사

예문

I can count the number of times we have met. 나는 우리가 만난 횟수를 셀 수 있다.

You can count on me 저를 믿어도(기대하셔도) 좋습니다.

He put some money into my account. 그는 내 계좌에 약간의 돈을 보냈다.

She was absent on account of illness 그 여자는 아파서 안 왔다.

We have an accounting system in our brain. 우리는 머릿속에 회계시스템을 가지고 있다.

* mental accounting 심리적 회계: 인간의 머릿속에는 심리적 회계가 따로 있다. 예컨대 집세, 학비 등은 마음속에 계정을 따로 만들어두고 이것을 다른 용도로 전용하지 않는다. 이것은 높은 비용이 따르는 자기통제전략이고 불확실성에 대비하여 안전을 확보하기 위한 수단이다.

구문

- **countless species** 셀 수 없을 정도로 많은 종
- **spend countless nights weeping** 셀 수 없이 많은 밤을 눈물로 보내다
- **call for a recount** 다시 셀 것을(재검표를) 요구하다
- **accounting firm** 회계법인
- **accountable to the voters** 유권자들에게 책임이 있다
- **for some unaccountable reason** 무슨 알 수 없는 이유로
- **savings account** 보통(저축)예금
- **official account** 공식계정

ROOT/STEM

placebo 플라시보(위약, 일시적 위안의 말)
nocebo 노시보(해로운 것이라고 생각하는 것)
* 라틴어 **placere**(마음에 들다, 즐겁게 하다)
→ **placebo** 위약
* **pl**은 기쁘게 하는 것과 관련이 있다.
→ **please** 기쁘게 하다
* **pleasure** 기쁨, 즐거움
* 라틴어 **nocere**(해를 끼치다) → **nocebo** 노시보

예문

Freud has the conviction that all religion is a mere placebo.
프로이트는 종교가 단지 일시적 위안에 불과하다는 믿음을 가지고 있다.

Cancer patients are given placebos only under unusual circumstances.
예외적인 상황에서만 암환자들에게 위약이 투여된다.

* placebo effect: 약효가 없는 가짜 약을 처방하였는데 환자가 긍정적 믿음을 가져서 심리적 요인에 의해 병세가 호전되는 현상
* nocebo effect: 약효를 의심하거나 부작용이 있다고 믿는 부정적 생각 때문에 실제로 부정적 결과가 나타나는 현상

44

luxury, donate, antidote

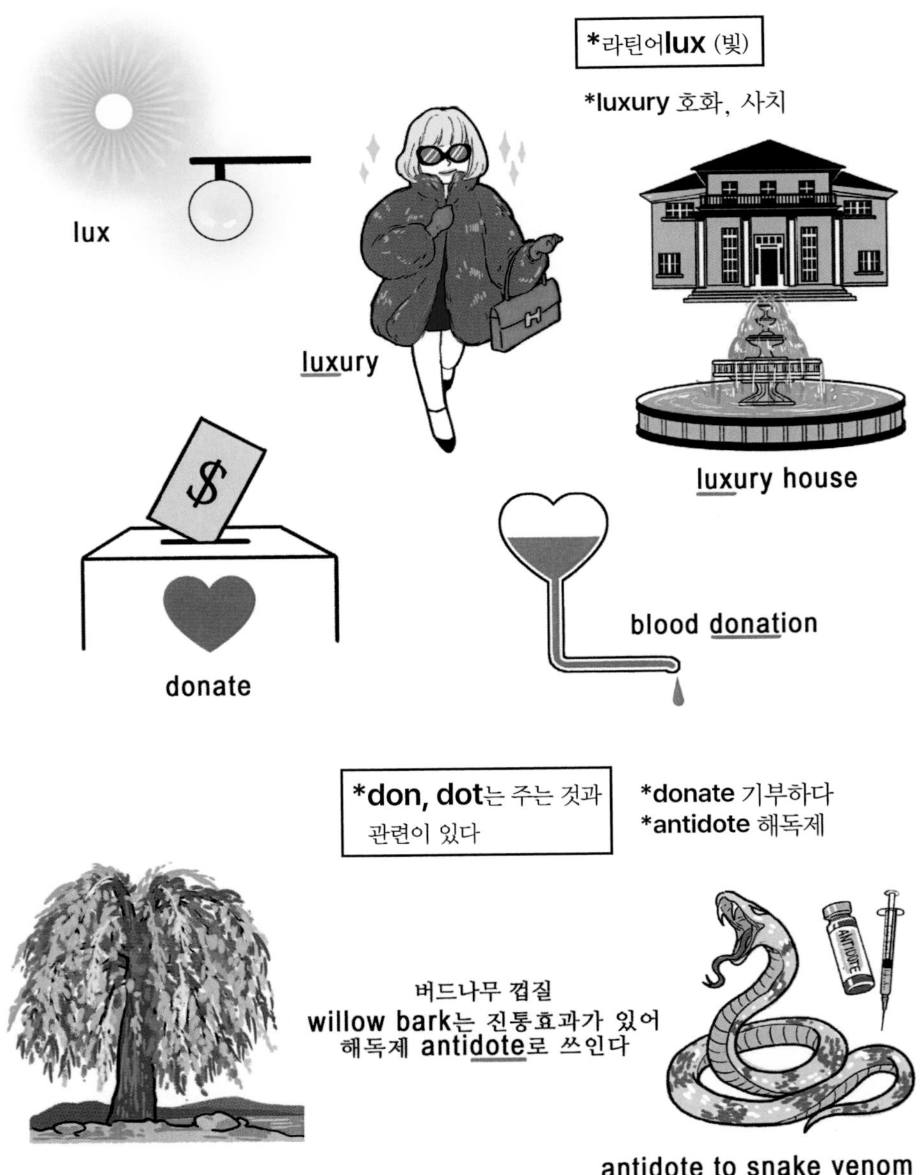

ROOT/STEM

luxury 호화, 사치, 호사, 고급품
* 라틴어 **lux**(빛) → **luxury** * **luxurious** 아주 편안한, 호화로운
* **luxury**는 비싼 고급품의 호화로움뿐 아니라 그것으로부터 얻는 안락함, 위안, 기쁨 등을 나타낸다.
luxury는 단순히 비싸거나 화려한 것만으로는 부족하다.

예문

After winning the lotto, she soon got used to living a life of luxury.
복권에 당첨된 후 그녀는 곧 사치스러운 생활에 익숙해졌다.
* luxury가 호화로움, 호사 등의 뜻으로 쓰일 때는 불가산명사, 필수품이 아닌 사치품의 뜻으로 쓰일 때는 가산명사가 된다.

Luxury must be comfortable, otherwise it is not luxury.
고급품은 편안해야 한다. 그렇지 않으면 고급품이 아니다. - 코코 샤넬

* 사치는 문화발전에 기여한다.
가난한 사람들에게는 절약이 미덕이고 사치가 악덕이지만 부자들에게는 사치가 미덕이다.
사치는 소비사회의 질서를 유지하고 문화 발전을 촉진시키는 순기능도 가지고 있다. 지나친 절제는 새로운 산업의 성장과 문화발전을 저해한다. Y셔츠, 파라솔, 자동차는 처음에 사치품이었으나 그것이 대중화되면서 필수품이 되었다. 문명은 사치품을 필수품으로 만들어가는 과정이다.

구문

- **luxury item** 사치품
- **an air of luxury** 화려한 분위기
- **luxury yacht** 호화요트

ROOT/STEM

donate 기부(기증)하다, 헌혈하다
antidote 해독제, 해결책
* 라틴어 **donare**(선물로 주다, 선사하다) → **donate** 기부하다 * **donor** 기부자, 기증자, 헌혈자
* **do**는 주는 것과 관련이 있다. **anti**(반대) + **dote**(주다) → **antidote** 해독제, 해결책
- 독성 있는 것, 문제되는 것과 반대되는 해독제, 해결책

예문

He donated money to Ukrainian refugees. 그는 우크라이나 난민들에게 돈을 기부했다.

No one dies of fatal truth ; there are too many antidotes.
오늘날 치명적 진실로 인해 죽는 사람은 더 이상 없다. 해독제가 너무 많다. - 니체

* 대부분의 사람은 불편한 진실이 드러나면 치명상을 입는다. 그러나 권력은 여러 가지 방법으로 자신을 보호할 수 있다. 치명적 진실에 대해 권력이 사용할 수 있는 해독제는 은폐, 적반하장, 책임 전가, 자화자찬 등이다. 권력은 힘, 돈, 언론매체 등 모든 수단을 동원하여 자신을 보호할 수단을 가지고 있다.

45

amnesia, amnesty, pardon

***mn(mental)** 정신의

***amnesia** 기억상실(증)

amnesia

amnesty international

digital amnesia

special pardon

pardon me

***pardon** 용서, 사면(하다)

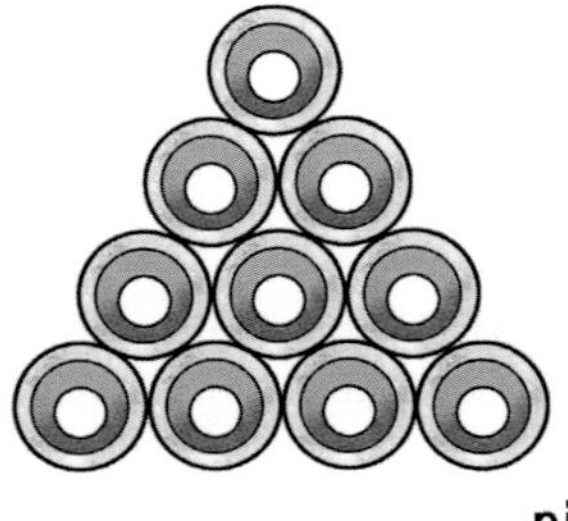

pile

pileup

***pile** 쌓다, 포개다

***pileup** 산적함, 연쇄충돌
***pile up** 쌓이다

ROOT/STEM

amnesia 기억상실(증)
* **a**(없는) **+ mn(mental)** 정신 **+ sia →** **amnesia** 기억상실증
amnesty 사면, (불법무기의) 자진신고기간
* 그리스어 **amnestia**(건망증), 라틴어 **amnestia**(대사, 사면)→ **amnesia, amnesty** * **amnestic** 건망증의
* **hypo**(아래로) + **amnesia**(기억상실) → **hypoamnesia** 기억력 저하
pardon 용서, 사면(하다)
* **par**(완전히 **per**) + 라틴어 **donare**(주다, 허락하다) → **pardon** 용서, 사면(하다)

* **amnesiac** 기억상실증의, 기억상실증 환자

예문

He suffers from amnesia. 그는 기억상실증에 걸렸다.

The president granted amnesty to political offenders. 대통령은 정치범들을 사면하였다.

I ask your pardon for having deceived you. 당신을 속인 것에 대하여 용서를 구합니다.

He was given a special pardon by the president. 그는 대통령 특별사면으로 풀려났다.

구문

- **digital amnesia** 디지털 기억상실증
- **immune amnesia** 면역력 상실
- **get amnesia** 기억상실증에 걸리다
- **traumatic amnesia** 정신적 외상에 의한 기억상실증
- **Amnesty International** 국제사면위원회
- **a general(special) amnesty** 일반(특별)사면
- **pardon my asking**
  여쭤봐도 실례가 안 될지 모르겠지만

ROOT/STEM

pileup 산적함, 밀려 있음, 연쇄 충돌
pile ① (물건을 차곡차곡) 쌓다, 포개다 ② 쌓아 올린 더미, 퇴적 ③ 축적하다, 모으다.
→ **pileup** 산적함, 밀려 있음, 연쇄충돌 * **pile up** 많아지다, 쌓이다

예문

A truck caused a 5-car pileup because of brake failure.
트럭 한 대가 브레이크 고장으로 5중 충돌사고를 일으켰다.

There was a pileup of ten cars. 10대의 차가 연쇄 충돌했다.

There was a pile of unsorted papers on the floor. 마루 바닥에 정리되지 않은 서류뭉치가 놓여 있었다.

Problems pile up if you don't solve them in time. 제때에 해결하지 못하면 문제가 쌓인다.

구문

- **a multiple pile-up** 다중충돌사고
- **the pileup of coincidences** 우연의 연속
- **interests pile up** 이자가 쌓이다
- **pile up memories** 추억을 쌓다

46

probe, prove, falsify

ROOT/STEM

probe ① 캐묻다, 철저히 조사하다, 탐사하다 ② 철저한 조사 ③ 무인 우주탐사선
prove 입증(증명)하다. 드러나다(판명되다)
* 라틴어 **provare**(시험해보다) → **probe, prove**
* **probable** 있을 것 같은, 개연성 있는
* **dis**(반대로) + **prove**(증명하다) → **disprove** 틀렸음을 증명하다
* **proven** 입증(증명)된
* **proof** 증거, 증명, 입증
* **probability** 개연성, 확률
* **disproof** 반증, 반박
* **unproven** 증명(입증)되지 않은

예문

Scientists probe space with radio telescope. 과학자들은 전파망원경으로 우주를 탐사한다.

The painting proved to be a fake. 그 그림은 모조품으로 판명되었다.

I don't have any evidence to disprove his argument. 나는 그의 주장을 반박할 어떤 증거도 가지고 있지 않다.

구문

- **a police probe into** ~에 대한 경찰 조사
- **the space probe** 무인 우주탐사선
- **probe space** 우주를 탐사하다
- **the probable cause** 예상가능한 원인
- **prove his guilt** 그의 유죄를 입증하다
- **prove one's innocence** ~의 결백(무죄)을 입증하다
- **a high probability of success** 성공 개연성이 높음
- **50% probability** 50퍼센트의 확률
- **a proof of identity** 신원을 증명할 증거
- **the receipt as proof of purchase** 구매의 증거로서의 영수증
- **water proof** 방수가 되는
- **sound proof room** 방음실
- **a proven fact** 입증된 사실
- **unproven therapies** 검증되지 않은 치료법

ROOT/STEM

falsify (문서를) 위조(변조, 조작)하다
* **false** 틀린, 가짜의 위조된
→ **falsify** 위조하다, 조작하다
* **falsifiable** 속일 수 있는, 조작할 수 있는, 반증 가능한
* **falsifiability** 속일 수 있음, 위조 가능성, 반증 가능성
(속일 수 있다는 것은 반증의 여지가 있다는 뜻이기도 하다)
* **falsification** 위조, 변조, 조작

예문

He falsified data to inflate research results. 그는 연구성과를 부풀리기 위해 데이터를 조작했다.

Karl Popper distinguished science from pseudo-science by falsifiability.
칼 포퍼는 과학과 사이비 과학을 반증가능성에 의해 구별했다.

* 백조가 희다는 사실은 1697년 호주에서 검은 백조가 발견됨으로써 반증되었다.
과학적으로 검증되었다는 것은 빙산의 일각이 드러난 것일 뿐 아직 반증의 가능성을 남겨두고 있다. 어떤 것을 절대적이고 확고한 진리로 단정하고 반증 가능성을 닫아 버린다면 그것은 과학이 아니라 사이비 과학이다. 모든 이론은 반증 가능성 있는 가설의 집합체일 수도 있다.

구문

- **false modesty** 겸손한 척 하는 것
- **use a false identity** 신분을 속이다
- **a false name** 가명
- **the deliberate falsification** 의도적 조작
- **the history falsification** 역사 왜곡
- **falsify facts** 사실을 왜곡하다
- **falsify the results** 결과를 조작하다

47

dispose, oppose, book, bookmaker

*bookmaker
도박업자, 마권업자

*book 책, 장부, 예약하다

ROOT/STEM

dispose 배치하다, 처분하다, ~의 경향을 갖게 하다
oppose 반대하다, 겨루다
* 라틴어 **pausa**(휴식, 중지, 쉼), 라틴어 **pausare**(서다, 쉬다) → **pose** 자세, 포즈, 자세를 취하다
* **position** 위치, 자세 * **pause** 잠시 멈추다, 멈춤
* **dis**(반대, 분산) + **pose**(자세) → **dispose** 처분하다, 배치하다
* **disposal** 처리, 처분 * **disposable** 사용하고 버리는, 1회용의
* **dis**(분산) + **position**(위치) → **disposition** 배치, 배열, 타고난 기질, 성격(과거에는 개인의 타고난 기질은 출생 시의 별의 배치와 관련이 있다고 믿었다)
* **op**(반대쪽으로) + **pose**(자세) → **oppose** 반대하다, 겨루다
* **opposite** 반대쪽의, 맞은편의 * **opposition** 반대, 반대측, 경쟁사, 야당

예문

Man proposes, God disposes. 일은 인간이 도모하지만 성패는 하늘에 달려있다.
Dispose of all dead inventory. 사장된 모든 재고를 처분(처리)해라.
He shows a disposition towards violence. 그는 폭력적 성향을 보인다.
Nobody will oppose it. 아무도 그것을 반대하지 않을 거야.
An affluent environment disposes the people to laziness. 풍부한 환경은 사람을 게으르게 만드는 경향이 있다.
He ran across to the opposite side of the street. 그는 거리 반대쪽으로 건너갔다.

구문

- **dispose of one's opponent** 상대방을 해치우다
- **dispose of the inventory** 재고를 처리(처분)하다
- **dispose of toxic waste** 유독성 폐기물을 처리하다
- **be disposed to sore throat** 목감기에 잘 걸린다
- **be at your disposal** 당신의 처분에 달려 있다
- **a bomb disposal expert** 폭탄처리 전문가
- **nuclear waste disposal** 핵폐기물처리
- **disposition of men** 인원배치
- **a nervous disposition** 신경과민성 기질
- **a person of genial disposition** 마음이 따뜻한 사람
- **property in my own disposition** 내 맘대로 처분할 수 있는 재산
- **an artistic disposition** 예술가적 기질
- **the disposition of troops** 군대의 배치
- **disposition of property** 재산의 처분
- **the opposite is true** 그 반대가 진실이다
- **the opposition party** 야당
- **arouse fierce opposition** 격렬한 반대를 불러일으키다
- **opposition to the plan** 그 계획에 대한 반대

ROOT/STEM

book ① 책, 장부 ② 예약하다, 표를 사다
* **bookmaker** 내기장부(betting book)에 기록하는 사람, 도박업자, 마권업자

예문

I'll book a hotel room and a flight. 내가 호텔과 비행기를 예약할게.
Advance booking is not necessary. 사전예약은 필요 없음.

구문

- **cook the books** 장부를 조작하다
- **throw the book at him** 그에게 엄벌을 내리다
- **bring him to book** 그를 문책하다
- **take a leaf out of one's book** 남을 본뜨다, ~를 따라 하다

48

poor, poverty, impoverish

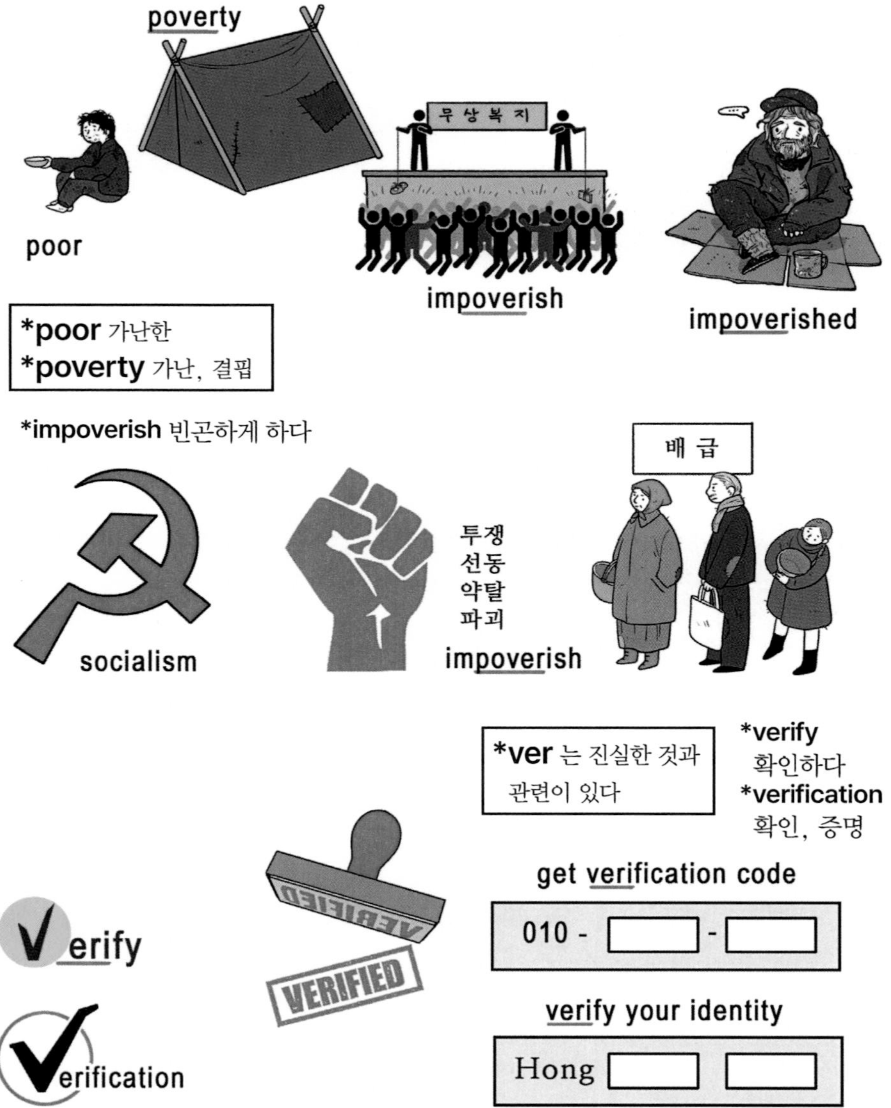

ROOT/STEM

poor 가난한, 불쌍한
poverty 가난, 빈곤, 결핍
impoverish 빈곤하게 하다, 질을 떨어뜨리다, 저하시키다
*** old French「povre」→ poor, old French「poverte」→ poverty**
*** im** (안으로 in) + **poverish**(가난에 시달리는) → **impoverish** 가난하게 하다

예문

Money can't buy happiness, but neither can poverty.
행복은 돈으로 살 수 없지만 가난으로도 살 수 없다.

Poverty is very good in poems but very bad in the house.
가난은 시에서는 좋은 것이지만 가정에서는 대단히 나쁜 것이다.

Poverty thwarts your qualities. 가난은 재능을 좌절시킨다.

The socialist leaders impoverish their people. 사회주의 지도자들은 국민을 가난하게 한다.

* 사회주의는 사유재산의 폐지와 자원의 국유화, 공유화를 주장하기 때문에 열심히 일해봐야 내 것이 되지 않는다. 이것은 생산성, 근로 윤리, 책임감을 저하시키고 게으름을 조장한다. 또 정상적인 경제활동의 대가인 기업 이윤을 적대시하여 경제활동을 위축시킨다. 사회주의 국가는 관료의 무능, 부패가 심하고 시장이 작동되지 않아 자원도 합리적으로 배분되지 않는다.

구문

- **poor soil** 척박한 땅, 열악한 토양
- **poor condition** 열악한 조건
- **the poor performance** 부진한 실적
- **be poor at English** 영어에 서툴다
- **the poor** 가난한 사람들
- **be poor in math** 수학에 약하다
- **poverty-stricken** 가난에 시달리는
- **poverty trap** 빈곤의 올가미
- **impoverish the country** 국가를 궁핍하게 하다
- **impoverish the middle classes** 중산층을 가난하게 만들다

ROOT/STEM

verify (진실임을) 확인하다, 입증하다, 확인해 주다
* 라틴어 **verus**(건전한, 참된) → 라틴어 **verificare**(진실성을 증명하다, 확인하다) → **very** 매우, 아주
*** verify** 확인하다
*** verification** 확인, 조회, 증명, 검증

예문

Email addresses are not useful for verifying identity.
이메일 주소는 신원을 확인하는 데 유용하지 않다.

Key in the valid verification code.
유효한 인증번호를 입력하세요.

49

abundant, abound, pool

*unda 파도, 인파
→ unda는 넘치는 것, 남아 도는 것과 관련이 있다

*abound 풍부하다, 아주 많다
*abundant 풍부한

*redundant 남아도는, 불필요한

*pool 공동 기금, 공유하다
*poultry 가금

ROOT/STEM

abundant 풍부한(**plentiful**의 격식적인 표현) * **abundance** 풍부
abound 아주 많다, 풍부하다
redundant 불필요한, 쓸모없는, 정리해고 당한
* 라틴어 **unda**(파도, 인파), 라틴어 **undere**(넘치다)
→ **unda**는 넘치는 것, 풍부한 것과 관련이 있다.
* **ab**(다른 데로) + **unda**(파도, 인파) + **ant**(접미사) → **abundant** (파도처럼) 넘치는, 풍부한
* **red**(빨간) + **undant**(넘치는) → (빨갛게 과열되어 넘치도록) 남아도는, 불필요한, 쓸모없는, 정리해고 당한

예문

Abundant natural resources might restrict economic growth.
풍부한 자원이 경제발전을 저해할 수도 있다(풍요의 역설 the paradox of plenty).

Fish are abundant in the river. 이 강에는 물고기가 많다.

This river abound with fish. (Fish abound in this river.) 이 강에는 물고기가 많다.

His writing is redundant. 그의 글에는 군더더기(중복되는 부분)가 많다.

He was made redundant. 그는 정리해고 되었다.

구문

- **abundant evidence** 풍부한 증거
- **It's very abundant** 되게 푸짐해
- **redundant details** 불필요한 세부사항
- **be made redundant** 정리해고 당하다

ROOT/STEM

pool ① 공동출자, 공동기금, 공동관리 ② 공유(하다) ③ 웅덩이, 연못
* 프랑스어 **Poule**는 닭, 닭을 돌로 맞히는 게임, 카드게임에서 돈을 넣어두는 돈 단지를 의미했다.
* 프랑스어 **poule**(닭) → **pool** 공동기금, 공유 * **poultry** 가금

예문

We need to pool our ideas. 우리는 아이디어를 공유할 필요가 있다.

Genetic drift depends on greatly on the size of the gene pool.
유전자 이동(변이)은 유전자 풀의 크기에 크게 의존한다.

구문

- **car pool** 승용차 함께 타기
- **labour pool** 인력 풀
- **pool their resources** 그들의 자원을 같이 이용하다
- **pool their cars** 그들의 차를 함께 사용하다
- **pool their money** 그들의 돈을 공동으로 출자하다
- **the swimming pool** 수영장

50

merge, immerse, sloppy

ROOT/STEM

merge ① 합병하다 ② 도로합류 표시
immerse ① 담그다 ② ~에 몰두하다, 몰두하게 하다
* 라틴어 **mergere** (담그다, 가라앉히다) → **merge** 합병하다 * **merger** 합병
* **im**(안으로 in) + 라틴어 **mergere**(담그다) → **immerse** 몰두하(게하)다
* **immersion** 담금, 몰두, 몰입

예문

My plan is to merge the on-and off-line businesses. 내 계획은 온라인, 오프라인 사업을 합병하는 것이다.

If you immerse yourself in something you enjoy doing, you might improve the quality of your life. 즐기는 일에 몰두하고 있다면 당신은 삶의 질을 향상시킬 수 있다.

* 몰입하게 되면 자신을 잊고 흐름 속에 자신을 맡기는 상태, 집중보다 더 나아가 완전히 몰두하여 무아지경(trance)에 빠지는 상태가 된다. 몰입은 재능을 능가한다. 몰입은 의식을 고양시키고 삶의 질을 향상시킨다. 인간발달의 최고단계는 어디서나 몰입이 가능한 상태이며 몰입은 인생을 훌륭하게 가꾸어주고 행복하게 한다.

구문

- **a proposal to merge** 합병안
- **A and B merge together** A와 B가 합쳐져 있다
- **merge onto the highway** 고속도로로 합류하다
- **work-life merge** 일과 생활의 구분이 없음
- **merge into one large river** 하나의 큰 강으로 합쳐진다
- **merge with** ~와 합병하다
- **the proposed merger** 제안된 합병
- **a merger between the two banks** 두 은행의 합병
- **immerse the cloth in cold water** 천을 찬물에 담그다
- **immerse oneself into the role** 그 역할에 자신을 몰입시키다
- **an immersion course in English** 영어 몰입교육과정
- **immersion in study** 연구에의 몰두

ROOT/STEM

slop ① 출렁거리다, 넘치게 하다 ② 음식물 찌꺼기, 오물
* **slop** 출렁거리다, 오물 → **sloppy** 엉성한, 허접한, 헐렁한, 대충 하는

예문

He emptied the slop bucket full of scraps of food. 그는 음식쓰레기 가득한 오물통을 비웠다.

Anyone who is sloppy about his appearance is going to be sloppy in his work.
차림새가 너절한 사람이 일도 대충 한다.

Sloppy policy derails the economy. 엉성한 정책이 경제를 망친다.

Don't be sloppy! 얼렁뚱땅 하지 마!

The road is so sloppy that it is hard to walk on. 길이 너무 질척거려서 걷기 힘들다.

구문

- **slop around all day** 하루종일 빈둥거리다
- **sloppy outfit** 너저분한 (엉성한) 옷차림

51

nadir, zenith, apex, culmination

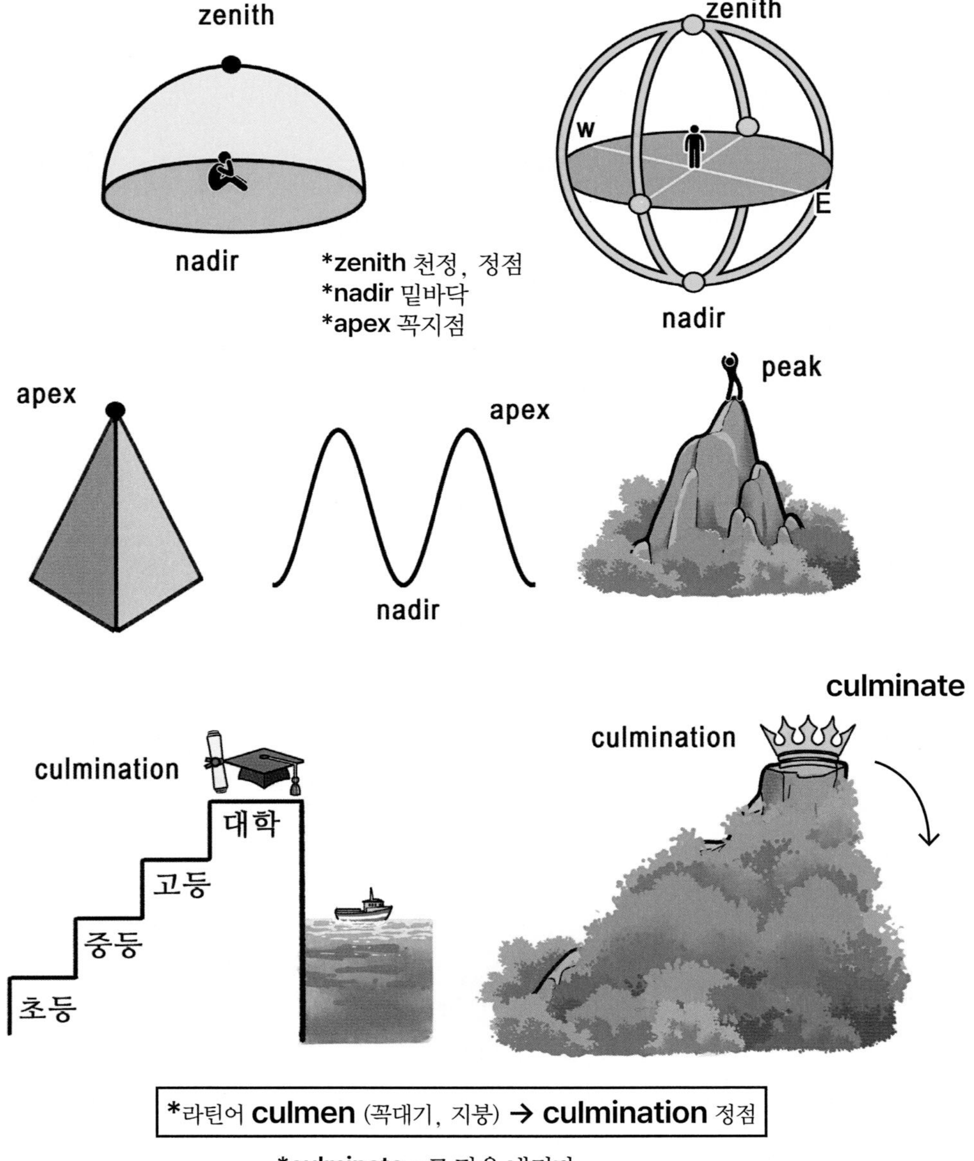

*라틴어 **culmen** (꼭대기, 지붕) → **culmination** 정점

***culminate** ~로 막을 내리다

ROOT/STEM

nadir 밑바닥, 최악의 순간 (↔ zenith)
zenith 천정, 정점, 절정
apex 꼭지점, 정점
peak 절정기의, 한창인, 정점
culmination (오랫동안 계속된 일의) 정점, 최고조인 상태
* 라틴어 **culmen**(꼭대기, 지붕) → **culminate** ~로 막을 내리다(끝나다)
* **culmination** 정점

예문

The day was the nadir of his life.
그날은 그의 인생에서 최악의 날이었다.

His fame is at his zenith.
그의 명성은 절정에 있다.

The apex of power is risky.
권력의 정점은 위험하다.

This hotel is always full during the peak season.
이 호텔은 성수기에는 항상 만원이다.

The winter olympics culminated at a spectacular closing ceremony.
동계올림픽은 장대한 폐막식으로 막을 내렸다.

Marriage marked the successful culmination of their long romance.
결혼은 그들의 오랜 연애의 성공적인 정점을 찍었다.

구문

- **the nadir of his career** 그의 경력에 있어 최악의 순간
- **someone at the nadir of drugs** 마약의 구렁텅이에 빠진 사람
- **be at the zenith of one's power** 권력의 절정기에 있다
- **the emotional zenith** 가장 감동적인 순간
- **reach one' zenith** 절정(정점)에 달하다
- **the apex of one's career** ~ 경력의 정점
- **the apex of the roof** 지붕 꼭대기
- **the apex of triangle** 삼각형 꼭짓점
- **the apex of the mountain** 산꼭대기
- **peak season** 성수기(busy season)
- **off-season** 비수기
- **off-peak travel** 비수기 여행
- **be in peak condition** 최상의 컨디션에 있다
- **be at the peak of career** 경력의 절정에 있다
- **at my peak** 나의 전성기에
- **culminate on Christmas day** 크리스마스에 절정에 달하다(막을 내리다)
- **culminate in power** 권력이 극에 달하다
- **culminate in success** 성공적으로 막을 내리다
- **culminate at the summit** 정상회담에서 종결하다
- **the culmination of civilization** 문명의 절정
- **reach the culmination in** ~에서 최고조에 달하다

52

anonymous, margin

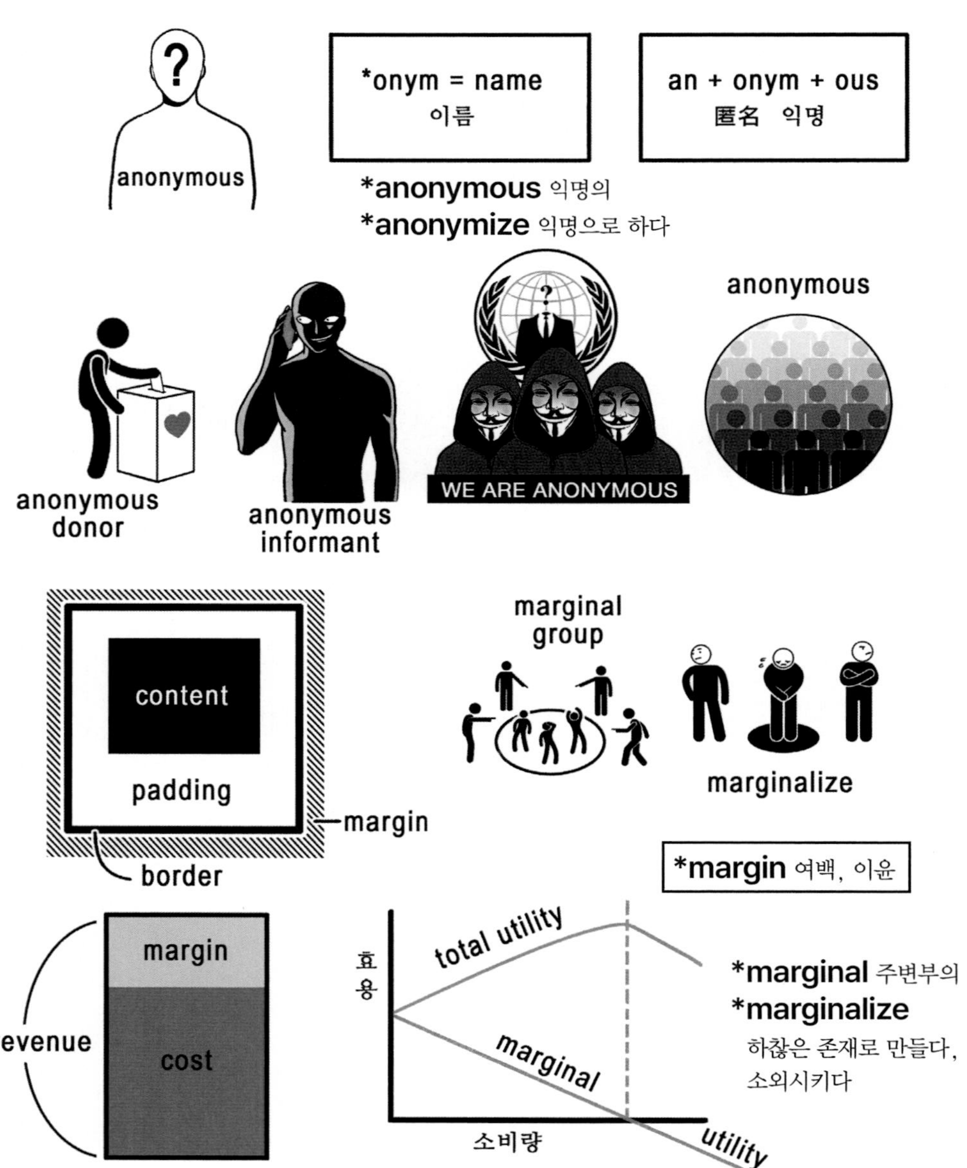

ROOT/STEM

anonymous 익명의, 익명으로 된
* **an**(없는) + **onyma**(이름, 그리스어) + **ous**(접미사) → **anonymous** 익명의
* **anonymity** 익명, 익명성 * **anonymize** 익명으로 하다.

예문

If you are anonymous, you would do anything you want.
익명이 보장된다면 너는 어떤 일이라도 할 것이다.

* 정직한 양치기는 기게스의 반지(Ring of Gyges)를 손에 넣어 투명인간이 된 후, 왕비와 통정하여 왕을 죽이고 리디아의 왕이 된다. 플라톤의 저서 「국가」에 나오는 이 이야기는 주변의 시선이 없고 익명이 보장될 때 인간은 자신의 욕망을 가감 없이 드러낸다는 것을 보여준다.

Anonymity strengthens natural impulses. 익명성은 본능적 충동을 강화한다.

* 개인적으로 도덕적이고 남을 배려하는 사람도 집단이 되면 집단이라는 익명성 속에 숨어서 개인의 이기적 욕심을 가감 없이 드러낸다. 집단은 이기적으로 되기 쉽다.

구문

- **an anonymous donor(benefactor)** 익명의 기부자(후원자)
- **anonymous tip-off** 익명의 제보
- **anonymous informant** 익명의 제보자
- **request anonymity** 익명을 요구하다
- **anonymize the donor** 기부자를 익명으로 하다

ROOT/STEM

marginal ① 주변부의, 중요하지 않은 ② 한계의, 최소한의
* **margin**(여백, 차이, 이윤) + **al**(접미사) → **marginal** 주변부의, 한계의
* **marginalize** 하찮은 존재로 만들다 * **marginalization** 소외시킴

구문

- **margin of errors** 오차 범위(허용 한계)
- **profit margin** 이윤 폭
- **leave a margin** 여유를 남겨두다
- **scribble in the margin** 여백에 휘갈겨 쓰다.
- **win by a narrow(slender) margin** 근소한 차이로 이기다
- **by a razor thin margin** 간발의 차이로
- **marginal utility** 한계효용
- **a marginal solution** 최소한의 해결책
- **marginal groups in society** 사회에서 별 관심을 받지 못하는 주변부 집단
- **marginalize them** 그들을 소외시키다(하찮게 취급하다)
- marginalize the value 가치를 떨어뜨리다

53

squeeze, fall through

ROOT/STEM

squeeze 짜다, 짜내다, 짜기

예문

Do you mind if I squeeze in? 좀 끼어들어도 될까요?

Could you squeeze me in? 좀 끼워 주시겠습니까?

구문

- **squeeze someone in at pm 3** 누구를 오후 3시에 끼워 넣다
- **squeeze some lemon juice into the glass** 레몬즙을 유리컵에 짜 넣다
- **squeeze into a chair** 의자에 몸을 밀어 넣다
- **squeeze into the corner** 코너로 비집고 들어가다
- **squeeze into the tight jean** 꽉 끼는 청바지에 다리를 집어 넣다
- **squeeze it into my tight schedule** 그것을 빽빽한 내 일정에 집어 넣다
- **squeeze bills into a small bag** 작은 가방에 지폐를 쑤셔 넣다
- **squeeze 6 people into a car** 차 안으로 6명을 밀어넣다
- **squeeze out water** 물기를 짜내다
- **squeeze bunt** 스퀴즈 번트
- **squeeze money out of a debtor** 채무자로부터 돈을 짜내다
- **squeeze an idea of one's brain** 머리에서 아이디어를 짜내다
- **squeeze a confession from the suspect** 용의자로부터 자백을 받아내다
- **a squeeze of lemon** 레몬 착즙 약간

ROOT/STEM

fall through 무산되다, 성사(완료)되지 않다

fall through the cracks 부주의로 빠뜨리다. (혜택에서) 소외되다

예문

The deal fell through. 그 거래는 성사되지 못했다(무산되었다).

The negotiation fell through. 그 협상은 결렬되었다.

He is getting nervous about whether it might fall through.
그는 그 일이 혹시라도 잘못될까 봐 걱정하고 있다.

Don't fall through the cracks! 빠뜨리지 않도록 해!

They fall through the cracks. 그들은 방치(소외)되어 있다.

54
lay, lay down, lay out, layoff, layman

ROOT/STEM

lay ① 놓다, 두다, 눕히다 ② 기초를 깔다, 쌓다, 설비하다
③ (식사, 땔감 등을) 준비하다 ④ 알을 낳다 ⑤ 평신도의, 문외한의, 전문이 아닌

* **lie**(누워있다)의 과거형 **lay**와 구별 요함 **(lie-lay-lain)**
* **lay-laid**(과거) **-laid**(과거분사)
* **lay out** 펼치다, 때려눕히다, 설계(계획)하다
* **layout** (건물 등의) 배치
* **lay off** 그만두다, 해고하다
* **laid-off** 일시해고된
* **layoff** 일시해고
* **lay back on** ~위에 드러눕다
* **be laid back** 느긋하다, 태평스럽다.
* **layman** 비전문가, 평신도, 속인(俗人)

예문

Lay down your arms and surrender!
무기를 버리고 항복하라!

Where no plan is laid, where the disposal of time is surrendered merely to the chance of incidence, chaos will soon reign.
계획이 세워져 있지 않고 단순히 우발적으로 시간을 사용하는 곳에서는 곧 무질서가 삶을 지배할 것이다.

This is easy enough for even the layman to understand.
이것은 비전문가도 쉽게 이해할 수 있다.

The valley lay below us. 계곡이 우리 아래에 펼쳐져 있다.

구문

- **lay the book down** 책을 내려놓다
- **lay him out** 그를 때려눕히다
- **lay in pieces on the floor** 조각난 상태로 바닥에 떨어져 있다
- **lay motionless** 꼼짝 않고 누워있다
- **lay back on the grass** 풀밭 위에 눕다
- **Don't do laid back** 느긋하게 있어서는 안 돼
- **lay a trap** 함정을 꾸미다, 덫을 놓다
- **lay out cards** 카드를 펼치다
- **lay out a fortune on a new car** 새 차에 거금을 투자하다
- **the scene that lay out before me** 내 앞에 펼쳐진 풍경
- **road layout** 도로 배치
- **the spatial layout** 공간 배치
- **lay off me!** 나를 내버려 둬!
- **lay off fatty foods** 기름진 음식을 그만 먹다
- **lay off workers** 직원을 해고하다
- **Lay off bullying me!** 나를 그만 괴롭혀!
- **be on the layoff list** 감원 대상에 올라 있다
- **layoff notices** 해고통지서

55

vain, vanity, vanish

*라틴어 **vanus**(비어 있는)
-> **va**는 비어 있는 것과 관련이 있다

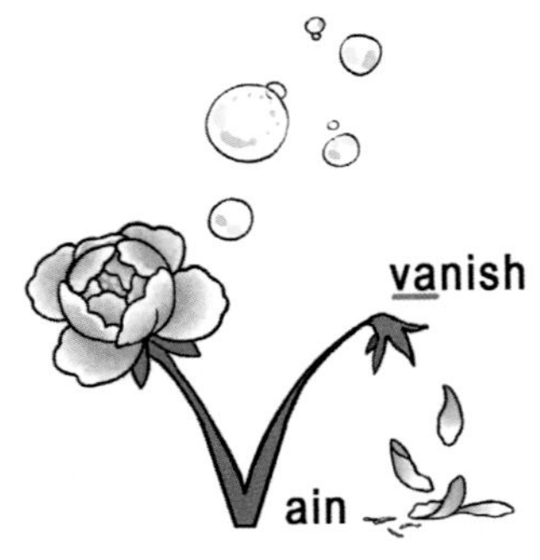

love vanished
memories stay

vain girl

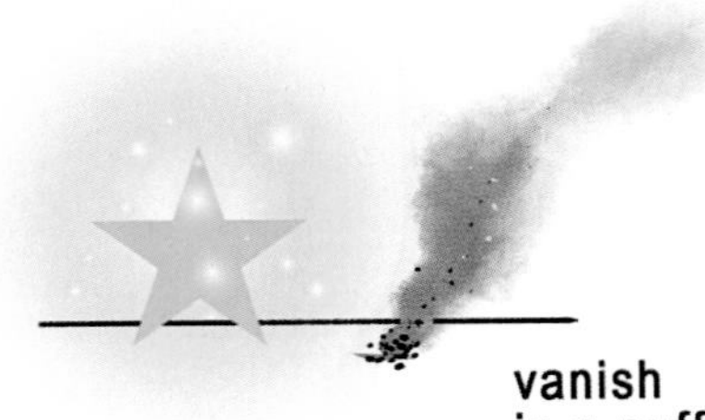

vanish
in a puff of smoke

***vain** 헛된, 소용없는

***vanish** 사라지다
***vanity** 헛됨, 무의미

ROOT/STEM

vain ① 헛된, 소용없는 ② 허영심이 많은, 자만심이 강한
* 라틴어 **vanus**(비어 있는), **vanitas**(거짓, 공허) → **vain, vanity, vanish**
* **vanity** ① 헛됨, 무의미 ② 자만심, 허영(심)
* **vanish** 사라지다, 없어지다

예문

All the attempts to persuade him was in vain.
그를 설득하려는 모든 시도를 헛수고였다.

His life is driven by vanity.
그의 인생은 허영심으로 작동된다(허영심에 사로잡혀 있다).

On the mountains of truth, you can never climb in vain.
진실의 산을 헛되이 오를 수는 없다.

A vain man may become proud. 허영심 많은 사람은 오만하게 된다.
* Vanity of vanities, All is vanity. 헛되고 헛되다, 모든 것이 헛되도다.

For as long as we are human, vanity dies hard in all of us.
우리가 인간인 한 마음속에서 허영심을 없애기는 어렵다.

When dealing with people, we are dealing with creatures motivated by pride and vanity.
사람들을 대할 때 우리는 자존심과 허영심에 따라 움직이는 생물을 대하고 있는 것이다.

It was just a brief moment of vanity.
그건 덧없는 한순간일 뿐이었어.

Love vanishes, though memories stay with you.
사랑은 가고 추억은 남는다.

Courage and perseverance make obstacles vanish into air.
용기와 인내는 장애물을 사라지게 한다.

구문

- **a vain effort** 헛된 노력
- **vain titles** 허명
- **This is all in vain** 다 소용 없어
- **in a vain attempt** 헛된 시도로
- **a vain girl** 허영심 많은 소녀
- **search in vain** 헛되이 찾다, 헛수고하다
- **male vanity** 남성의 허영심
- **flatter to his vanity** 그의 허영심에 아첨하다
- **vanish into thin air** 흔적도 없이 사라지다
- **vanish in a puff of smoke** 한 모금 연기로 사라지다

56

nationalize, nationalism, naturalize

*nation 국가, 국민
*nationality 국적
*nationalism 민족주의

*nationalization 국유화
*naturalization 귀화

ROOT/STEM

nationalize 국유화하다, 국영화하다 → **nationalization** 국유화, 국영화
naturalize 귀화시키다, 시민권을 주다 → **naturalization** 귀화
* 라틴어 **natio**(출신 가문, 집안, 파벌) → **nation** 국가, 국민
* **nationality** 국적
* 라틴어 **natura**(출생, 자연환경) → **nature, natural**(자연의, 타고난, 당연한)
* **nationalism** 민족주의, 국수주의 * **nationalist** 애국주의자, 국수주의자

예문

The Soviet Union nationalized the factories and the land.
소비에트 연방은 공장과 토지를 국유화 했다.
* 공산주의자들은 사유재산을 없애고 모든 재산을 국유화하면 모두가 평등하게 잘 살 수 있다고 한다. 그러나 재산을 국유화하면 국가재산을 관리하는 관료에 권한이 집중되어 공산당 중심의 계급사회가 되고 주인 없는 국가의 재산을 먼저 훔치는 자가 임자가 되어 사회가 극도로 부패하게 된다.

He naturalized his Russian wife into Korea.
그는 러시아인 아내를 한국으로 귀화시켰다.

Nationalism is a silly cock crowing on its own dunghill.
민족주의는 거름더미 위에서 때를 알리는 어리석은 수탉과 같다.
* 민족주의는 시대착오적 이데올로기인가?
민족주의는 국민이 단결하여 외세의 위협으로부터 나라를 지키고 국가를 수호하는데 기여하였다. 민족주의는 우리나라에서도 대한민국 정부수립, 산업화, 근대화, 경제발전의 원동력이 되었다. 그러나 민족주의는 자국의 이익을 우선시하기 때문에 생태계 파괴, 지구온난화, 해수면 상승, 핵전쟁 위협 등 국제적 난제를 해결하기 어렵다. 민족주의는 상호존중을 바탕으로 협력하면서 공존공영을 추구하는 방향으로 나아가야 한다.

Among individuals, insanity is rare; but in groups, parties, nations, and epochs it is the rule.
개인에게서 광기를 찾아보기는 힘들다. 그러나 집단, 당파, 민족, 시대 등에는 거의 예외 없이 광기가 존재한다. - 니체
* 민족주의는 비이성적 광기인가?
민족주의는 동료 의식, 유대감에 기초하여 혈연, 민족의 이익을 중시한다. 민족의 우수성을 강조하기 위해 역사를 왜곡하고 다른 민족의 존재를 무시하기도 한다. 배타적 민족주의는 인종차별, 전체주의 독재, 정치적 반대자 공격을 위한 비이성적 광기로 변질될 우려가 있다.

구문

- **nationalize health care** 의료서비스를 국유화하다
- **nationalize oil industry** 석유산업을 국유화하다
- **hold Korean nationality** 한국 국적을 보유하다
- **dual nationality** 이중국적
- **an airplane of unknown nationality** 국적 불명의 비행기
- **naturalize foreign words** 외국어 언어들을 (자국어로) 받아들이다
- **acquire nationality** 국적을 취득하다
- **a naturalized plant** 귀화식물
- **the natural world** 자연계
- **the natural enemies** 천적
- **natural habitat** 천연서식지
- **natural resources** 천연자원
- **achieve natural results** 마땅한 결과를 얻다

57

anemia, pernicious, vicious

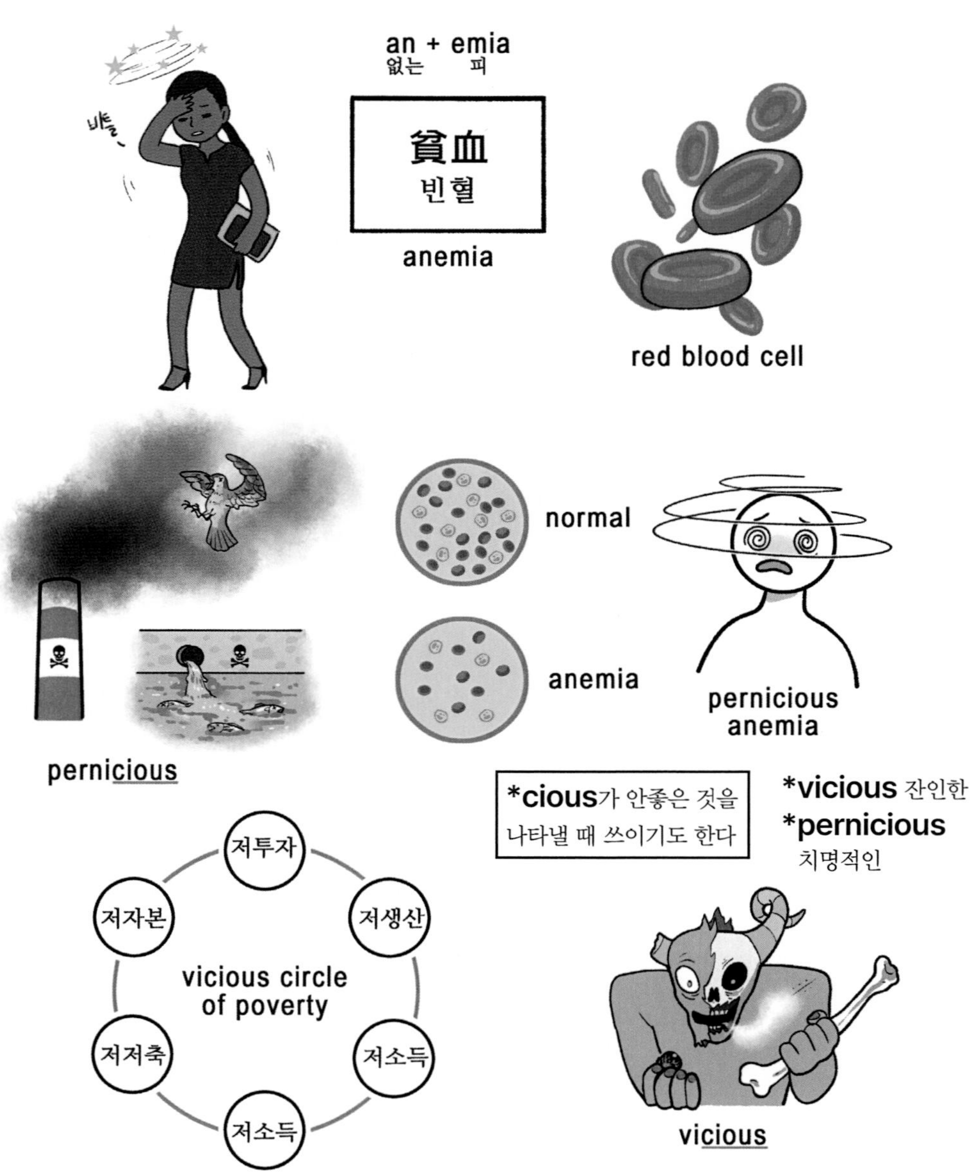

ROOT/STEM

anemia 빈혈
* **an**(없는) + 라틴어 **haema**(피) → **anemia** 빈혈

pernicious (알아차리기 힘들 정도로 천천히 진행되지만) 치명적인, 유해한, 악성의
* **per**는 지속적인 것을 나타낼 때 쓰인다.
* 라틴어 **pernicies**(재앙, 해독, 손해) → **pernicious** 치명적인, 유해한, 악성의

vicious ① 잔인한, 포악한, 사나운, 악랄한 ② 악의에 찬
* **vice** 악덕 → **vicious** 잔인한, 악랄한, 악의에 찬
* **trix** (로마시대, 여자에 붙이는 말)의 **ix**가 영어 **cious**로 되어 안 좋은 것을 나타낼 때 쓰인다 → **pernicious**(치명적인), **vicious**(잔인한, 악랄한), **meretricious**(겉만 번지르르한, 요란한, 천박한) - 성차별적 역사의 산물

예문

She collasped from anemia. 그 여자는 빈혈로 쓰러졌다.
* 빈혈은 혈액에서 산소공급 역할을 하는 적혈구의 수가 감소하여 발생한다. 빈혈에는 피로, 무기력, 어지럼증, 팔다리 저림, 냉증, 두통 등의 현상이 동반될 수 있다.

Anemia in pregnancy can impair brain development of the baby.
임신 중 빈혈은 아기의 두뇌 발달에 손상을 줄 수 있다.

Vitamin B-12 deficiency can cause pernicious anemia.
비타민 B-12 결핍은 악성 빈혈을 유발할 수 있다.
* 악성 빈혈은 호흡곤란, 관절통, 근육통, 식욕부진, 체중감소, 사지 무기력, 기억력 저하, 짜증 등의 증세를 유발한다.

The vicious circle of poverty keeps repeating.
빈곤의 악순환이 되풀이되고 있다.
* 공급면: 저소득 → 저저축 → 저자본 → 저투자 → 저생산 → 저소득
* 수요면: 저소득 → 저구매 → 저투자 → 저생산 → 저소득
* 가정: 빈곤 → 저교육 → 단순노동 → 저소득 → 빈곤

구문

- **neonatal anemia** 신생아 빈혈
- **anemia in puberty** 사춘기 빈혈
- **improve anemia** 빈혈을 개선하다
- **pernicious anemia** 악성빈혈
- **a pernicious lie** 악의에 찬 거짓말
- **a pernicious habit** 해로운 습관
- **pernicious smoke** 유독연기
- **a pernicious effect** 치명적 영향
- **a vicious slander** 악의적 모략
- **a vicious attack** 잔혹한 공격, 맹렬한 비난
- **the vicious boss** 악랄한 사장
- **a vicious temper** 포악한 기질

58

flutter, dimension

flutter

flutter with new hope

***flutter**
펄럭이다, 퍼득이다

a flutter of hope

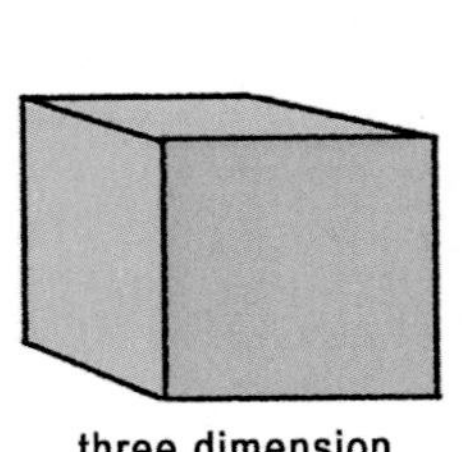

three dimension

dimensions
of height

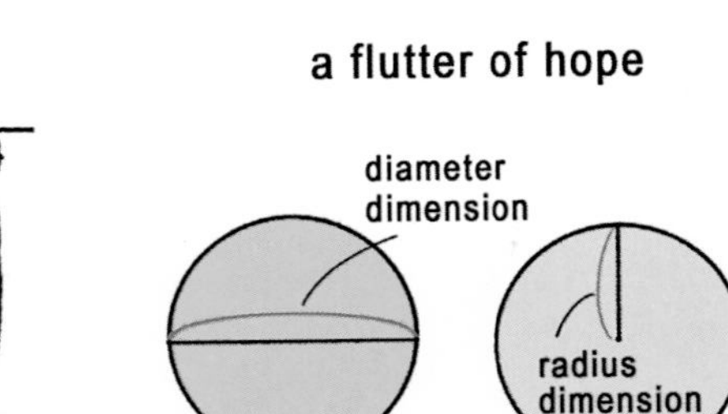

***라틴어 mensio**
(계량, 측량)

***dimensional** 차원의
***multidimensional** 다차원의

***dimension** 차원, 관점, 치수

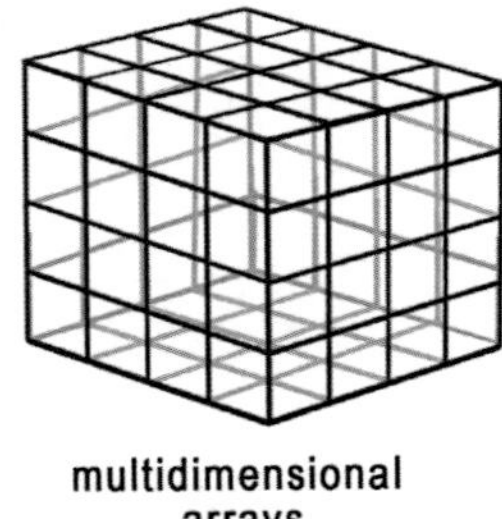

multidimensional
arrays

three dimensions
of poverty

ROOT/STEM

flutter ① 펄럭이다, 퍼득이다, 날개치다 ② 두근거리다 ③ 떨림, 두근거림
* **fl**는 흐르는 것, 유동적인 것과 관련이 있다 → **flow** 흐르다, **fluid** 유체
* 라틴어 **fluitere**(펄럭이다, 나부끼다) → **flutter** 펄럭이다, 퍼득이다

예문

Talk of devil, and you will hear the flutter of her wings.
악마에 대해 말하면 악마가 날개를 파닥이는 소리를 듣게 될 것이다(호랑이도 제 말하면 온다).

After Pandora slammed the lid, she heard a fluttering sound from inside the jar.
판도라가 뚜껑을 쾅 닫자 항아리 안에서 날개가 파닥이는 소리가 들렸다.

* 인간의 마음속에 마지막까지 남아 있는 것은 무엇인가?
판도라가 상자를 열었을 때 온갖 종류의 섬뜩한 날개 달린 생물(전염병, 기근, 불행, 분노, 시기, 질투, 원한, 증오, 전쟁 등 인간세계의 모든 악덕)이 밖으로 나왔고, 뚜껑을 덮은 후에는 금빛 날개를 가진 작고 섬세한 생물이 꿈틀대고 있었다. 그 이름은 희망이었다. 판도라의 이야기는 두 가지 교훈을 알려준다. 첫째, 사람에게는 아무리 나쁜 일이 생겨도 항상 의지할 수 있는 희망이 존재하며 희망이 있는 한 인간은 무너지지 않는다. 둘째, 사람은 누구에게나 숨기고 싶은 비밀이 있고, 그 비밀을 알게 되면 더 불행해지게 되니 남의 비밀을 함부로 들추지 말라는 것이다.

구문

- **a flag flattered** 깃발이 흔들렸다
- **a fluttering pulse** 펄떡거리는 맥박
- **flutter with new hope** 새 희망으로 가슴이 뛰다
- **flutter in the breeze** 미풍에 나부끼다

ROOT/STEM

dimension ① 차원, 관점 ② 치수, 크기, 규모
* **di**(멀리 떨어져 **dis**) + 라틴어 **mensio**(계량, 측량)
→ **dimension** 차원, 관점, 치수, 크기, 규모
* **multidimension** 다차원
* **dimensional** 차원의
* **multidimensional** 다차원의

예문

Space travel added a new dimension to his life. 우주여행은 그의 생활에 새로운 차원을 더해주었다.

I must have been in another dimension then. 나는 그때 제정신이 아니었던 게 틀림없어.

People are living in a three dimensional space. 사람들은 3차원 공간에서 살고 있다.

* 눈에 보이는 것이 전부인가?
성냥갑 같은 육면체로 우리가 확인할 수 있는 부분은 세 면뿐이다. 3차원의 세계에서 눈에 보이는 모든 것에는 항상 눈에 보이지 않는 배경이 숨겨져 있다. 현존은 부재(不在)를 전제로 한다. 인간의 인식능력에는 한계가 있고 세상에는 감추어진 초월성이 있으므로 인간은 겸손해야 한다.

구문

- **fourth dimension** 4차원
- **social dimension** 사회적 관점
- **a new dimension** 새로운 차원
- **a sense of dimension** 입체감
- **the space of three dimension** 3차원의 공간
- **fly in a different dimension** 다른 차원에서 날다
- **travel to another dimension** 다른 차원으로 여행하다
- **four dimensional world** 4차원의 세계
- **a multidimensional project** 다차원 프로젝트

59
empty, vacant

*empty 비어 있는, 비우다

*emptiness 텅 비어 있음, 공허, 허무

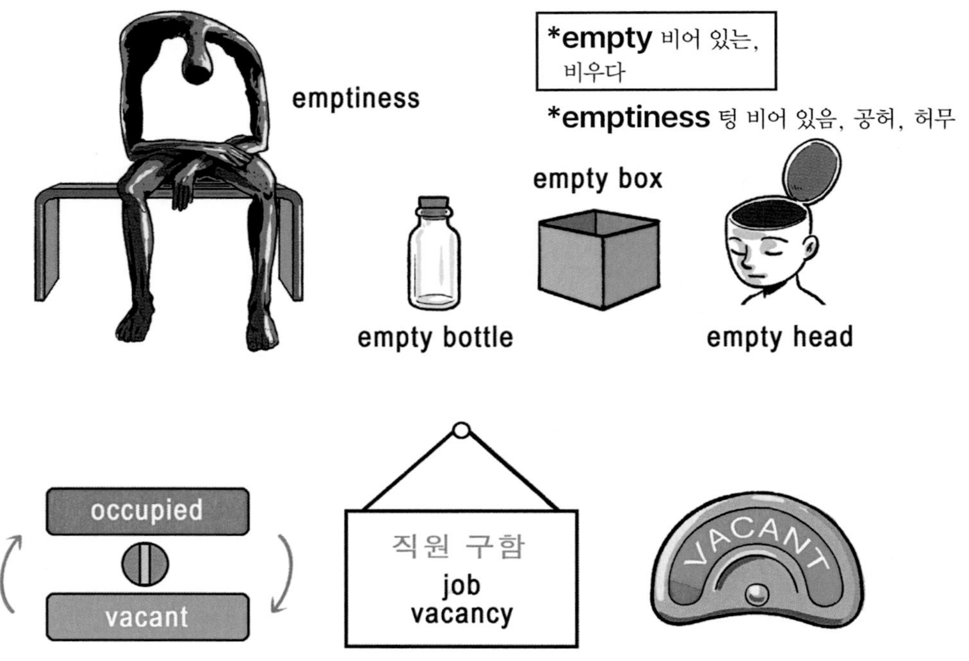

*vacant 비어 있는, 멍한

*va는 비어있는 것과 관련이 있다

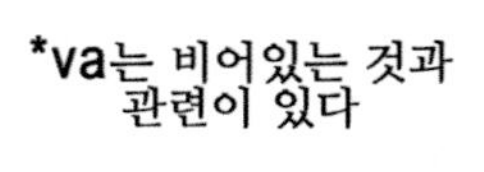

*vacancy 결원, 공석, 빈 방

ROOT/STEM

empty ① 비어 있는 ② 공허한, 무의미한 ③ 비우다
→ **emptiness** ① 텅 비어 있음, 텅 빈 곳 ② 공허, 허무
vacant ① 비어 있는, 사람이 없는 ② 일자리가 비어 있는, 결원의 ③ 멍한
* **empty**는 아무것도 없는 공허한 상태, **vacant** 비어 있어서 사용 가능한 상태를 나타낸다.
* 라틴어 **vanus**(빈, 무효의) → **vain** 헛된, 소용 없는
* 라틴어 **vacare**(비어 있다) → **vacant** 비어 있는
* **vacancy** 결원, 공석, 빈 방, 멍함

예문

You're beautiful, but you're empty. 너희들은 아름다워, 하지만 공허해.

* 길에 핀 많은 꽃은 아름답지만 소중하지는 않다. 그러나 한 송이 꽃이라도 내가 직접 물을 주고 정성들여 키웠다면 그것은 소중하다. 사람이 많아도 세상은 공허하다. 그러나 나와 같이 느끼고 생각하는 사람이 몇 명이라도 있다면 공허하지 않다.

Education's purpose is to replace an empty mind with an open one.
교육의 목적은 비어 있는 머리를 열려 있는 머리로 바꾸는 것이다.

* 과거 산업화시대의 교육은 대본대로 외우고 지도를 보고 목적지를 찾아가는 식의 교육, 정답을 찾아내는 교육이었다. 이것은 분업화된 공장에서 단순반복노동을 하는 공장노동자 양성시스템이다. 현대생활은 정답이 없는 문제의 연속이므로 오늘날의 교육은 지루한 교과서 강의에서 벗어나 여러 방면의 학습 콘텐츠를 일과 연결시키고 급변하는 위험사회에서 문제의 해법을 찾는 교육이어야 한다. 교육은 아이들에게 도전거리를 제공하고 재능, 관심사, 열정을 찾아내도록 하며 스스로 생각하게 하고 창의성을 발휘하게 하는 것이어야 한다.

Her vacant eyes seem to reflect her current emotions.
그녀의 멍한 눈동자는 그녀의 현재 심정을 반영하는 것 같다.

* 모딜리아니의 초상화에는 눈동자가 없다. 고대인들은 눈을 영혼의 통로라고 생각했다. 눈은 마음의 창, 영원으로 향하는 영혼의 통로이기 때문에 눈을 그리지 않았을 수도 있다.

You should vacate your room by 12 p.m.
12시까지 방을 비워주셔야 합니다.

구문

- **an empty room** 비어 있는 방
- **an empty head** 비어 있는 머리
- **an empty word** 빈 말
- **empty the trash can** 쓰레기통을 비우다
- **fill an emptiness** 텅 빈 마음(공허함)을 채우다
- **feel the emptiness** 허전함을 느끼다
- **the vacant parking lot** 비어 있는 주차장
- **the vacant seat** 비어 있는 의자
- **a vacant room** 비어 있는 방
- **vacant hours** 한가한 시간
- **gaze at me with vacant eyes** 멍한 눈으로 나를 응시하다
- **have no vacancy** 빈 방이 없다
- **job vacancy** 일자리 공백(job opening)
- **fill a vacancy** 결원을 채우다

60

hell, heaven, purge, purgatory

hell

heaven

*pur 는 깨끗하게 하는 것과 관련이 있다

*purge
숙청(제거)하다
*purgatory
연옥

purgatory

지옥으로 가는 길은 선의로 포장되어 있다

purge valve

ROOT/STEM

hell ① 지옥 ② 제기랄, 빌어 먹을 ③ 도대체
heaven 천국, 하늘나라
* **paradise**는 낙원, 멋진 곳이라는 장소를 강조하는 점에서 **heaven**과 차이가 있다
purgatory 연옥, 지옥 같은 곳
* 라틴어 **purgare**(깨끗이 씻다) → **purge** ① 제거하다, 숙청하다, 추방하다 ② 제거, 숙청, 추방
* **purgee** 추방 당한 사람 * **purgatory** 연옥

예문

What the hell is going on! 도대체 무슨 일이 벌어지고 있는 거야!

What the hell is wrong with you? 도대체 너한테 무슨 안 좋은 일이 생긴 거야?

The road to hell is paved with good intentions. 지옥으로 가는 길은 선의로 포장되어 있다.
* 정치꾼들의 달콤한 사탕발림 구호나 선동에 속아서는 안 된다.

To love is to receive a glimpse of heaven. 사랑하는 것은 천국을 살짝 엿보는 것이다.

Heaven helps those who help themselves. 하늘은 스스로 돕는 자를 돕는다.

The bird of paradise alights only upon the hand that does not grasp.
낙원의 파랑새는 자신을 잡으려 하지 않는 사람의 손 위에 내려와 앉는다.

An indulgence may shorten your time in purgatory. 면죄부가 연옥에 있는 시간을 줄여 줄지도 몰라.
* 12세기 중세유럽에서는 천국과 지옥 사이에 있는 제3의 공간인 연옥의 개념이 생겨났다. 연옥은 그렇게 선하지도 악하지도 않은 인간이 천국에 가기 위해 지난 날의 과오를 씻기 위해 머무는 곳이다. 그 시대의 사람들은 면죄부를 사면 기부를 통해 선행을 하는 것이므로 사후에 연옥에서 머무는 시간을 줄일 수 있다고 믿었다. 결국 면죄부는 연옥에서 천국으로 가는 급행료express charge의 성격을 가지고 있었다.

Stalin executed a sweeping purge. 스탈린은 대대적인 숙청을 단행했다.

구문

- **what the hell?** 이게 도대체 뭐야?
- **why the hell?** 도대체 왜?
- **go through hell** 지옥 같은 시간을 보내다
- **even if heaven collapses** 하늘이 무너진다 해도
- **a match made in heaven** 천생연분
- **eternal life in heaven** 천국에서의 영생
- **purge the guilt** 죄책감을 없애주다
- **purge the extremists** 과격파들을 제거(숙청)하다
- **purge a person of sin** ~의 죄를 씻어주다
- **infamous purge** 악랄한 숙청
- **purge corruption** 부패를 추방하다
- **a purge on tax dodgers** 탈세자 추방
- **a purge control valve** 퍼지 제어 밸브

edge, cutting edge, slander

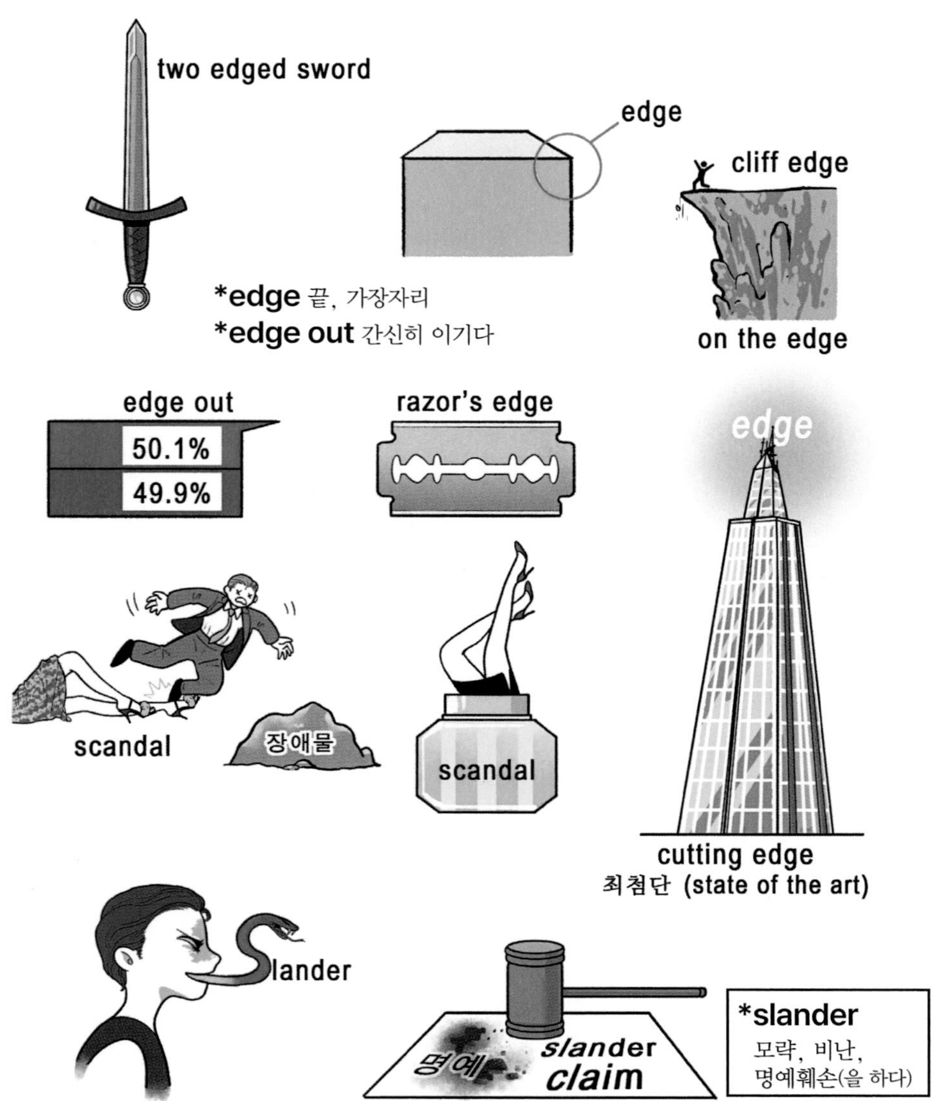

ROOT/STEM

edge ① 끝, 가장자리 ② 모서리, 날 ③ 조금씩(살살) 움직이다
* **edge**는 **slang**으로 "개성 있다", "성깔 있다"라는 뜻으로도 쓰인다.
패션업계에서는 "대담한, 도발적인, 유행을 선도하는" 등의 뜻으로 쓰인다.
* **edge out** 간신히 이기다. 앞지르다
* **cutting edge** 최첨단, 활력소

예문

He is now on the edge of precipice 그는 지금 벼랑 끝에 서 있다.

Time blunts the edge of sorrow 시간이 흐르면 슬픔도 무뎌진다.

* 잊어야 한다는 것은 자연의 순리이며 모든 것을 기억하는 삶을 혼란 그 자체이다. 망각은 기억의 부정이 아니라 치유의 차원에서도 중요하다. 과거에서 교훈을 얻었다면 지나간 슬픔에 눈물을 낭비해서는 안 된다.
장례식보다는 중요한 일이 먼저다. 네 본분은 삶이지 죽음이 아니다, 생명을 좇아라. - 마태복음

She is on the cutting edge of fashion. 그 여자는 유행의 최첨단을 걷는다.

Our team edged out the New York Yankees. 우리 팀은 뉴욕 양키스에 간신히 이겼다.

구문

- **perch oneself on the edge of the bed** 침대 끝에 걸터앉다
- **an edge line** 테두리
- **a two-edged sword** 양날의 칼
- **edge one's chair forward** 의자를 살살 앞으로 당기다.
- **edge close to me** 조금씩 내게 다가오다
- **edge away from me** 조금씩 내게서 멀어지다
- **be on a razor's edge** 위기에 처해 있다
- **a cutting edge technology** 최첨단 기술
- **competitive edge** 경쟁상의 우위(이점)
- **give the team a cutting edge** 팀에 활력소가 되어 주다

ROOT/STEM

scandal 추문(대중적 물의를 빚은 부도덕하고 충격적인 사건) **slander** ① 모략, 중상, 비방, 명예훼손 ② ~을 하다.
* 라틴어 **scandalum**(걸림돌, 장애물, 추문) → **scandal, slander**

예문

The Monica Lewinsky scandal rocked the nation. 모니카 르윈스키 추문이 나라를 흔들어 놓았다.

The sex scandal led to his downfall. 그 성추문 사건은 그의 몰락을 가져왔다.

Truth is generally the best vindication against slander. 진실은 중상모략에 대한 최고의 해명이다.

When the debate is over, slander becomes the tool of the loser.
토론이 끝나면 중상모략은 패자의 도구가 된다. - 소크라테스

The baseless slander spreads like wildfire. 근거 없는 중상모략이 들불처럼(삽시간에) 퍼진다.

구문

- **sue A for slander** A를 명예훼손죄로 고소하다
- **groundless slander** 근거 없는 비방
- **a vicious slander** 악의적 모략
- **countercharge him with slander** 그를 명예훼손으로 맞고소하다

62

mutation, poise

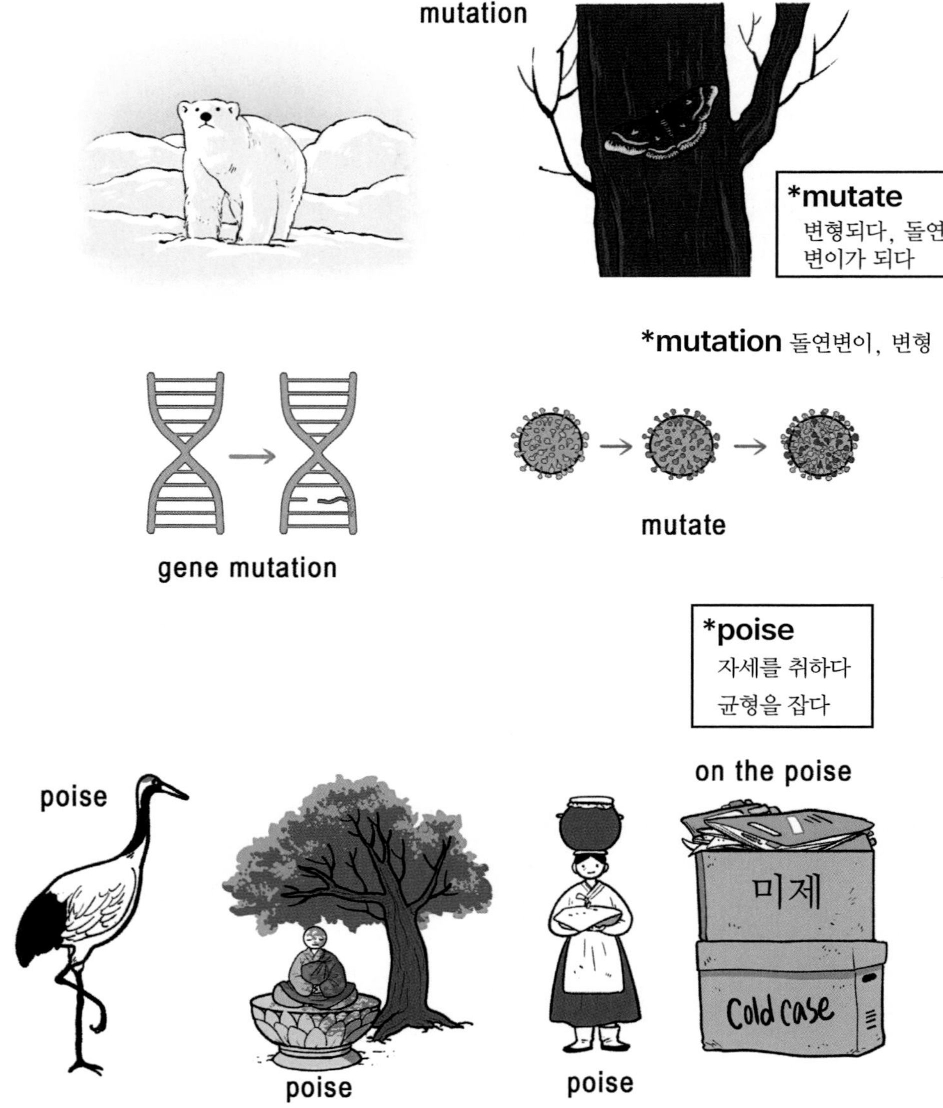

ROOT/STEM

mutate 변형되다, 돌연변이가 되다

* 라틴어 **mutare**(옮기다, 변화시키다) → **mutate** 변형되다

* **molt** 탈피하다

* **molting** 털갈이, 탈피

* **mutation** 돌연변이, 변화, 변형

* **mutant** 돌연변이의, 돌연변이체(변종)

예문

A mutation is a change in an organism's genetic material. 돌연변이는 유기체의 유전물질에 생기는 변화다.

* 돌연변이는 염색체가 손상되거나 유전자가 우연히 변하여 생긴다.

* 북극곰은 북극에 살아서 털이 희게 된 것이 아니고 털이 희어서 북극으로 간 것도 아니다. 빙하시대에 흰털을 가진 돌연변이 아기 곰이 태어나 포식자에게 쉽게 발견되지 않았기 때문에 생존에 유리해서 살아남았다. 검은색 후추나방은 돌연변이종으로 태어나 공해가 심했던 산업혁명시대에 새들의 눈에 잘 띄지 않아 살아남게 되었다. 생물종은 수많은 돌연변이를 만들어내고 자연은 현재 시점에서 가장 생존 가능성이 큰 돌연변이종을 선택한다. 자연은 치밀한 설계자가 아니라 어설프게 고쳐나가는 땜장이(tinker)이고 진화는 최적의 방향을 향하지 않는다.

A crab molts as it grows. 게가 자랄 때는 탈피한다.

* 게와 바닷가재는 새 다리와 집게발이 생긴다.

A snake molts its skin once a year. 뱀은 1년에 한 번씩 허물을 벗는다.

The dog left a trail of molt all over the house. 개는 온 집안에 털갈이 흔적을 남겼다.

구문

- **mutate into new forms** 새로운 형태로 돌연변이하다
- **gene mutation** 유전자 돌연변이
- **chromosome mutation** 염색체 돌연변이
- **vowel mutation** 모음 변화
- **a hideous mutation** 끔찍한 돌연변이
- **a mutant fruit fly** 초파리 변종
- **molt one's fur** 털갈이를 하다

ROOT/STEM

poise ① 자세를 취하다, 균형을 잡다 ② 균형, 평형, 평정

* **old French「pois」**(무게) → **poise** 자세를 취하다, 균형을 잡다, 균형, 평형

* **balance**는 움직이면서 균형을 맞추는 것, **poise**는 한 장소에서 같은 자세로 균형을 유지하는 것

예문

A crane poised itself on one leg. 두루미가 한 발로 균형을 잡고 서 있다.

A rattlesnake poised to strike a rat. 방울뱀이 쥐를 공격하려고 자세를 잡았다.

The case is on the poise. 그 사건은 아직 미해결 상태에 있다.

구문

- **maintain one's poise** 평정(침착함)을 유지하다
- **recover one's poise** 평정심을 되찾다
- **act with poise** 침착하게 행동하다
- **poise a water jug on the head** 물동이를 머리에 이고 균형을 유지하다

63

fracture, fraction, fractious, fractal, mate

ROOT/STEM

fracture 골절, 균열, 파쇄(되다)
* 라틴어 **fractura** (골절, 갈라진 틈, 깨진 자리) → **fracture**
* **fraction** 부분, 일부, 분수
* **fractious** 짜증(성)을 잘 내는, 괴팍한, 말썽부리는
* **fractional** 단편적인, 아주 적은, 분수의
* **fractal** 차원분열도형, 자기유사성

예문

The man born to misfortune will fall on his back and fracture his nose.
재수 없는 사람은 뒤로 넘어져도 코가 깨진다.

She often get fractious and tearful. 그 여자는 쉽게 짜증을 내고 잘 운다.

A fractal pattern is made by repeating the same shape many times into smaller sizes.
프랙탈 패턴은 같은 모양이 점점 더 작은 크기로 여러 번 같은 모양으로 반복되어 형성된다.

* 프랙탈 구조는 작은 구조가 전체 구조와 비슷한 형태로 끝없이 되풀이된다. 프랙탈은 자기 유사성과 순환성이라는 특징을 가지고 있다. 해안선의 모양, 동물 혈관의 분포 형태, 나뭇가지 모양, 산맥의 모습, 창문의 성에 등 우주의 모든 것이 프랙탈 구조로 되어 있다. 해안선은 굴곡 안에 또 다른 굴곡이 계속 나타나 그 길이가 무한대로 늘어나 측정이 어렵다.

구문

- **compound fracture** 복합골절
- **fracture a bone** 뼈를 부러뜨리다
- **nasal bone fraction** 코뼈골절
- **fracture for fracture** 골절에는 골절로(탈리오 법칙)
- **fractional numbers** 분수
- **fractional distillation** 분별증류
- **a fractious child** 떼쓰는 아이
- **fractious neighbors** 말썽 부리는 이웃들

ROOT/STEM

mate ① 친구, 짝 ② 짝짓기하다, 동료로 만들다
mate 친구, 짝 → **mating** 짝짓기, 교미

예문

Peacocks display their feathers and dance to attract peahens.
수컷 공작은 암컷 공작들의 주목을 끌기 위해 깃털을 펼치고 춤을 춘다.

* 구애춤 courtship dance
수컷 공작은 화려한 깃털을 펼쳐 자신의 건강을 과시하고 꼬리깃털을 꼿꼿이 세워 흔들면서 춤을 춘다. 갈라파고스섬의 가마우지(booby)도 짝짓기 전에 춤을 추는데 춤을 통해 상대방의 경계심과 두려움을 없애고 스텝을 맞추어 춤을 추다가 짝짓기를 한다. 수컷의 화려한 날개는 포식자의 눈에 쉽게 띄어 생존에 불리하지만 짝짓기에는 유리하다.

After mating, the female mantis often preys on the male.
사마귀 암컷은 짝짓기 후 수컷을 잡아먹기도 한다.

* 사마귀 암컷은 기회를 봐서 교미 전에 수컷을 잡아먹기도 하고 수컷이 올라탔을 때 또는 몸에서 떨어진 후 잡아먹기도 한다. 수컷을 잡아먹을 때는 머리부터 잘라먹는다. 곤충의 머리에는 억제중추가 있기 때문에 짝짓기 도중 머리가 없어져도 짝짓기를 할 수 있고 이때 오히려 수컷의 성행위를 활성화시킬 수도 있다.

구문

- **school mate** 학교친구
- **soul mate** 마음이 통하는 친구
- **attract a mate** 짝을 유혹하다
- **mate with a female** 암컷과 짝짓기하다
- **mating season** 짝짓기 철
- **mating ritual** 짝짓기 의식
- **mating dance** 짝짓기 춤, 교미 비행
- **a female ape grooming her mate**
  짝의 털을 다듬어주는 암컷 원숭이

64

denote, connote, formidable

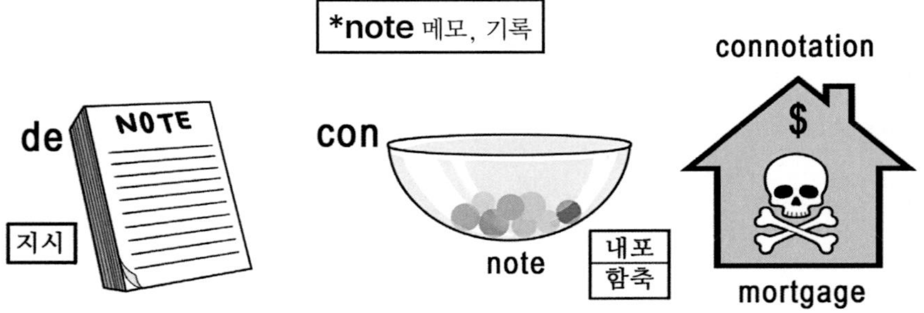

***denote** 표시하다, 가리키다
***connote** 함축하다, 내포하다

***connotation** 함축, 내포

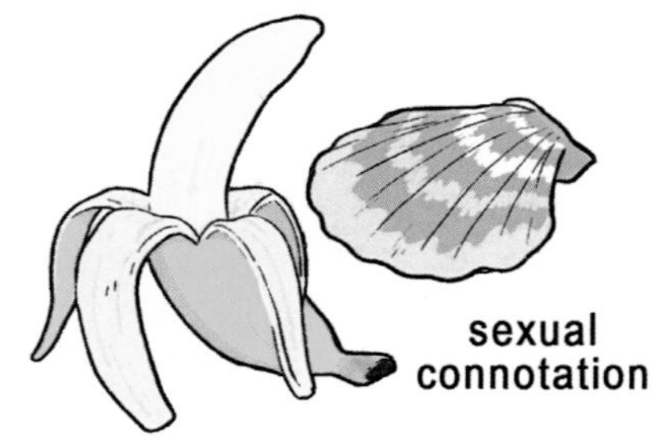

sexual connotation

denotation

***denotation** 지시, 명시적 의미

*라틴어 **formido**(공포, 전율)

***formidable** 가공할

formidable weapon

formidable opponent

formidable task

ROOT/STEM

denote 표시하다, 명확히 나타내다, 가리키다
connote(어떤 의미를) 함축하다, 내포하다
* 라틴어 **notare**(표시하다, 기록하다) → **note** 메모, 기록
* **de**(따로) + **note**(기록) → **denote** 표시하다
* **con**(함께) + **note**(기록)→ **connote** 함축하다, 내포하다
* **connotation** 함축(된 의미),암시, 내포
* **denotation** 지시, 명시적 의미, 사전적 의미

예문

Poets use both connotation and denotation on their poems.
시인들은 시에 함축과 지시를 모두 사용한다.
* 함축은 문학 언어의 중요한 특성 중 하나다. 함축적 단어는 어떤 것을 직접적으로 나타내지 않고 우회적으로 나타내거나 다양한 해석의 여지를 남긴다. 함축은 정서적 암시와 연상작용을 일으키고 독자의 해석을 통해 작품은 새로운 의미를 갖게 된다.

I think the expression has a negative connotation.
그 표현은 느낌이 좀 안 좋은 것 같아.

The word 'slender' connotes approval of appearance.
단어 'slender'는 (호리호리하다는) 외모에 대한 긍정적(칭찬의) 의미를 내포하고 있다.

구문

- **connote disapproval** 반대의 뜻을 내포하다
- **sexual connotation** 성적 함축
- **denote by a sign** 신호로 표시하다
- **denote time** 시간을 표시하다
- **find out denotation** 표시를 발견하다
- **the denotation of this term** 이 용어의 명시적 의미

ROOT/STEM

formidable 가공할, 엄청난(감당하기 힘든)
* 라틴어 **formido**(공포, 전율) → **formidable** 가공할, **formidably** 가공할 만하게, 무섭게

예문

The atomic bomb was formidable than any weapon that had ever existed.
원자폭탄은 그때까지 존재했던 어떤 무기보다 가공할 만한 것이었다.
* 제2차 세계대전과 미국의 원폭투하
미국은 제2차 세계대전에서 1945. 5.초 독일이 항복한 후 1945년 7월 원자폭탄실험에 성공했다. 일본은 항복을 거부했고 히로시마에 원자폭탄이 투하된 후에도 항복을 거부했다. 일본은 본토에 200만 명의 병력이 있었고 민간인도 무장하고 있었으며 자살 공격 등으로 죽을 때까지 싸우도록 훈련되어 있었다. 이러한 상황에서 나가사키에 두 번째 원자폭탄이 투하되었고 이로써 4000만 명이 목숨을 잃은 세계대전이 끝났다. 그 당시는 일제의 강압 통치가 극심한 때였고 일제는 협조하지 않은 조선인 살생부를 작성해 놓고 있어서 원폭 투하가 조금만 늦었더라도 조선의 아까운 인재들은 다 죽임을 당했을 것이다. 위급한 상황에서 생존을 위해서는 전쟁은 빨리 끝낼수록 좋다. 원폭 투하의 비인도성을 비난하기 전에 먼저 전쟁이라는 비인도적 상황을 초래한 사람들을 비난해야 한다.

구문

- **a formidable opponent** 벅찬 상대
- **a formidable task** 감당하기 힘든 과제
- **a formidable foe** 가공할 만한 적
- **a formidable negotiator** 상대하기 힘든 협상자
- **a formidable enemy** 만만치 않은 강적
- **a formidable obstacles** 엄청난 장애

65

torpid, torpedo, virtual, virtuous

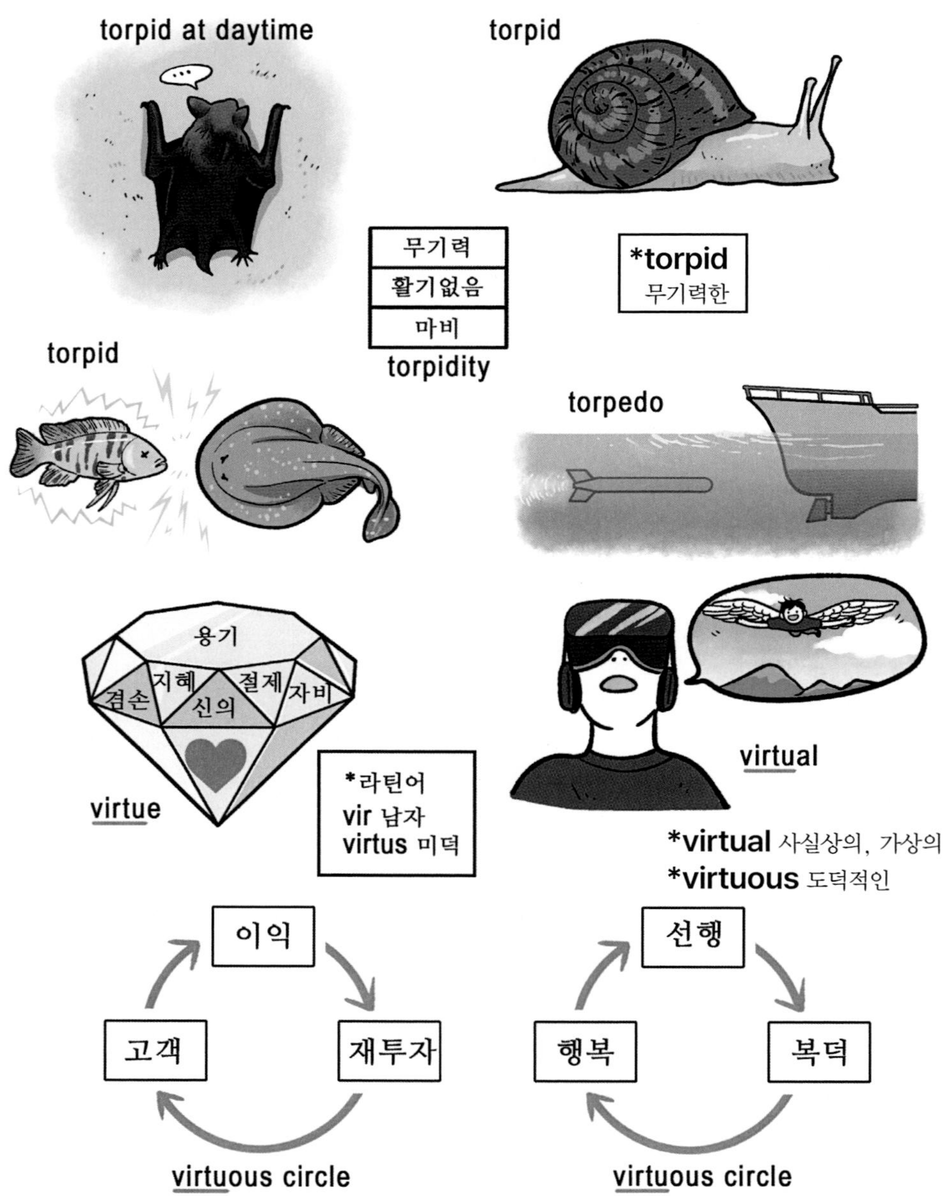

ROOT/STEM

torpid 무기력한, 얼얼한, 멍한, 마비된
라틴어 **torpere**(마비되다, 무감각하게 되다), 라틴어 **torpidus**(마비된, 무감각한)→ **torpid** 무기력한, 얼얼한, 마비된
라틴어 **torpedo**(전기 가오리, 혼수상태) → **torpedo** 어뢰, 어뢰로 공격하다
* **torpidity** 무기력, 무감각, 마비상태

예문

The rumor made stock market torpid. 그 소문은 주식시장을 마비시켰다.

Valor, gradually overpowered by the delicious poison of sloth, grows torpid.
용맹은 서서히 달콤한 독약인 나태에 압도되어 무기력해진다.

The battleship was hit and sunk by a torpedo. 그 전함은 어뢰에 맞아 침몰했다.

구문

- **become torpid** 무기력해지다
- **torpid sea** 움직임이 없는 바다
- **lie torpid during the winter** 겨울 동안 잠잠하다
- **torpid on the issue** 그 사건에 대해 의욕이 없다
- **fire a torpedo** 어뢰를 쏘다
- **launch a torpedo** 어뢰를 발사하다

ROOT/STEM

virtual 사실상의, 거의 ~와 다름없는, 가상의
* 라틴어 **vir**(인간, 남자), 라틴어 **virtus**(갖추어야 할 덕성, 미덕, 남자의 품격)
* **virtue** 미덕, 선 * **virtuous** 도덕적인 고결한, 우쭐한
이 단어에는 남자가 미덕을 갖추고 있고 도덕적이라는 성차별적 생각이 담겨있다
* **virtual** 남자의 미덕(힘)으로 하는→ 사실상의

예문

Vitue is its own reward. 선행(미덕)은 그것을 했다는 그 자체가 보상이다.
* 적선지가 필유여경(積善之家 必有餘慶): 선을 쌓은 집안에는 반드시 경사가 있다.

Virtuous men prosper and the evil ones perish. 선인은 흥하고 악인은 망한다.

The country is in a state of virtual civil war. 그 나라는 사실상 내전 상태에 있다.

구문

- **overrated virtue** 과대평가된 미덕
- **gain virtue** 덕을 쌓다.
- **by virtue** of ~ 덕분에
- **lead a life of virtue** 선한 삶을 살다
- **a virtuous cycle investment** 투자의 선순환
- **virtuous society** 도덕적 사회
- **virtual reality** 가상현실
- **marry a virtual stranger**
거의 알지 못하는 사람과 결혼하다
- **virtually impossible** 사실상 불가능한
- **virtually fat-free** 지방이 거의 없는

66

par, parity, disparage, peer

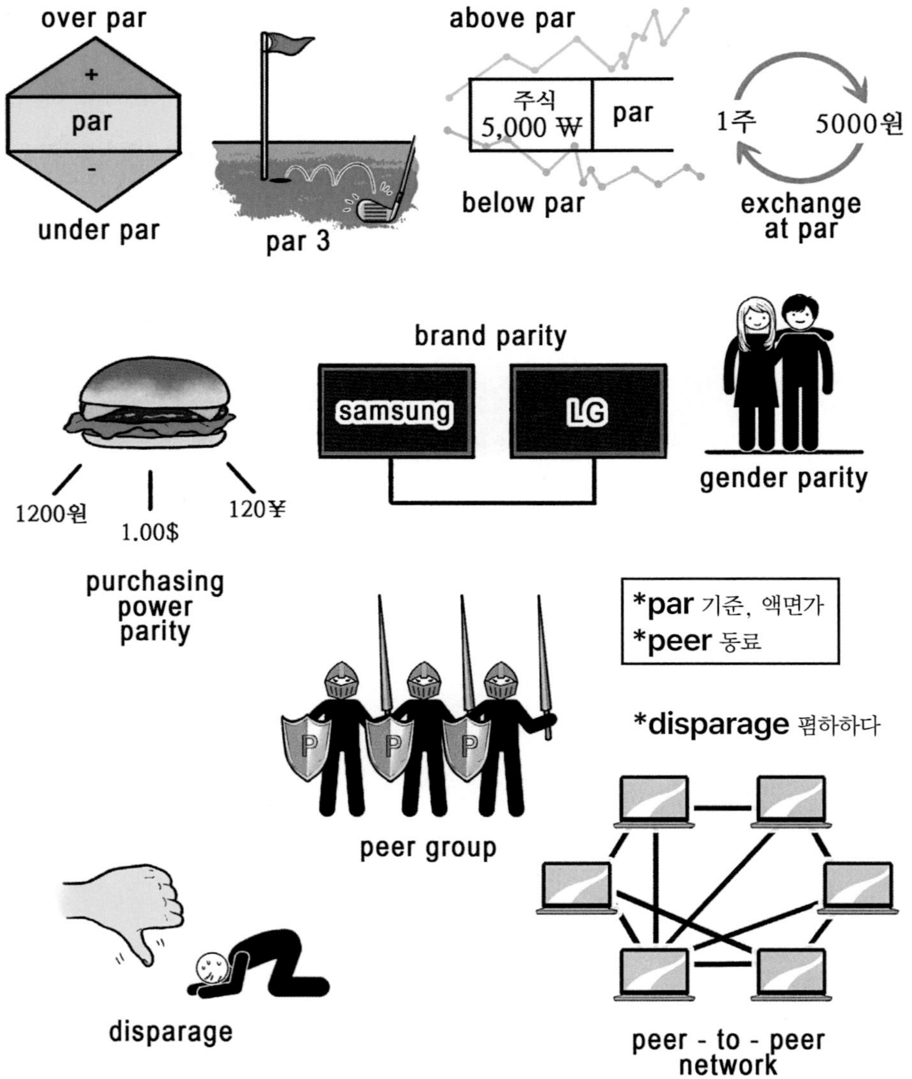

ROOT/STEM

par ① 기준(타수), 대등 ② (주식) 액면가**(par value)**
parity (보수, 지위 등) 동등함, 대등함
parage 지금은 쓰이지 않는 구식**(archaic)** 단어로 봉건시대의 혈통, 서열을 말한다.
* **dis**(반대로) + **parage**(혈통, 서열) → **disparage** 폄하하다
peer ① 동료(**par**에서 파생된 말, 프랑크 왕국의 샤를마뉴대제가 지위가 동등한 귀족기사 12명을 두었기 때문에 동료, 대등한 사람을 peer라고 부른다) ② 자세히 들여다보다

예문

Par for the golf course is 80. 그 골프 코스의 기준타수는 80이다.

I don't feel up to par. 몸 상태가 평소 같지 않아.

His skills are far below par. 그의 기량은 평균 수준에 훨씬 못 미친다.

The part-timers are demanding pay parity with the full timers.
임시직원들이 정규직원들과의 동등한 대우를 요구한다.

Don't disparage his achievements. 그의 업적을 폄하하지 마라.

Peer pressure is common among young people.
청소년들 사이에서는 또래 집단으로부터 받는 압박이 강하다.
* 10대들이 유행에 민감한 이유는 또래 집단의 압력이 강하기 때문이다. peer pressure(동료 압력)가 가장 강한 사람들은 전투에 참가한 군인들이다. 이들은 자기보존의 욕구보다 전우에 대한 강한 책임감으로 싸운다.

He peered at the nutrition labelling.
그는 영양성분 표시를 자세히 들여다보았다.

구문

- **be not up to par** 기준에 못 미치다
- **be on a par with** ~와 대등한 수준이다
- **redeem at par** 액면가에 상환하다
- **exchange at par** 1:1로 교환하다.
- **above par** 액면가(기준) 이상으로
- **below(under) par** 액면가(기준) 이하로
- **a par five hole** 5타짜리 홀
- **end at 5 under par** 5언더파로 마치다
- **purchasing power parity** 구매력 평가지수
- **overcome brand parity** 브랜드 유사성을 벗어나다
- **gender parity** 양성평등
- **pay parity** 지급 액수가 같음
- **disparage the electors** 유권자들을 얕잡아보다
- **disparage one's effort** ~의 노력을 폄하하다
- **peer group** 또래 집단
- **peer-to-peer**
  네트워크상에서 사용자 간 직접접속에 의한
- **ruined peers** 몰락한 귀족
- **peers and commoners** 귀족과 평민

67

freedom, liberty, liberate

freedom

*free 자유로운, 석방하다

*freedom 자유

freedom

freedom of speech

freedom of religion

liberty

liberty bell

7.4
liberation day

*라틴어 liber
자유로운, 해방된

*liberty 자유

*liberate
해방시키다

*liberation
해방

slave liberation

ROOT/STEM

freedom 자유
- 원래 부여받은 권리로서의 자유, 누구로부터 통제받거나 제한받지 않고 원하는 것을 할 수 있는 자유

liberty 자유(격식적 표현)
- 합법적 권리로서의 자유, 지배·억압으로부터 구속과 불편을 참지 못한다는 뉘앙스가 있다.

* 라틴어 **liber**(자유로운, 해방된) → **liberal** 자유민주적인, 진보적인
* **liberate** 해방시키다, 자유롭게 해주다
* **liberation** 해방, 석방
* **liberalism** 자유주의, 진보주의

예문

Freedom is just chaos, with better lighting. 자유는 더 나은 조명이 있는 혼돈일 뿐이다. - Alan Dean Foster

While the state exists, there can be no freedom. 국가가 존재하는 동안에는 자유가 있을 수 없다 - 레닌

* 자유민주주의 국가는 타인의 권리를 침해하지 않는 한 개인의 자유를 최대한 보장한다. 그러나 사회주의 국가는 개인의 자유보다 평등을 중요시하고 원칙적으로 사유재산을 인정하지 않는다. 이 때문에 사회주의 국가는 개인의 자유를 광범위하게 제한하고 있다.

No one can be at peace unless he has his own freedom. 자유가 없다면 그 누구도 평화로울 수 없다.

Liberty means responsibility. That is why most men dread it.
자유는 책임이다. 그래서 대부분의 사람은 자유를 두려워한다.

Give me liberty, or give me death. 자유가 아니면 죽음을 달라 - 패트릭 헨리

Liberty without learning is always in peril. 배움이 없는 자유는 언제나 위험하다

Lean liberty is better than fat slavery. 여윈 자유는 살찐 노예보다 낫다 - 존 레이

He is liberal with his money. 그는 자기 돈을 아끼지 않고 쓴다.

The UN troops fought to liberate Korea from communism.
유엔군은 한국을 공산주의로부터 구하기 위해 싸웠다.

구문

- **an academic freedom** 학문의 자유
- **freedom of expression** 표현의 자유
- **press freedom** 언론자유
- **freedom of assembly** 집회의 자유
- **take away one's freedom** 자유를 박탈하다
- **liberal visitation** 자유방문권
- **a liberal translation** 자유로운 번역(의역)
- **liberal arts** 문과
- **The Liberal Democrats** 자유민주당
- **an out-and-out liberal** 철저한 자유주의자
- **be liberal in giving** 주는 데 인색하지 않다
- **liberate him from anxiety(bondage)** 그를 불안(속박)에서 해방시켜 주다.
- **Liberation Day** 광복절
- **animal liberation** 동물 해방

68

gallows, scaffold, snitch, gillotine

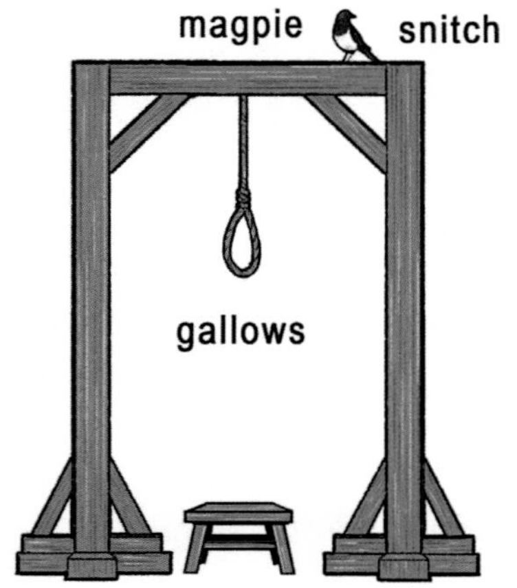

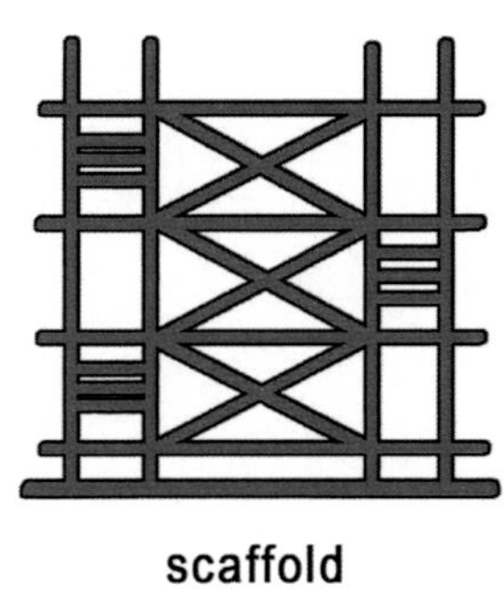

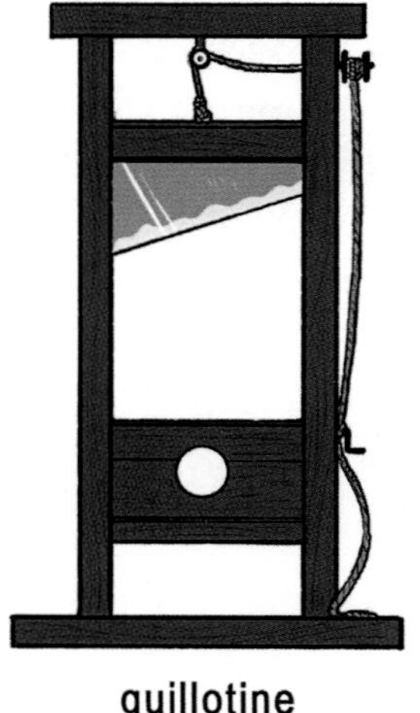

***magpie** 까치
***snitch** 밀고자
***gallows** 교수대
***scaffold** 비계, 교수대
***guillotine** 단두대

ROOT/STEM

gallows 교수대
scaffold ① (공사장의) 비계, 발판, ② 교수대
snitch ① 일러바치다, 고자질하다, 밀고하다 ② 밀고자
guillotine ① 단두대 ② 단두대로 처형하다, 절단기로 자르다

예문

The criminal was hanged on the gallows. 그 죄수는 사형에 처해졌다.

* 교수대는 죽은 나무껍질로 만들었고 죄인의 발이 땅에 닿지 않게 높게 만들었다. 땅과 나무의 생명력이 미치지 못하게 하기 위해서다.

He should be sent to the gallows. 그는 교수대로 보내져야 한다.

A magpie on the gallows connote a snitch. 교수대 위의 까치는 밀고자를 상징한다.

* 16세기 플랑드르의 농민화가 피터 브뤼헐(Peter Bruegel)의 그림에는 교수대 위에 까치가 앉아 있다. 서양에서 까치는 죽음과 삶의 이중성, 위선, 수다쟁이, 밀고자 등을 나타낸다. 이 그림은 권력에 동조하지 않으면 밀고를 당하여 억울한 죽음을 당하던 공포정치(fearocracy) 시대의 사회상을 보여준다.

The guillotine decapitated the French king Louis XIV. 프랑스 왕 루이 14세는 단두대에서 목이 잘렸다.

* 단두대는 죄수의 인권 보호를 위한 기구였다. 순식간에 목이 잘리는 것은 십자가에 산 채로 태우거나 칼, 도끼로 목을 잘라 죽이는 것보다 고통이 적기 때문이다.

Robespierre was executed by guillotine on July 28, 1794.
로베스피에르는 1794. 7. 28. 단두대에서 처형되었다.

* 스스로 정의롭다고, 생각하는 혁명 세력은 괴물이 된다.
프랑스 혁명정부를 이끌었던 로베스피에르는 스스로 순수하고 정의롭다는 오만에 빠져 정적들을 모조리 단두대로 보냈다. 그는 미덕의 기준을 자신과 자코방파에 두고 왕에 불리한 증언을 하지 않는 사람들, 생각이 다른 사람들을 모조리 처단했다. 정권을 무너뜨리고 혁명으로 정권을 잡았다고 주장하는 사람들은 정권을 잃을 위험을 차단하기 위해 혁명을 신성시해야 하고 비판 세력을 신성모독의 적폐 세력으로 몰아 단죄하면서 공포정치를 한다. 혁명 세력은 항상 반대자들을 찾아내고 그들을 괴물로 만들어 처형함으로써 권력에 대한 위험을 제거해 나간다. 촛불혁명세력임을 주장하는 사람들은 자신들이 행한 모든 것은 미덕이고 다른 사람들이 행한 모든 것은 적폐(deep rooted evil)이라는 오만과 착각에 빠져 내로남불을 일삼으며 더 큰 죄악을 저질렀다. 로베스피에르가 단두대에서 처형된 역사의 아이러니는 스스로 고결하고 정의롭다고 생각하는 인간이 자신의 신념대로 행동할 때 얼마나 끔찍한 일을 저지르고 국가를 갈등과 혼란 속에 빠뜨리는지를 여실히 보여준다.

구문

- **mount the gallows(scaffold)** 교수대에 오르다
- **end one's day on the gallows**
교수대에서 생을 마감하다
- **gallows humor**
불쾌하거나 위험한 것을 우스운 것처럼 만드는 유머(블랙 코미디)
- **work on the scaffold** 비계(발판) 위에서 작업하다
- **your day in the scaffold** 네가 사형되는 날
- **snitch tagging**
인터넷에 악플을 올리거나 악플에 동조하여 댓글을 다는 행위
- **A snitch slipped me it**
한 밀고자가 그것을 나에게 살짝 건넸다
- **guillotine shears** 광폭 절단기
- **go to the guillotine** 참수형에 처해지다
- **guillotine a bill** 법안 심의 기간을 제한하다

69

analogy, simile, metaphor, platform

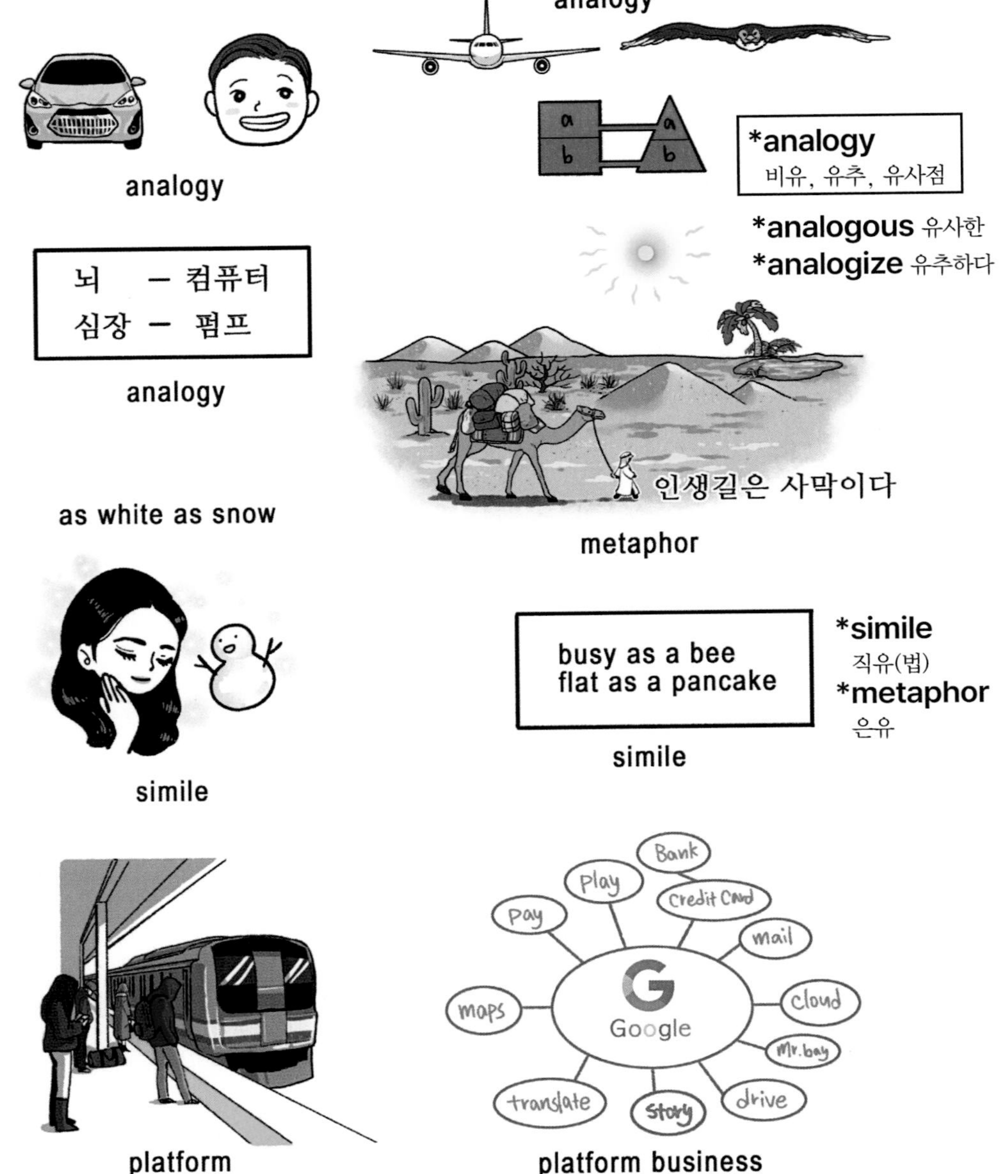

ROOT/STEM

analogy 비유, 유추, 유사점
ana(according to ~에 따라) + 그리스어 **logos**(이성, 비율) → **analogy**
* **analogous** 유사한
* **analogize** 유추하다
* **analogical** 유사한, 유추적인
* **analogue** 연속된 물리량으로 나타내는 것 (↔ digital)
* 라틴어 **similis** (비슷한) → **similar** 비슷한, 유사한
* **simile** 직유(법)

metaphor 은유
* **meta**(더 높은, 초월한) + 그리스어 **phor**(운반하다) → **metaphor**

예문

There is an analogy between a brain and a computer. 뇌와 컴퓨터 사이에는 유사성이 있다.

He drew an analogy between the human heart and a pump.
그는 인간의 심장과 펌프사이의 유사점을 이끌어 냈다(심장을 펌프로 비유했다).
* 유추는 하나의 사물 또는 현상에서 다른 사물 또는 현상의 성질을 추론(infer)하는 것이다. 이것은 인식능력을 높이고 창조적 사고, 발명의 원동력이 된다.

Death is analogous to sleep. 죽음은 잠과 유사하다.

We can say "She is as white as snow" by using a simile.
우리는 직유를 사용하여 "그 여자는 마치 눈처럼 희다"라고 말할 수 있다.

In poetry, a desert is a metaphor for life's journey. 시에서 사막은 종종 인생길에 대한 은유이다.

구문

- **learn by analogy** 유사점(유추)을 통해 배우다
- **the analogy A with(to)** B A와 B의 유사점
- **analogical thinking** 유추적 사고
- **an analogical story** 비슷한 이야기
- **analogical design** 유추적 디자인
- **analogue signals** 아날로그 신호
- **analogue broadcasting** 아날로그 방송
- **analogize the whole out of a part** 일부에서 전체를 유추하다
- **to analogize** ~유추를 하자면
- **an analogue clock** 아날로그 시계
- **an analogue switch** 아날로그 스위치

ROOT/STEM

platform ① 연단, 강단, 정견발표장, 기차 플랫폼 ② 강령 ③ 다른 서비스와 연계를 도와주는 컴퓨터시스템 ④ 수익을 창출할 수 있는 기반

예문

Google has a flexible IT infrastructure for platform business.
구글은 플랫폼 비즈니스를 위한 유연한 정보기술 인프라를 갖추고 있다.
* 플랫폼 비즈니스는 연결(link), 개방성(openness)을 특징으로 하며 강력한 network 효과를 통해 수익을 창출한다.

A new platform was adopted at the Republican convention.
공화당 전당대회에서 새로운 강령이 채택되었다.

구문

- **leave the plaftorm** 승강장(연단, 강단)을 떠나다
- **mount the platform** 연단에 오르다
- **diving platform** 다이빙대
- **business integration platform** 비즈니스 통합 플랫폼

70

select, selective, selection, zest

ROOT/STEM

select 엄선하다, 선발하다
* **se**(분리) + 라틴어 **ligere**(모으다) → 라틴어 **seligare**(골라내다, 추리다) → **select**
* **select**는 가장 좋은 것을 주의 깊게, 체계적으로 잘 선별해 내는 것, **choose**는 여러 개 중 선호하는 것을 고르는 것, **pick**은 주의 깊게 생각하지 않고 가볍게 고르는 것으로 **choose**보다 비격식적 표현
* **selective** 조심해서 고르는, 선별적인, 엄선하는, 까다로운 * **selection** 선발, 선정, 엄선된 것들

예문

He was selected for the national team. 그는 국가대표팀에 선발되었다.

We offer wide selection of wine. 우리는 다양하게 엄선한 와인을 제공합니다.

Nature selects the best adapted species to survive. 자연은 살아남기 위해 잘 적응된 종을 선택한다.

* natural selection 자연선택(자연도태): 자연은 어려움을 잘 극복해 낼 수 있는 개체를 골라낸다. 이 과정이 반복되면서 환경에 잘 적응한 개체들이 살아남는다. 자연선택은 돌연변이 중 우연히 환경에 더 유리하게 적응한 형질을 지닌 개체가 살아남아 그 형질을 다음 세대에 유전으로 남기고 불리한 형질을 지닌 개체가 도태되는 과정이다.

구문

- **select a candidate** 후보자를 선발하다
- **select the winner** 우승자를 선발하다
- **the selective breeding** 선택적 사육
- **a selective hearing** 선별적 청취
- **a selective admission policy** 까다로운 입학방침
- **a wide selection of merchandise** 다양하게 엄선한 상품

ROOT/STEM

zest ① 열정, 열의 ② 묘미, 흥미(를 주는 것) ③ 활력, 활력소 ④ 요리에 향미를 더하기 위해 쓰는 (오렌지, 레몬 등의) 껍질

예문

Humor added zest to his speech. 유머가 그의 연설에 흥미를 더해주었다.

The slight risk adds zest to the game. 약간의 위험성이 게임에 묘미를 더한다.

* 인간은 익숙한 것, 뻔한 것에 지루함을 느끼고 불확실한 것에 매력을 느낀다. 인간의 도파민 시스템은 예측 못 한 일에 직면하면 자극을 받아 행동을 강화시킨다. 고분고분한 사람이 매력이 없는 것, 도박이 사람을 끌어들이는 것도 이러한 이유 때문이다.

Zest is a secret of all beauty. 열정은 모든 아름다움의 비결이다.

Employees gossip about their boss to give added zest to their drinking.
직원들은 술 마실 때 재미를 더하기 위해 (술안주로) 상사 험담을 한다.

* 사람 간 대화 중 3분의 2는 뒷담화(험담, gossip)다.
우리는 어떤 사람이 좋은 사람인지 나쁜 사람인지 무임승차자인지 사기꾼인지 뒷담화를 통해 정보를 공유하게 된다. 나쁜 것을 알고 빨리 대비해야 개인과 사회가 보호되고 뒷담화를 통해 사람들은 신뢰와 공감을 느끼고 협동하게 된다. 따라서 뒷담화는 그 부정적 어감과는 달리 사회생활에서 매우 유용하다.

구문

- **a zest for life** 삶에 대한 열정
- **a great zest for one's work** 일에 대한 대단한 열정
- **work with zest** 열정을 가지고 일하다
- **add zest to the movie** 영화에 재미를 더해주다
- **zesty cinnamon** 풍미가 강한 계피
- **zesty flavour** 자극적인 맛

71

equal, equality, equity

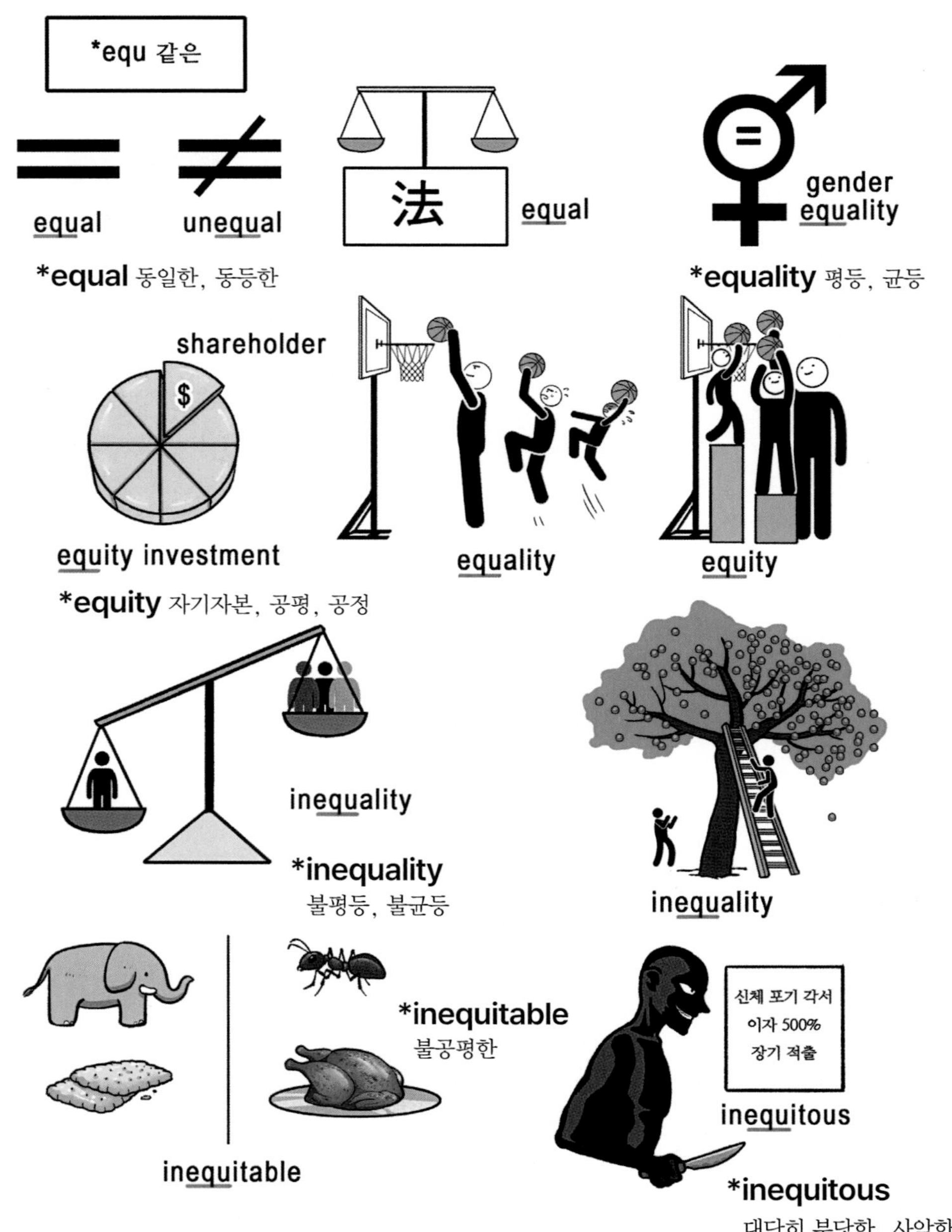

ROOT/STEM

equal ① 같다, 우열이 없다 ② 동등한, 대등한
* 라틴어 **aequus** 평평한, 동등한
* 라틴어 **aequitas**(동등함, 평등, 공정)
→ **equity** 자기자본, 보통주, 공평, 공정
* 라틴어 **aequus**(평평한) → **equal** 같다, 대등한
* **inequality** 불평등, 불균등

* 라틴어 **equus** 말, 기병대
* **equitable** 공정한, 공평한
* **inequitable** 불공평한**(unfair)**
* **equality** 평등, 균등 * **unequal** 불공정한, 같지 않은
* **inequitious** 대단히 부당한, 사악한

예문

Everyone is equal before the law. 모든 사람은 법 앞에 평등하다.

The company issued more stock and diluted the shareholder's equity.
그 회사는 주식을 더 발행하여 주주들의 지분가치를 떨어뜨렸다.

Inequity and injustice are the root causes of terrorism.
불공평과 부당함이 테러 발생의 근본적인 원인이다.

Your proposal violates the principle of equitable treatment.
당신의 제안은 형평성의 원칙에 위배됩니다.

I don't believe in equality before the law.
나는 모든 사람이 법 앞에 평등하다는 것을 믿지 않는다.

Special admission will intensify inequality of opportunity.
특례입학은 기회의 불균등을 심화시킬 것이다.

Double taxation is inequitable. 이중과세는 불공평하다.

구문

- **award equal points** 동점을 주다
- **equal pay for equal work** 동일노동 동일임금
- **all else being equal** 다른 조건이 모두 같다면
- **meet on an equal footing** 동등한 입장에서 만나다
- **public equity** 상장회사 지분
- **equity investment** 지분투자
- **private equity funds** 사모펀드
- **justice and equity** 정의와 공정
- **the principle of equality before the law** 법 앞에 평등하다는 원칙
- **equality in opportunity** 기회 균등
- **equality of sexes** 남녀 평등
- **wage inequity** 임금 불평등
- **rectify the inequity** 불공평을 바로잡다
- **racial inequality** 인종 간의 불평등
- **educational inequality** 교육 기회의 불평등
- **inequitable food distribution** 불공평한 식량 분배
- **inequitable taxation** 불공평한 과세
- **an iniquitous system** 대단히 잘못된 제도
- **iniquitous disregard** 대단히 부당한 무시
- **iniquitous pleasure** (나쁜 결과를 가져오는) 불의의 쾌락
- **iniquitous bill** 대단히 잘못된 법안

72

abstract, concrete

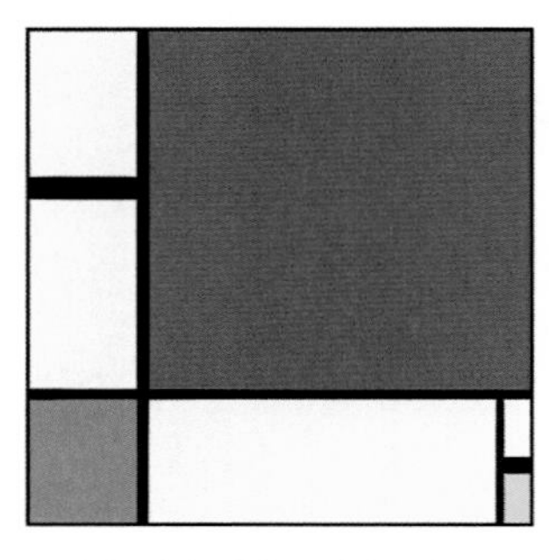

몬드리안 〈빨강, 파랑, 노랑의 구성〉1930년

피카소, 〈아비뇽의 처녀들〉1907년

abstract art

*abs 떨어져서
*tract 당기다

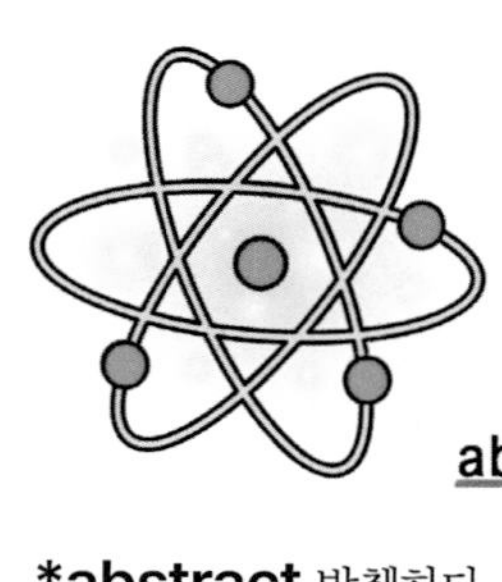

abstraction

진 선 미

abstract ideas

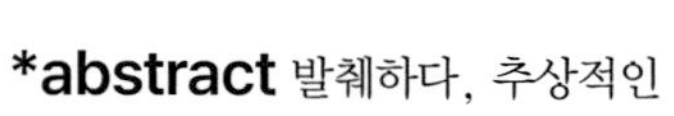

***abstract** 발췌하다, 추상적인
***abstraction** 발췌, 추상적 개념

* crete 는 발생하는 것, 생겨나는 것과 관련이 있다.

concrete block

precast concrete

concrete evidence

***concrete** 구체적인, 콘크리트

ROOT/STEM

abstract 발췌하다, 추상적인, 관념적인
* 라틴어 **trahere**(끌어당기다) → **tract** 끌어당기다
* **abs**(떨어져서, 다른 데로) + **tract**(끌어당기다) → **abstract** 발췌하다, 추상적인
* **abstraction** 관념, 추상적 개념, 발췌, 추출
concrete ① 콘크리트(를 바르다) ② 구체적인
* **con**(함께) + 라틴어 **cretus**(태어난, 발생한)→ 라틴어 **concretus**(합성된, 굳어진) → **concrete**

예문

There is no abstract art. Abstract painters must always start with something concrete.
추상예술이라는 것은 존재하지 않는다. 추상화가들은 항상 구체적인 무엇으로부터 출발해야 한다.
* 추상은 전체를 재현하는 것이 아니라 본질적 특성을 찾아내 그것을 표현하는 것이다. 표면적인 것의 배후에 숨어 있는 속성을 파악하라. 눈이 아니라 마음으로 보라. 예술작업에서 보다 높은 단계는 단순화다.

You should have to wait for the concrete to go hard.
콘크리트가 굳을 때까지 기다려야 해.

I have a hunch, but I don't have concrete evidence for his fraud.
나는 그의 사기에 관하여 대충 짐작하고 있지만 구체적 증거는 없다(심증은 있지만 물증이 없다).
* hunch 등을 구부리다, 예감 * have a hunch that ~라는 예감이 들다

What does it mean in concrete terms?
그것은 구체적으로 무엇을 의미하는가?

구문

- **abstract concepts** 추상적 개념
- **abstract idea** 추상적 사고
- **abstract paintings** 추상화
- **abstract expressionists** 추상적 표현주의 화가
- **color abstraction** 색채 추상화
- **water abstraction from rivers** 강물에서의 취수
- **modern abstraction** 현대 추상회화
- **with an air of abstraction** 멍하니, 망연자실하여
- **concrete paving** 콘크리트 포장
- **concrete block** 공사용 블록
- **reinforced concrete** 강화 콘크리트
- **ready mixed concrete** 레미콘
- **precast concrete**
  공장에서 미리 만들어 사용하는 조립용 콘크리트(PC)
- **a concrete jungle** 콘크리트 정글
- **concrete plan** 구체적 계획
- **in concrete terms** 구체적인 말로
- **concrete data** 구체적인 자료

73

apology, apologia, proactive

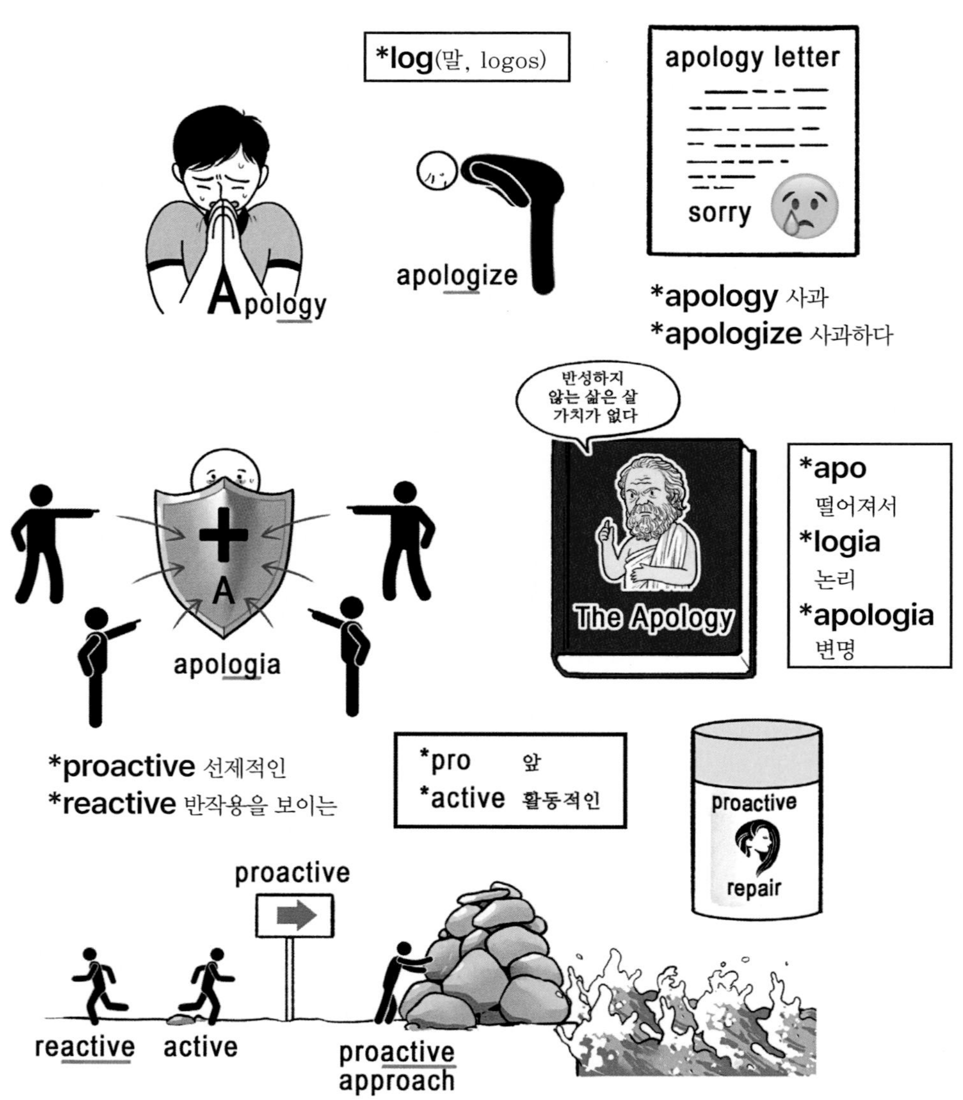

ROOT/STEM

apology 사과, 양해를 구하는 말
apologia 변명, 옹호(서)
* 그리스어 **apo**(떨어져서 **apart**) + **logos**(말, 이성) → **apology** 사과 * **apologize** 사과하다
* **apo**(떨어져서 **apart**) + **logia**(논리) → **apologia** (논리에서 벗어난) 변명, 옹호
* **apo**(떨어져서) + **gee**(땅) → **apogee** 정점, 절정, 원지점
* **perigee** (천체 궤도의) 근지점

예문

I truly apologize for having raised a stink. 소동(물의)을 일으킨 점에 대해 진심으로 사과드립니다.

It was a long-winded apologia. 그것은 장황한 변명이었다.

The artificial satellite is in an orbit which is 104km above the earth at perigee.
그 인공위성은 지구의 근지점에서 위로 104㎞ 떨어진 궤도에 있다.

The artificial satellite is in an orbit which is 320km above the earth at apogee.
그 인공위성은 지구의 원지점에서 위로 320㎞ 떨어진 제도에 있다.

구문

- **demand an apology** 사과를 요구하다
- **a letter of apology** 사과의 편지
- **an apologia for failure** 실패에 대한 변명
- **Nazi apologia** 나치 옹호
- **moon at the apogee** 정점(가장 먼 지점)에 있는 달
- **apogee in income** 수익의 정점
- **when the moon is at perigee**
  달이 지구와 가장 가까운 지점(근지점)에 있을 때

ROOT/STEM

proactive 상황을 앞서서 주도하는, 사전대책을 강구하는, 선제적인(예방의), 전향적인
* **pro**(앞에) + **active**(활동적, 능동적, 적극적인) → **proactive** 선제적인
* **reactive** (사후에) 반작용(반응)을 보이는, 수동적인

예문

The government needs to take proactive steps to ensure that the unemployment problems don't worsen. 정부는 실업문제가 악화되지 않도록 선제적 조치를 취할 필요가 있다.

Show me a more proactive attitude. 좀 더 전향적인 태도를 보여주세요.

Try to be proactive, not reactive. 상황에 반응하기보다 상황에 앞서서 선제적으로 행동해.

구문

- **proactive fiscal policy** 적극재정정책
- **proactive inhibition**
  순향 억제(미리 함으로서 방해를 받음)
- **a reactive strategy** 사후대응전략
- **reactive oxygen** 활성산소
- **reactive arthritis** 반응성 관절염
- **highly reactive** 상당히 민감한

74

mit, mission이 들어 있는 단어

ROOT/STEM

* 라틴어 **mittere**(보내다, 파견하다), 라틴어 **mission**(보냄, 파견)
* **trans**(횡단) + **mit**(보내다) → **transmit** ① 전송(송신)하다 ② (열, 전기, 소리) 전도하다
* **e**(밖으로 **ex**) + **mit**(보내다)→ **emit**(빛, 열, 가스 등을) 내뿜다
* **sub**(아래로) + **mit**(보내다) → ① (서류, 제안서 등을) 제출하다 ② 항복(굴복)하다
* **re**(다시, 회답으로) + **mit** → **remit** 송금하다, (부채, 의무, 처벌을) 면제해 주다. * **remittance** 송금, 송금액
* **transmission** 전송, 전달, 전염, 전파
* **emission**(빛, 열, 가스 등) 배출, 배출물
* **submission** ① 제출, 의견 개진 ② 항복, 굴복
* **mission** 임무, 사절단 * **missile** 미사일
* **missionary** (파견)선교사

예문

Don't transmit any images of her body.
그 여자의 신체 이미지를 전송하지 마라.

A lot of factories emit carbon dioxide into the air.
많은 공장이 대기에 이산화탄소를 내뿜는다.

I have to submit the report by next Friday.
나는 다음 주 금요일까지 보고서를 제출해야 한다.

North Korean people are forced to submit to the tyranny of the Kim Dynasty.
북한 사람들은 김씨 왕조의 압제에 복종하도록 강요받는다.

I will remit the money I owe you. 너에게 빚진 돈을 송금하겠다.

구문

- **transmit the files** 파일을 전송하다
- **transmit energy** 에너지를 전달하다
- **the radio transmit** 무선 송신
- **transmit the eating show** 먹방을 송출하다
- **transmit light** 빛을 투과시키다
- **transmit heat** 열을 전하다
- **a break in transmission** 송신 중단
- **the transmission of computer data** 컴퓨터 데이터 전송
- **exceed the emission standard** 배출기준을 초과하다
- **zero emission logistics** 탄소배출 없는 물류배송
- **absorb emissions** 매연을 흡수하다
- **the final date for the submission** 제출 마감일
- **remit a fine** 벌금을 면제해주다
- **overseas remittance** 해외송금
- **a mercy mission** 구호 임무
- **a reconnaissance mission** 정찰 임무
- **launch a missile** 미사일을 발사하다
- **intercept a missile** 미사일을 요격하다

75

lumin이 들어 있는 단어, absurd

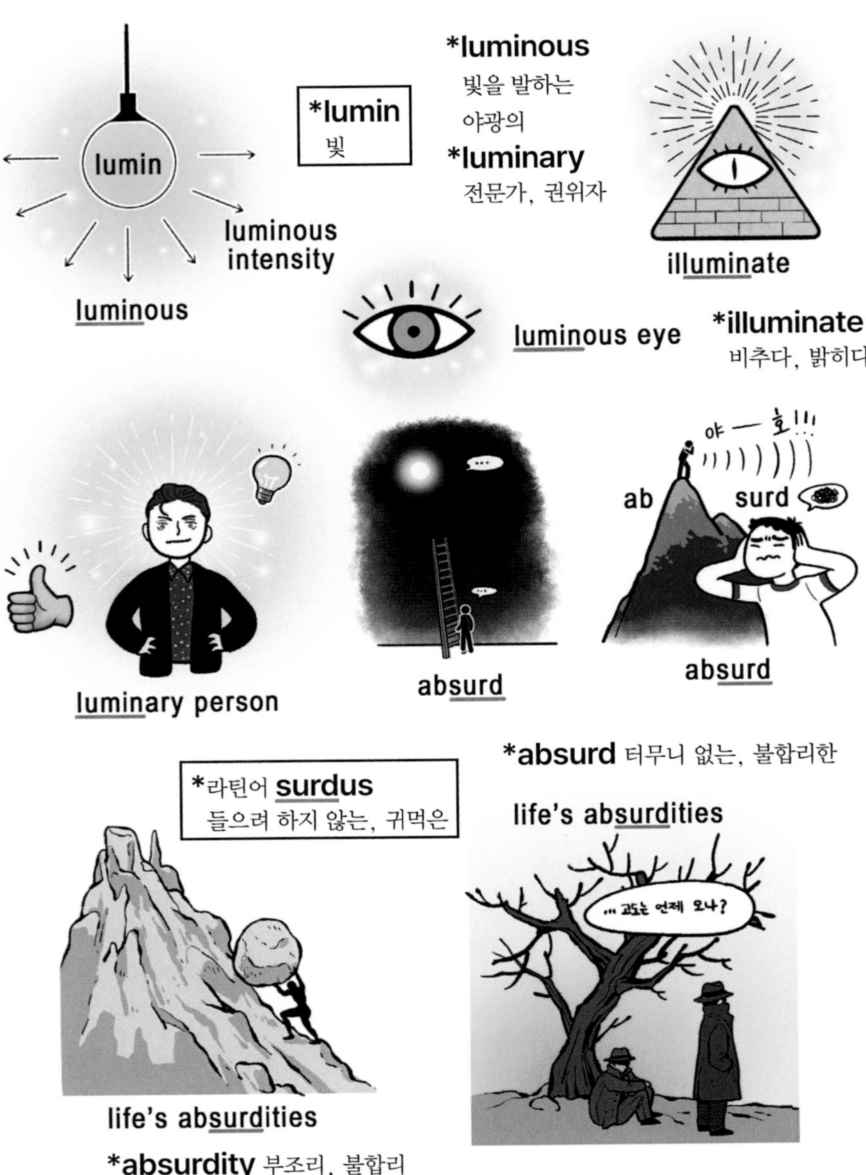

ROOT/STEM

lumin(빛)이 들어 있는 단어

* 라틴어 **luminare**(빛, 광원), 라틴어 **luminere**(비추다) → **lumin**은 빛과 관련이 있다.
* **luminous** 빛을 발하는, 야광의
* **luminance** 빛의 밝기
* **luminary** (특수 분야의) 전문가, 권위자
* **il**(안으로 **in**) + **lumin**(빛) + **ate**(접미사) → **illuminate** 비추다, 밝히다, 분명하게 하다
* **illumination** 조명, 장식용 전등
* **illuminating** 분명하게 하는, 이해를 돕는

예문

Professor Walter Mebane is a well-known luminary in the field of election fraud.
월터 메번 교수는 부정선거 분야에서 잘 알려진 권위자다.

Love illuminates life. 사랑은 인생을 빛나게 한다.

The study of the past helps to illuminate the present and the future.
과거에 관한 연구는 현재와 미래를 밝히는 데 도움이 된다.

Floodlights illuminated the soccer stadium. 투광조명등이 축구경기장을 비추고 있었다.

구문

- **stare with luminous eyes** 빛을 발하는 눈으로 응시하다
- **a luminous dial** 발광체 다이얼(문자반)
- **luminous hands on the clock** 시계의 야광 바늘
- **a luminous body** 발광체
- **illuminate obscurities** 모호한 부분을 분명하게 설명해주다
- **illuminate the street** 거리를 밝게 하다
- **illuminate the purpose of his study** 그의 연구 목적을 밝히다
- **illuminate night** 밤을 밝히다
- **reducing illumination at night** 야간조명감축
- **x-ray illumination** 엑스레이 조명

ROOT/STEM

absurd ① 우스꽝스러운, 터무니없는 ② 불합리한, 부조리한
* **ab**(떨어져서) + 라틴어 **surdus**(들으려 하지 않는, 귀먹은) → **absurd**
* **absurdity** 부조리, 불합리, 모순, 어리석은 일

예문

The idea seemed absurd. 그 생각은 황당해 보였다.

Whoever wishes to become a philosopher must learn not to be frightened by absurdities.
철학자가 되고 싶은 사람은 누구든지 부조리한 것에 놀라지 않는 법을 배워야 한다.

* 인간은 우주에서 삶의 목적과 의의를 찾으려고 하지만 인생에서 확실한 것은 죽음과 세금밖에 없다. 삶은 부조리하다. 모든 존재는 영원한 본질이 없고 인연에 의해 홀연히 나타났다가 덧없이 사라진다. 인간에게 영원한 만족을 주는 것은 없다. 그러나 무상의 진리를 인정하고 과정을 즐기는 삶을 받아들이면 인생은 부조리하지 않다.

In politics, an absurdity is not a handicap. 정치에서 부조리는 약점이 아니다.

Humor is our way of defending ourselves from life's absurdities by thinking absurdly about them. 유머는 삶의 부조리를 부조리하게 생각함으로써 부조리로부터 우리 자신을 보호하는 방법이다.

구문

- **look absurd** 우스꽝스러워 보이다
- **absurd idea** 얼토당토않은(말도 안 되는) 생각
- **make an absurd mistake** 어이없는 실수를 하다
- **an absurd excuse** 터무니없는 변명

76

conciliate, reconcile, irreconciliable

*concil은 결합시키는 것,
화해시키는 것과 관련이 있다

conciliate

reconcile

*conciliate 달래다, 회유하다
*conciliation 달램, 회유, 조정
*reconcile 조화(화해)시키다

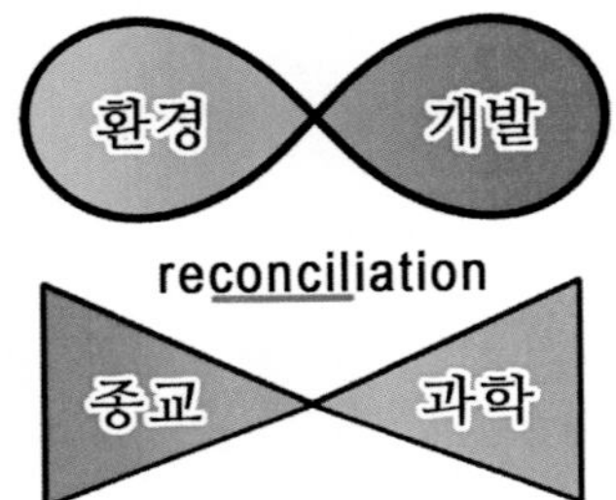

reconciliation

reconciliation

irreconciliable

*reconciliation
화해, 조화, 타협
*irreconcilable
양립(화해) 할 수 없는

ROOT/STEM

conciliate 달래다, 회유하다

* **con**(함께) + 라틴어 **ciliare**(모양체의) → 라틴어 **conciliare**(모으다, 결합시키다, 화해시키다)

→ **conciliate** 달래다, 회유하다

* **conciliation** 달램, 위로, 회유, 조정, 화해

* **conciliatory** 달래는, 회유하기 위한

* **conciliator** 조정자

* **re**(다시, 강조) + **conciliate**(달래다, 회유하다)

→ **reconcile(=reconciliate)** 조화시키다, 화해시키다, 체념하고 받아들이다

* **irreconcilable** 양립(화해, 해소)할 수 없는

* **reconciliation** ① 화해, 조화 ② 일치, 타협 ③ 복종, 체념, 귀의

예문

He tried to conciliate me with a gift.
그는 선물로 나를 달래려고 했다.

Reconcile your statement and conduct.
언행을 일치시켜라.

I am in no mood for reconciliation with her.
나는 그여자와 화해할 생각이 없어.

Envy is more irreconcilable than hatred.
질투는 증오보다 화해하기 어렵다.

The view is inreconcilable with common sense.
그 견해는 일반상식과 부합하지 않는다.

구문

- **conciliate the critics** 비판자들을 회유하다
- **conciliate her** 그녀를 달래다
- **the conciliatory mood** 화해분위기
- **a conciliatory gesture** 화해 제스처, 유화책
- **offer a conciliatory speech** 화해의 연설을 하다
- **the conciliation act** 노동쟁의 조정법
- **the conciliation of labor and industry** 노사 간의 조정
- **conciliation process** 조정 절정
- **reconcile a dispute** 논쟁을 조정하다
- **reconcile accounts** 수지결산을 맞추다
- **reconcile the two stances** 두 가지 입장을 조화시키다
- **reconcile oneself to the state** 그 상태를 (인정하고) 받아들이다
- **abandon hope of any reconciliation** 화해에 대한 희망을 버리다
- **the reconciliation between environment and development** 환경과 개발 사이의 조화
- **ask for a reconciliation** 화해를 요청하다

77

seduce, sever, severance, herald

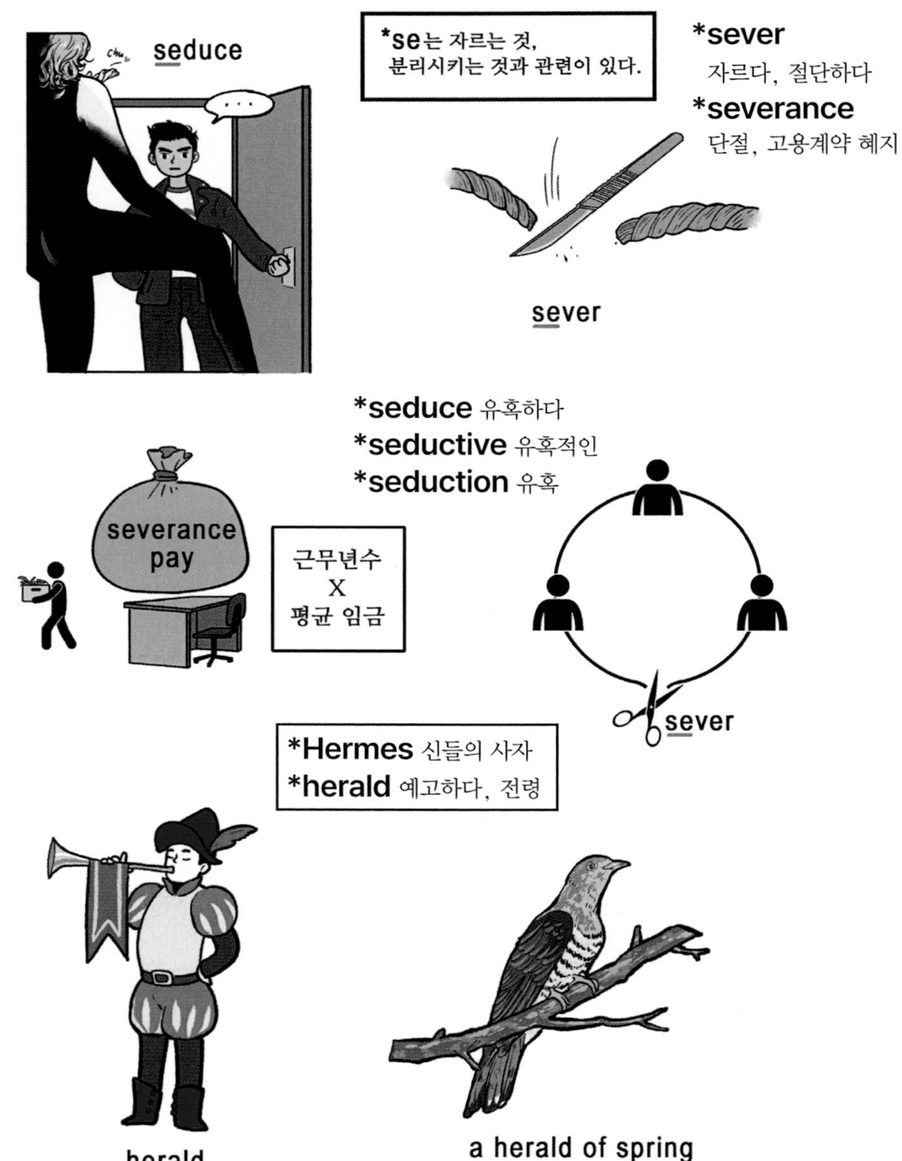

ROOT/STEM

seduce (감언이설로) 유혹하다, 꾀다
* **se**는 분리를 나타낸다 → **sever** 자르다, 절단하다 * **several** 몇 개의
* **severance** 단절, 고용계약 해지, 해고
* **se**(분리) + 라틴어 **ducere**(끌다) → 라틴어 **seducere**(따로 끌어내다, 따로 불러내다) → **seduce** 유혹하다
* **seductive** 유혹적인, 마음을 끄는 * **seduction** 유혹, 매혹

예문

Dont seduce a pure girl with sweet talks! 순진한 소녀를 달콤한 말로 유혹하지마!

Seoul is a seductive city. 서울은 매력적인 도시이다.

He severed the link between you and me. 그는 너와 나 사이의 연결고리를 끊었다.

구문

- **seduce runaway youths** 가출 청소년들을 유혹하다
- **seduce people into spending money** 사람들을 현혹시켜 돈을 쓰게 만들다
- **seduce him out of the right way** 그를 유혹하여 정도를 벗어나게 하다.
- **be taken in by seductive words** 달콤한 말에 현혹되다
- **seductive titles** 마음이 끌리는 표제
- **seduction to vice** 악으로의 유혹
- **escape from seduction** 유혹에서 빠져나오다
- **a sense of severance** 단절된 느낌
- **the severance of diplomatic relations** 외교관계 단절
- **sevarance pay** 퇴직금, 해직수당
- **the notice of severance** 고용계약 해지통보

ROOT/STEM

herald ① 예고하다, 알리다 ② 전조, 전령
* **Hermes** 헤르메스(신들의 전령) → **herald** 예고하다, 전령

예문

The cuckoo is a herald of spring. 뻐꾸기는 봄의 전령이다.

Destiny does not send us heralds. 운명은 우리에게 사자(使者)를 보내지 않는다.

Time is the herald of truth. 시간은 진실의 전령이다.
* 다수를 잠시 속일 수는 있지만 모두를 영원히 속일 수는 없다.

Silence is the perfect herald of joy. 침묵은 기쁨을 전하는 최고의 전령이다.
* 침묵도 의사소통의 수단이다.
언어는 일종의 기호로서 사물을 정확하고 명료하게 표현하는 듯 하나 사실은 지극히 한정된 것을 표현할 수 있을 뿐이다. 언어는 불완전하기 때문에 우리는 매일 아름다운 것을 볼 때 "말로 표현할 수 없을 만큼 아름답다"라고 말한다. 이심전심, 염화미소 등은 침묵이나 미소가 표현된 언어보다 훨씬 더 넓고 깊은 의미를 전달할 수 있음을 보여준다.

구문

- **the herald of economic recovery** 경기회복의 전조
- **herald a new era** 새로운 시대의 도래를 알리다
- **herald the end** 종말을 예고하다
- **herald the coming of spring** 봄이 오는 것을 알리다

78

captive, capture, captivate, evacuate

*capt는 잡는 것과 관련이 있다

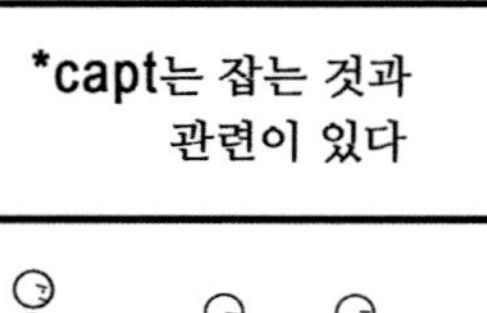

captive

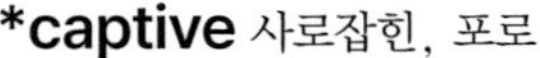

*captive 사로잡힌, 포로

*captivate 마음을 사로잡다

*capture 생포하다

screen capture

capture the moment

captivated

captivated my ears

evacuated container

*vacu는 비우는 것과 관련이 있다

*vacuous 공허한

*vacuum 진공

*evacuate 대피하다, 비우다

evacuate people

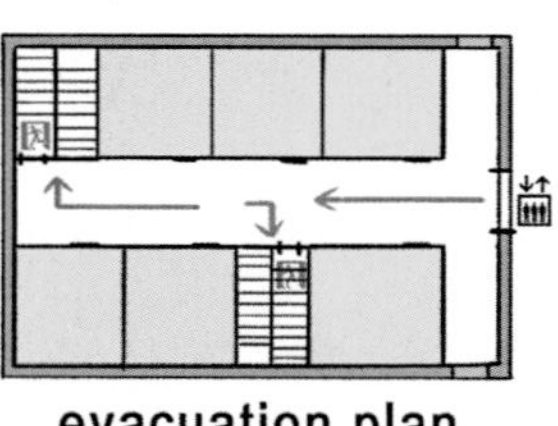

evacuation plan

*evacuation 대피, 피난, 비우기

evacuation of patients

ROOT/STEM

captive ① 사로잡힌, 우리에 갇힌, 억류된 ② 포로
* 라틴어 **captura**(포획, 붙잡음, 체포, 잡힌 것, 노획물)
→ **captive, captivate, capture**
* **captivate** 마음을 사로잡다, 매혹하다 * **capture** 생포, 포획, 구금, 억류(하다)

예문

We are all captives of image. 우리는 모두 이미지의 포로들이다.

* 이미지는 실체가 아니다. 그것은 현실을 제대로 반영하지 않는 가상의 실재이지만 진짜처럼 느껴지기 때문에 인간의 현실을 지배한다. 우리가 보고 있는 것은 실제가 아니라 미디어와 권력의 조작에 의해 만들어진 가짜 이미지일 수도 있다. 우리는 이미지의 가상성을 파악하고 그에 매몰되지 않도록 해야 한다. "친절한 금자씨", "인권 대통령" 이런 것들은 모두 이미지 메이킹에 의한 가짜 이미지일 수도 있다.

He became a captive to her beauty. 그는 그녀의 미모에 사로잡혔다.

He was captivated by her beauty. 그는 그녀의 미모에 매료되었다.

구문

- **a captive audience** 꼼짝없이 있을 수밖에 없는 청중
- **become a captive** 포로가 되다
- **captivate the audience** 관객을 사로잡다
- **captivate my ears** 내 귀를 사로잡다
- **captivate one' spirit** ~의 영혼을 사로잡다
- **captivate people into spending money** 돈을 쓰게 만들다
- **evade capture** 체포를 모면하다
- **capture the essence** 정수를 포착하다
- **capture the overseas markets** 해외 시장을 확보하다
- **data capture** 데이터 수집
- **capture the scene** 그 장면을 포착하다
- **capture the fortress** 요새를 점령하다

ROOT/STEM

evacuate ① 대피하다, 피난하다, 떠나다, 비우다, ② 대피(소개, 후송)시키다
* 라틴어 **vacuus**(비어 있는)→ **vacuous** 공허한, 무의미한, 얼빠진
* **vacuum** 진공, 공백
* **e**(**ex** 밖으로) + **vacu**(비어 있는) + **ate**(접미사) → **evacuate** 대피하다, 대피시키다

예문

Ambulances evacuated the wounded. 앰뷸런스들이 부상자들을 밖으로 실어 날랐다.

Check the emergency evacuation plan before getting in. 들어가기 전에 비상대피 안내도를 확인하세요.

구문

- **evacuate a position** 진지에서 철수하다
- **evacuate excrement** 배설물을 비우다
- **use the stairs to evacuate** 층계를 이용해 대피하다
- **evacuate dwellers** 거주자들을 대피시키다
- **evacuate one's home** 집밖으로 대피하다(집을 비우다)
- **evacuation areas** 소개 지역
- **evacuation hospital** 후송병원
- **evacuation of patients** 환자 후송
- **evacuation plan** 대피안내도
- **evacuation drill** 대피훈련
- **vacuous look** 멍청한 표정
- **the vacuous face** 공허한 얼굴
- **vacuum cleaners** 진공청소기

79

theism이 들어 있는 단어

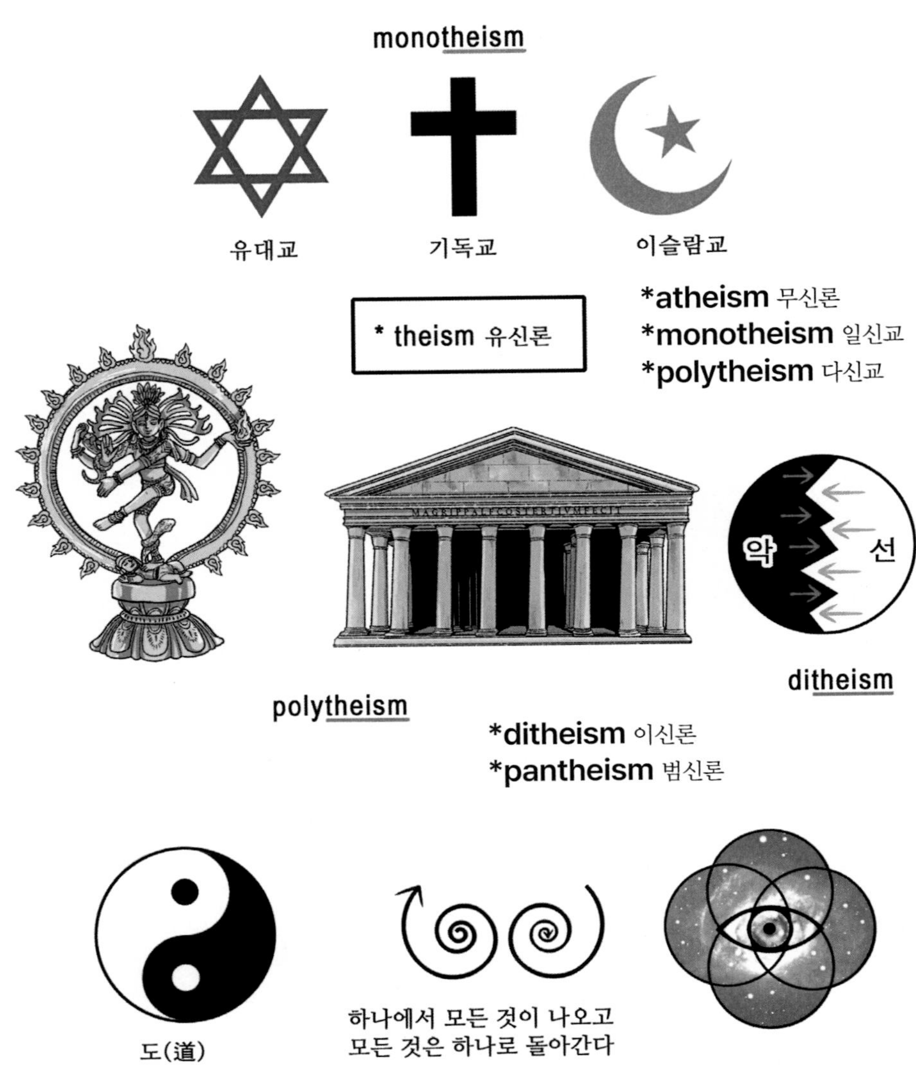

도(道)

하나에서 모든 것이 나오고
모든 것은 하나로 돌아간다

pantheism

ROOT/STEM

theism 유신론

* 그리스어 **theos**(신) + 접미사 **ism** (주의, 믿음) → **theism** 유신론
* **a**(부정) + **theism**(유신론) → **atheism** 무신론 * **atheist** 무신론자
* **mono**(단일의) + **theism**(유신론)→ **monotheism** 일신교, 유일신 사상 * **monotheist** 일신교도
* **poly**(여러 개의) + **theism**(유신론)→ **polytheism** 다신교, 다신론 * **polytheistic** 다신교의
* **pan**(전체의) + **theism**(유신론) → **pantheism** 범신론
* **di**(분리) + **theism**(유신론) → **ditheism** 이신론(二神論), 이신교

예문

Monotheism is the worship of a single God of the universe.
일신론은 우주의 유일신을 숭배하는 것이다.

Monotheism is more exclusive than polytheism. 일신교는 다신교보다 배타적이다.

* 일신교가 문명적인 종교이고 다신교가 무지하고 유치한 우상숭배라는 생각은 편견이다.
다신교에서 우주의 변화는 다양한 신의 지배 아래에 있고 우주를 관장하는 단일한 힘이나 법칙의 존재는 부정된다. 최고 권력인 운명의 신은 사심과 편견이 없는 무심한 존재다. 다신교는 이단, 이교도를 처형하는 일이 드물고 타인을 개종시키려는 노력을 하지 않는다. 다신교를 믿는 사람들은 인간이 세상에 살고 있는 수많은 존재 중 하나로서, 다양한 존재들의 관점과 이익을 고려해야 한다고 생각하고 자연을 존중한다. 일신교에서는 유일신이 이 세상을 창조하였고 인간은 창조의 정점에 있는 존재로서 자연을 지배할 수 있다. 창조주 유일신에 대해서는 복종과 찬양만 허용될 뿐 비판은 허용되지 않는다. 일신교는 배타적이고 이교도는 개종이 강요되거나 처형되기도 한다. 세상에 존재하는 모든 다양한 존재들의 관점과 이익을 고려한다는 점에서는 다신교가 일신교보다 더 관용적이다.

Chaos is the fundamental fact in polytheism.
혼돈은 다신교에서 근본적인 사실이다.

* 세상은 질서정연한 코스모스가 아니라 여러 힘들이 상충하는 복잡하고 예측 불가능한 카오스이다. 다신교는 세상의 무질서, 혼돈을 설명하기 쉽다.

Polytheism is the belief in many gods.
다신교는 여러 신에 대한 믿음이다.

Socrates was accused of atheism.
소크라테스는 무신론자로 고발되었다.

Pantheism is the belief that God and the world are one.
범신론은 신과 세계가 하나라는 믿음이다.

* 범신론에서는 존재하는 모든 것은 신의 모습이 발현된 것이라고 한다.

Ditheism is the belief that the world is a battlefield of a God and a bad God.
이신론은 세상은 선한 신과 악한 신의 전쟁터라는 믿음이다.

* 이신론(二神論)에서 악한 신은 선한 신에 의해 창조되거나 선한 신에 종속되는 존재가 아니라 독립적 존재로서 선한 신과 대등한 힘을 가지고 있기 때문에 인간은 선한 신의 편에 서야 한다고 한다.

80

molar, immolate, wedge

ROOT/STEM

molar 어금니

* **mola**는 빻는 것, 가루로 만드는 것(죽이는 것)과 관련이 있다.

* 라틴어 **mola**(맷돌, 제분기) → 라틴어 **molare**(맷돌로 갈다, 빻다) → **molar** 어금니

* **im**(**in**안으로) + 라틴어 **molare**(맷돌로 갈다, 곡식을 빻다)
→ 라틴어 **immolare**(희생동물에 소금 섞은 밀가루를 뿌리다, 동물을 잡아 제물로 바치다) → **immolate** 불태워 죽이다, 희생제물로 하다

* **immolation** 제물로 바침, 희생, 분신

예문

The dentist took a bad molar out of my mouth. 치과의사는 내입에서 썩은 어금니를 뽑았다.

He poured gasoline on himself and tried to immolate himself.
그는 자기 몸에 휘발유를 붓고 분신을 시도했다.

Hunger strikes and self-immolation protests were the desperate attempt to save their honor.
단식투쟁과 분신자살은 그들의 명예를 지키기 위한 필사적인 시도였다.

구문

- **an infected molar** 어금니 충치
- **back molar teeth** 뒤쪽 어금니
- **immolate oneself** 자신을 불태우다
- **immolate the city** 도시를 불태우다
- **self-immolated protest** 분신 시위
- **immolate a criminal** 범죄자를 불태우다
- **commit suicide by self-immolation as a political protest** 정치적 항의로 분신자살하다
- **attempt self-immolation** 분신자살을 기도하다

ROOT/STEM

wedge 좁은 틈 사이에 끼워 넣다, 쐐기(를 박다)
wedged 쐐기 모양의, 박혀서 꼼짝 않는
wedge issue 분열쟁점, 이간책

예문

I secured it by hammering the wedge into the crack. 그는 틈새에 쐐기를 박아서 고정시켰다.

I wedged myself into the crowd. 나는 군중 속을 비집고 들어갔다.

Feminism has been a wedge issue in recent elections.
페미니즘은 최근 선거에서 의견이 갈리는 쟁점이 되어 왔다.

구문

- **wedge the door open** 문을 닫히지 않게 고정해두다
- **drive a wedge between the couple**
그 커플을 이간질 시키다.
- **wedge oneself into other people's conversation**
남의 대화에 끼어들다
- **use gay marriage as a wedge issue**
동성애자 결혼을 이간책으로 이용하다
- **be wedged between the rocks**
바위틈 사이에 끼어 있다
- **wedge the door with a piece of wood**
나무 조각으로 문을 고정시키다
- **wedge one's way through the crowd**
군중 속을 헤치고 나아가다

81

encumber, feign, feint

ROOT/STEM

encumber 지장을 주다, 방해하다, 거추장스럽게 하다
* 구 프랑스어 **combre**(뾰족한 나무로 만든 방어벽, 울타리)→ **cumber** 방해, 장애물
* **en(make) + cumber**(방해, 장애물) → **encumber** 지장을 주다, 방해하다
* **encumbrance** 지장, 짐, 저당채무
* **unencumbered** 방해물이 없는, 부채가 없는

예문

His sandbag encumbered him while running. 그의 모래주머니가 뛰는 데 방해가 되었다.
He is encumbered with heavy debt. 그는 많은 빚을 지고 있다.
The house is encumbered with the mortgage. 그 집은 대출로 저당잡혀 있다.
The view is encumbered by the building. 그 건물 때문에 시야가 방해받는다.

구문

- **encumber you** 너에게 짐이 된다
- **encumber the economy** 경제에 부담을 주다
- **encumbered estate** 저당잡힌 부동산
- **be an encumbrance to you** 너에게 짐이 되다
- **a useless encumbrance** 쓸모없는 방해물
- **eternal encumbrance** 평생의 짐(자식)
- **unencumbered assets** 부채가 없는 자산
- **unencumbered life** 방해받지 않는 인생

ROOT/STEM

feign 가장하다, 거짓으로 꾸미다, ~인 척하다
* **feign** 가장하다 → **feint** 상대방을 속이는 동작(을 취하다)

예문

He feigned illness because he didn't want to go to work. 그는 일하러 가기 싫어서 꾀병을 부렸다.
He feinted to shoot the ball and then passed it to his teammate.
그는 공으로 슛을 쏘는 척 하면서 동료에게 패스하였다.

구문

- **feign sleep** 자는 척하다
- **feign death** 죽은 척하다
- **feign indifference** 무관심한 척하다
- **feign ignorance** 모르는 체하다
- **feign an excuse** 구실을 꾸미다
- **feign madness** 미친 척하다
- **feign one's voice** ~의 목소리를 가장하다
- **by way of feint** 속이는 동작으로
- **feign with the right hand and strike with the left**
  오른손으로 치는 척하면서 왼손으로 치다
- **feint motion** (스포츠) 속이는 동작
- **divert attention by a feint attack**
  속임수 공격으로 주의를 딴 데로 돌리다

82

mortal, immortal, mortgage, engage

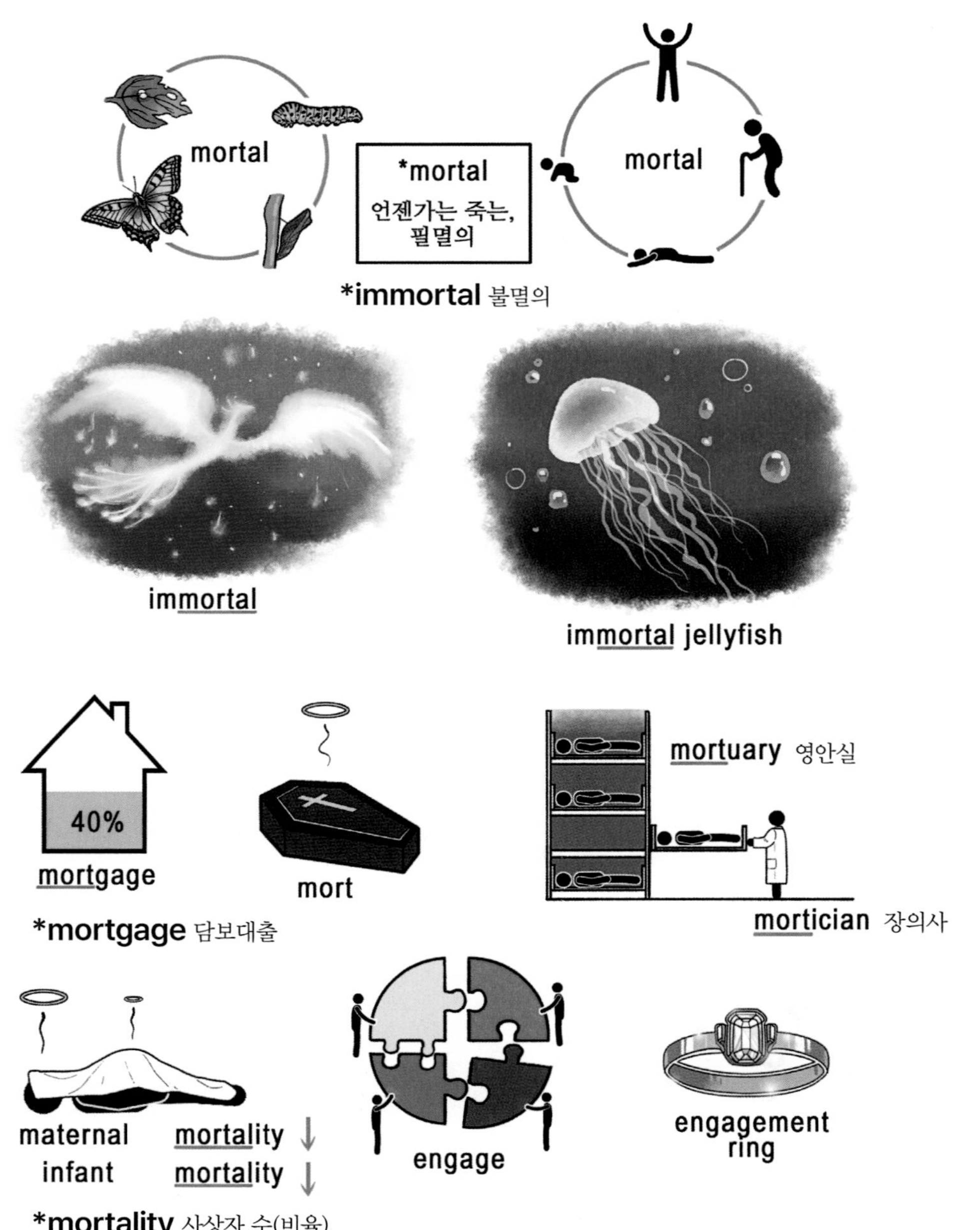

ROOT/STEM

mortal ① 영원히 살 수는 없는 ② 언젠가는 반드시 죽는 (존재) ③ 절대적인
* **mort**(죽음, **Old French**) → **mortal** 언젠가 죽는, **immortal** 불멸의
* **mortality** 죽음을 피할 수 없음, 사상자 수, 사상률 * **immortality** 불멸, 불멸의 존재(신)
* **mortician** 장의사 * **mortuary** 영안실, 장의실
engage ① 관계를 맺다, 끌어들이다, 참여하다(시키다)
② 연루되다, 연루시키다(~**with**) ③ 교전하다
→ **engagement** 약혼, 약속, 교전
* **mort**(죽음) + **engage**(관계를 맺다) → **mortgage** 담보대출, 저당잡히다

예문

Our mortal journey is over all too soon. 죽음을 향해가는 우리의 여행은 너무 빨리 끝난다

* 언젠가는 죽을 수 밖에 없다는 삶의 유한성에 대한 자각은 인생을 가치있게 살도록 한다. 모든 것은 끝이 있을 때 소중하고 아름다운 것이며 삶이 무한하다면 인생은 소중하지도 아름답지도 않을 것이다.

Be sure that it is not you that is mortal, but only your body.
죽는 것은 네가 아니라 네 몸일 뿐이다. - 키케로

The soul is immortal. 영혼은 불멸이다.

He continued to engage in the projects. 그는 계속 그 프로젝트에 관여했다.

He paid off his mortgage after ten years. 그는 10년 후 담보대출금을 다 갚았다.

Infant mortality is high in Mozambique. 모잠비크에서는 영아 사망률이 높다.

구문

- **be in mortal danger** 심각한 위험에 처해있다
- **mortal combat** 목숨을 건 전투
- **suffer a mortal blow** 치명적 타격을 입다
- **the solitary mortal** 고독한 인간
- **mortal wants** 인간으로서 원하는 것들
- **heaven's gift to mortals** 신이 인간에게 준 선물
- **the immortal words** 불후의 명언들
- **an immortal classic** 불후의 명작
- **mortality accident** 사망사고
- **maternal mortality** 산모 사망률
- **mortality from lung cancer** 폐암으로 인한 사망자 수
- **infant mortality** 영, 유아 사망률
- **escape mortality** 죽음을 면하다
- **reduce mortality** 치사율을 줄이다
- **immortality of the soul** 영혼불멸
- **a mortician joke** 장의사 농담
- **a mortuary tablet** 위패
- **mortgage(loan) payments** 담보대출금 상환
- **apply for a mortgage** 담보대출을 신청하다
- **engage the enemy** 적과 교전하다
- **engagement ring** 약혼반지
- **engagement area** 교전지역
- **a prior engagement** 선약

83 merit, meritorious, meritocracy, meretricious, prostitute

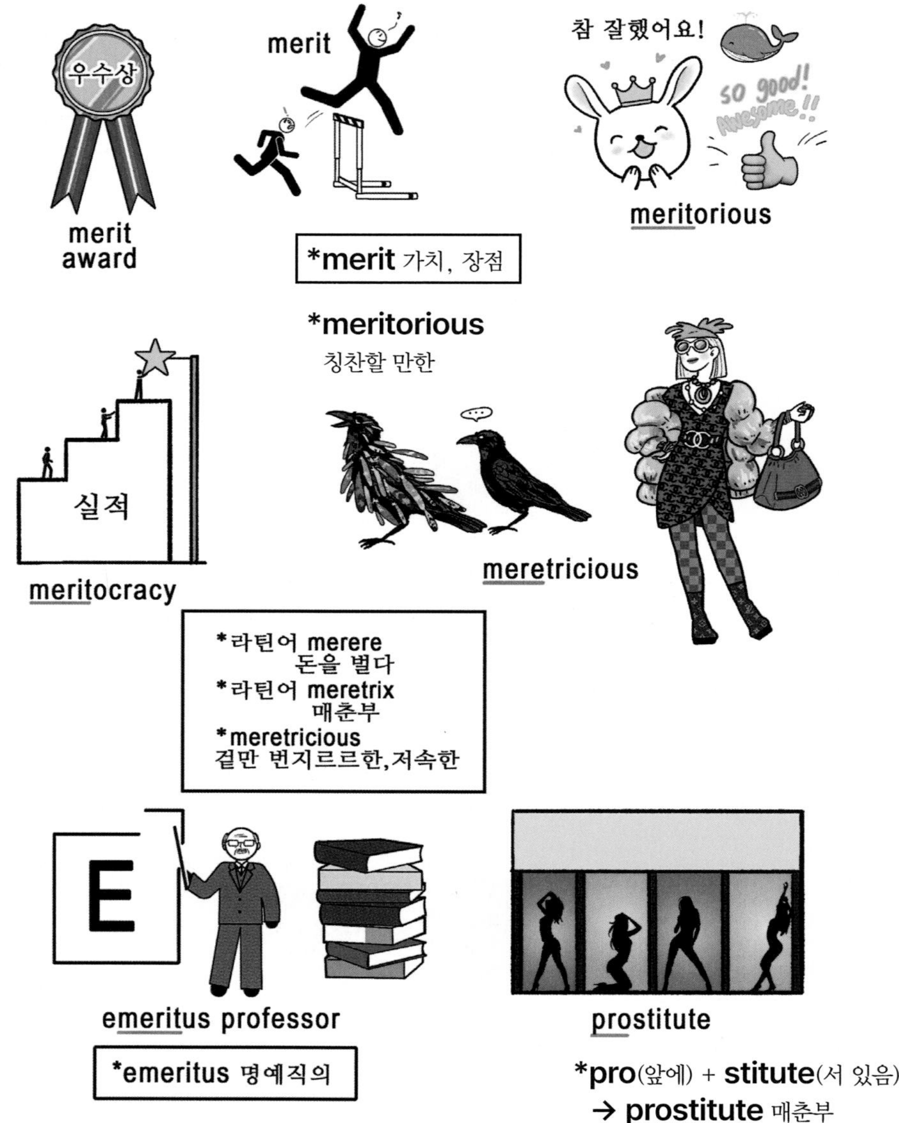

ROOT/STEM

merit 장점, 가치
* 라틴어 **merere**(돈을 벌다, 보수를 받다, ~할 만한 자격이 있다),
* 라틴어 **meritum**(보수, 공로, 공훈) → **merit**
* 남자가 돈을 벌면 장점이 되고, 칭찬받을 만하다 → **merit** 장점
* **meritorious** 칭찬할 만한 * **meritocracy** 실력주의, 능력주의
* 라틴어 **merere**(돈을 벌다) + 라틴어(**trix** 여성접미사) → 라틴어 **meretrix**(매춘부)
* **meretricious** ① 겉만 번지르르한, 겉치레뿐인 ② 요란스러운, 저속한, 천박한 -남자가 돈을 벌면 장점이고 여자가 돈을 벌면 매춘부처럼 겉만 번지르르하고 천박하다는 성차별적 역사가 반영되어 있는 언어
* **emeritus** 명예직의(이미 돈을 벌고 나서 퇴직 후에 명예로 하는)

예문

It is a work of great artistic merit. 그것은 대단한 예술적 가치가 있는 작품이다.

He got an award for meritorious actions. 그는 칭찬할 만한 행동으로 상을 받았다.

It is inevitable that meritocracy deepens inequality between the elite and the common people.
능력주의가 엘리트와 보통 사람들 사이의 불평등을 심화시키는 것은 불가피한 일이다.

구문

- **meritorious service** 칭찬할 만한 봉사
- **meretorious deed** 공적, 공훈
- **meritocracy trap** 능력주의의 함정
- **a classless meritocracy** 계급 없는 실력주의(사회)
- **meretricious ornament** 겉만 번지르르한 (저속한) 장식
- **meretricious politeness** 허식적 예의
- **an emeritus professor** 명예교수
- **be based on merit** 실적에 근거한
- **mertit system** 실력 본위제도, 실적제
- **get the job on merit** 실력으로 취업하다
- **certificate of merit** 훈장

ROOT/STEM

prostitute 매춘부(로 일하다), 돈을 벌기 위해 재주를 팔다
* **pro**(앞에) + 라틴어 **stitutio**(서 있음) → 라틴어 **prostitutio**(매춘)
→ **prostitute** 매춘부 * **prostitution** 매춘, 재능을 팜

예문

He is an intellectual prostitute. 그는 지적 매춘부(이익을 위해 권력의 비위를 맞추는 어용지식인)이다.

Prostitution is taking place secretly. 성매매가 음성적으로 이루어지고 있다.

구문

- **prostitute oneself to the enemy** 돈을 받고 적을 위해 일하다
- **prostitute one's pen** 이익을 위해 글을 팔아먹다
- **become a prostitute** 매춘부가 되다
- **child prostitution** 아동 매춘
- **stamp out prostitution** 윤락행위를 근절하다
- **prostitution of learning** 곡학(曲學)
- **Prostitution Act** 성매매특별법

84

execute, executive, appease

*excute
처형하다
실행하다

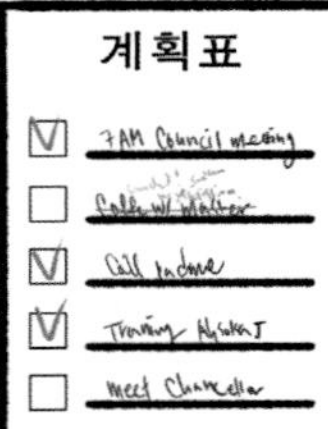

execute
a plan

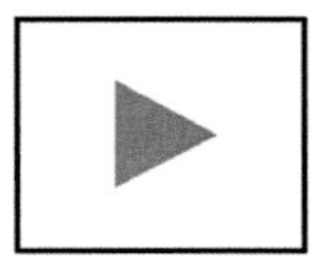

execution

execution
by hanging

executive
meeting

*execution
실행, 처형

*pease
=
peace
평화

appease

appeasement
policy

*appease
유화정책을 쓰다,
달래다
*appeasement
유화정책

ROOT/STEM

execute 처형하다, 실행(수행)하다, 해내다
* 라틴어 **sequi**(따라가다, 뒤쫓다) → **secu**
* **ex**(밖으로) + **secu**(따라가다) + **te** → **excute** 처형하다, 실행하다
* **execution** 처형, 사형 집행, 실행, 수행 * **executioner** 사형집행인
* **executive** ① 경영(운영)의 ② 행정(집행)의 ③ 임원, 경영자 * **executives** 경영진,임원

예문

Laws too gentle are seldom obeyed; too severe, seldom executed.
지나치게 관대한 법은 지켜지는 일이 드물고 지나치게 엄격한 법은 시행되는 일이 드물다. - 벤자민 프랭클린

A good plan, executed now, is better than a great plan excuted next week.
지금 실행되는 괜찮은 계획이 다음 주의 멋진 계획보다 낫다(시장할 때 한 끼가 성찬보다 낫다).

구문

- **execute a plan** 계획을 실행하다
- **execute a deed** 증서를 작성하다
- **the execution of one's duty** ~의 의무(임무) 수행
- **grant a stay of execution** 형 집행 정지를 내리다
- **execution by hanging** 교수형
- **a public execution** 공개처형
- **the chief executive** 최고경영자
- **the union's executive** 노조 집행부
- **an account executive** 재무 이사
- **an executive order** 행정명령

ROOT/STEM

appease 달래다, 진정시키다, 요구를 들어주다, 유화정책을 쓰다
ap(**ad ~** 쪽으로) + **pease**(평화 **peace**) → **appease** 달래다, 유화정책을 쓰다
* **appeasement** ① 달램, 진정, 완화, 양보 ② 유화정책

예문

You should not appease caution even for a moment.
너는 잠시도 경계를 늦추어서는 안 된다.

Appeasement signifies subjection.
유화정책은 복종(종속)을 의미한다.

구문

- **appease a crying child** 우는 아이를 달래다
- **appease critics** 비판자들을 달래다
- **appease one's hunger** 시장기를 달래다, 허기를 채우다
- **appease the souls** 넋을 달래다
- **appease her with a gift** 선물로 그녀를 달래다
- **an appeasement policy** 유화정책

85

resilient, decent, indulgent

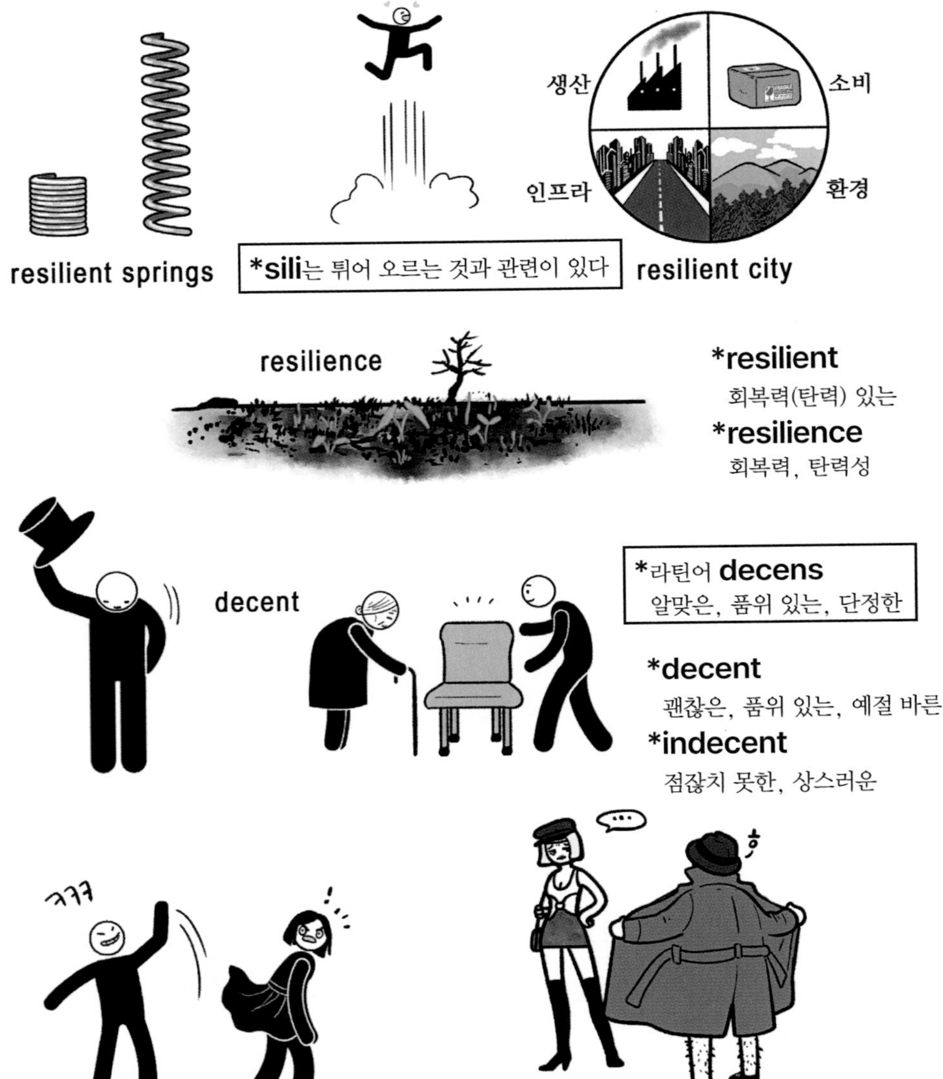

ROOT/STEM

resilient (충격, 부상 등으로부터) 회복력 있는, 탄력 있는
* 라틴어 **salire**(껑충 뛰다, 도약하다) → 라틴어 **resilire**(다시 뛰어들다) → 영어 **resilient** 회복력 있는, 탄력 있는
* **resilience** 회복력, 탄력성

예문

Young people are amazingly resilient.
젊은이들은 놀라울 정도로 회복력이 있다.

Rubber and steel springs are resilient.
고무와 강철 스프링은 회복탄력성이 있다.

Korea has shown resilience during the pandemic.
한국은 팬데믹 상황에서 회복탄력성을 보여주었다.

구문

- **resilient against fire** 화재에도 원상복구가 가능한
- **a resilient economy** 회복세를 보이고 있는 경제
- **climate resilience** 기후 복원력
- **the resilience to bounce back** 회복할 수 있는 탄성

ROOT/STEM

decent ① (수준, 벌이가) 괜찮은 ② 품위 있는, 예절 바른 ③ (상황에) 적절한, 온당한
* 라틴어 **decet**(알맞다, 어울리다, 괜찮다), 라틴어 **decens**(알맞은, 어울리는, 품위 있는, 단정한) → **decent**
* **decency** 체면, 품위, 예절
* **indecent** 외설적인, 노출이 심한, 적절하지(점잖지) 못한, 상스러운

예문

Run around with decent folk and your own decent instinct will be strengthened.
품위 있고 예절 바른 사람들과 교제하라. 그러면 당신의 좋은 천성이 강화된다.

Have you no sense of decency?
너는 체면도 없어?

He was arrested for indecent exposure.
그는 외설적 노출(성기 노출)로 체포되었다

구문

- **have the decency to apologize** 사과할 정도의 체면이 있다
- **a rag of decency** 한 조각 체면
- **common decency** 통상적인 예절
- **indecent exposure** 외설적 노출, 성기 노출
- **indecent assault** 성추행
- **with indecent haste** 무례할 정도로 성급하게
- **an indecent joke** 외설적 (야한) 농담

86

moral, morale, infest

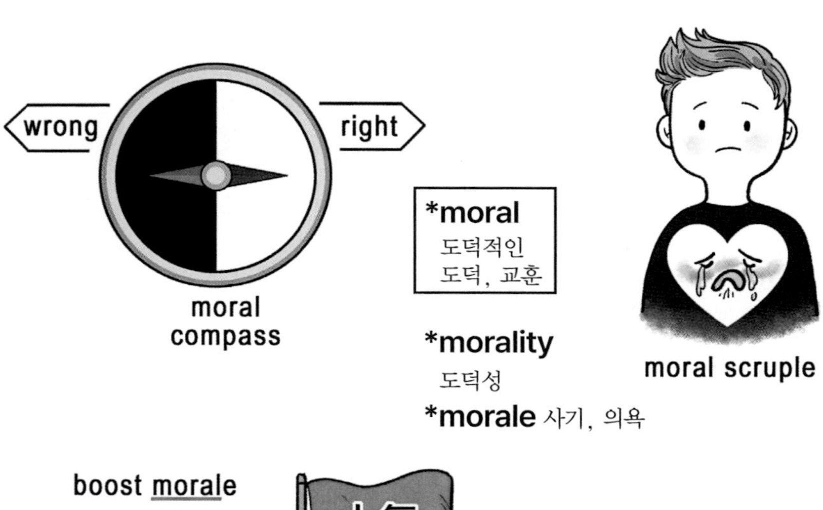

*moral
도덕적인
도덕, 교훈

*morality
도덕성

*morale 사기, 의욕

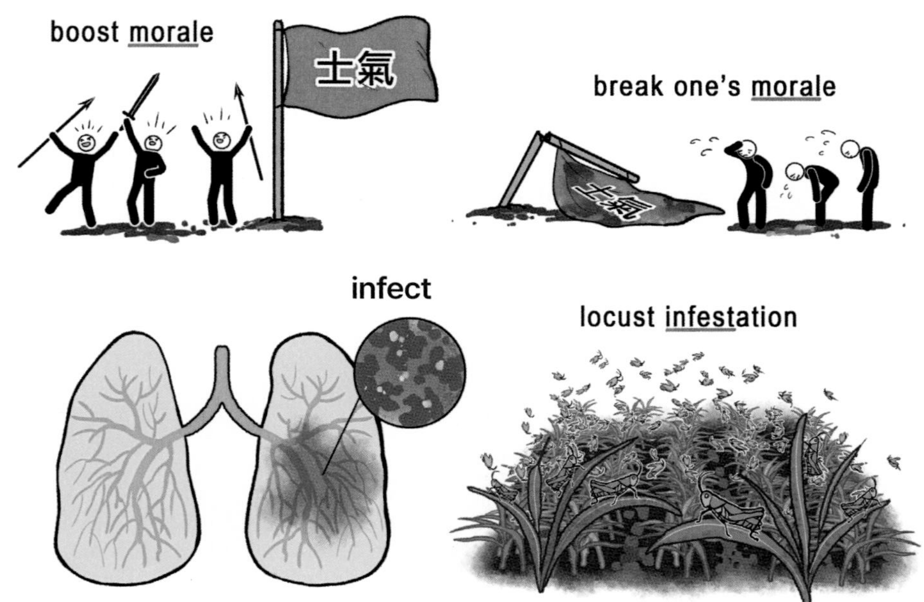

*infest는 떼지어 공격하는 것과 관련이 있다
*infect 감염시키다

*infestation
들끓음, 침투, 습격

ROOT/STEM

moral 도덕적인, 도덕, 교훈
* **moral → morality** 도덕, 도덕성 * **moralist** 도덕주의자
* **moral → morale** 사기, 의욕
사기, 의욕은 도덕성에서 나온다. 도덕적이지 않고 정당성이 없는 전쟁에서는 군인의 사기도 떨어진다

예문

No moral system can rest solely on authority. 권위에만 의존하는 도덕체계는 없다.

Truth is the basis of moral authority. 진실은 도덕적 권위의 바탕이다.

A win is always good for morale. 승리는 언제나 사기를 높인다.

구문

- **moral hazard** 도덕적 위험(해이)
- **moral majority** 도덕적 다수
- **lead a moral life** 도덕적 삶을 살다
- **moral scruple** 도덕적 가책(양심의 가책)
- **standards of morality** 도덕의 수준
- **affect the morale** 사기에 영향을 끼치다
- **boost morale** 사기를 진작시키다
- **undermine morale** 사기를 꺾다
- **raise**(lift) **the morale of troops** 군대의 사기를 진작시키다
- **shatter the enemy's morale** 적의 사기를 산산이 부수다
- **suffer from low morale** 사기 저하에 시달리다
- **break one's morale** ~의 사기를 꺾다

ROOT/STEM

infest ① 들끓다, 우글거리다 ② 만연하다, 횡행하다
* 라틴어 **infestere**(도둑, 짐승, 병 등이) 휩쓸다, 들끓다, 횡행하다, 습격하다
→ **infest**는 떼지어 공격하는 것과 관련이 있다
* **infestation** ① 들끓음, 우글거림, 횡행, 만연 ② 병충해, 기생충의 체내 침투, 습격

예문

Beggars infest the street. 거리에 거지가 우글거린다.

The kitchen is infested with rodents. 부엌에 쥐가 우글거린다.

The flower is infested with aphids. 그 꽃은 진딧물이 우글거린다.

A failing fishing ground tends to be infested with jellyfish. 망하는 어장은 해파리가 들끓는다.

* 해파리는 다양한 수온에 살 수 있고 지구온난화에도 문제가 없다. 수온이 상승하면 해파리를 잡아먹는 어류가 감소하여 해파리가 늘어난다. 해파리는 지구상에 있었던 다섯 번의 대량멸종사태에서도 살아남았다. 해파리는 남들이 힘든 시기에 더욱 번성한다.

구문

- **infest the planet** 지구촌에 만연하다
- **be infested with vermin** 해충이 들끓는다
- **insect infestation** 해충이 들끓음
- **a cockroach infested place** 바퀴벌레가 우글거리는 곳
- **locust infestation** 메뚜기 떼의 습격

indulge, indulgent, indulgence, slay, slaughter

*slay 죽이다
*slaughter 도살하다
*slash 긋다, 베다

ROOT/STEM

indulge ① 마음껏 하다(누리다) ② 제멋대로 하게 하다, (응석, 변덕 등을) 다 받아주다
*** in(not)** + 라틴어 **dulge(duty** 의무, 굴레) → **indulge** (의무, 굴레가 없는 것이므로) 마음껏 하다, 제멋대로 하게 하다
*** indulgence** ① 하고 싶은 대로 하게 함 ② 사치, 방종 ③ 사면, 관용, 면죄부
*** indulgent** ① 하고 싶은 대로 하게 놔두는 ② 너그러운, 관대한, 눈감아주는

예문

I am too busy to indulge in drinking. 나는 너무 바빠서 술을 마음껏 마실 수 없다

His grandmother spoiled him, indulging his every whim.
그의 할머니는 그의 모든 변덕을 다 들어주어 그를 버려놓았다

He leads a life of indulgence. 그는 자기가 하고 싶은 대로 하며 산다

The indulgence is the proposition that good works will hurry the soul to heaven.
면죄부는 선행이 영혼을 천국으로 서둘러 보낼 것이라는 거래 조건을 제시하는 것이다.
* 중세 유럽에서는 면죄부를 사면 기부를 통해 선행을 하는 것이므로 죄가 줄어들게 되어 천국으로 가는 시간을 앞당길 수 있다고 생각했다. 결국 면죄부는 천국으로 가는 급행료(express charge)의 성격을 가지게 되었다

She is indulgent to her children. 그 여자는 아이들에게 관대하다

구문

- **indulge in crime** 범죄를 일삼다
- **indulge one's passion** 열정을 쏟아붓다
- **indulge in shopping** 쇼핑을 맘껏 즐기다
- **indulge in a holiday** 휴가를 맘껏 즐기다
- **indulge one's children** 아이들의 응석을 너무 받아주다
- **indulge in sweets** 단것을 많이 먹음
- **beg(ask) one's indulgence** ~의 관용을 구하다
- **an extravagant indulgence** 엄청난 사치
- **self-indulgence** 방종
- **indulgence to children** 아이들에게 하고 싶은 대로 하게 함
- **an affordable indulgence** 감당할 수 있는 정도의 (큰 부담 없는) 사치(도락)
- **self-indulgent** 자기에게 관대한(자기중심적인)
- **indulgent parents** 응석을 받아주는 (관대한) 부모

ROOT/STEM

slay 죽이다, 죽여주다(강한 영향을 주다)
*** slay**는 문어체
slaughter ① 도살(도축)하다, (대량)학살(살육)을 하다 ② 완승(압승)을 거두다
*** sl**는 칼 같은 것으로 쳐서 죽이는 것과 관련이 있다
*** Old French**의 **slean**(치다, 죽이다) → **slay** 죽이다
*** slash** 긋다, 베다, 길게 베인 상처
* 노르웨이어 **slatr**(고기 **meat**) → **slaughter** 도살하다

예문

Theseus was dispatched to slay the Minotaur. 미노타우루스를 죽이기 위해 테세우스가 파견되었다.

They slaughtered all the infected chickens. 그들은 감염된 닭들을 모두 살처분했다.

We were slaughtered a 10-0 by the national soccer team. 우리는 축구국가대표팀에 10-0으로 완패했다.

구문

- **slay me** 나를 죽이다, 죽여준다(나에게 감동을 준다)
- **slay a vampire** 흡혈귀를 죽이다
- **slay something** ~를 끝내주게 잘하다
- **cows taken for slaughter** 도살하기 위해 끌어다 놓은 소들
- **the slaughter of innocent people** 무고한 사람들에 대한 학살(살육)
- **slaughterhouse** 도축장
- **slaughtered cattle** 도살된 가축

88

nav, nau가 들어 있는 단어

*nav, nau는 항해와 관련이 있다

ROOT/STEM

nav, nau가 들어 있는 단어(* **nav, nau**는 항해와 관련이 있다)
navy 해군, **naval** 해군의
navigate 길을 찾다, 방향을 잃다, 항해하다
* 라틴어 **navis**(배, 선박), 라틴어 **navigate**(항해하다)
→ **navy, naval, navigate** * **navigation** 항해, 운항
nausea 욕지기, 메스꺼움 → **nauseous** 욕지기하는, 메스꺼운, 역겨운
nautical 선박의, 해상의, 항해의
nautilus 앵무조개

예문

He enlisted in the navy. 그는 해군에 입대했다.

I have detailed maps to navigate the road.
나는 길을 찾기 위한 상세 지도를 가지고 있다.

You had better take some medication for nausea before boarding the ship.
배에 탑승하기 전에 멀미약을 복용하는 게 좋아.

I felt dizzy and nauseous after drinking.
술을 마신 후 어지럽고 속이 메스꺼웠다.

This island does not appear on nautical charts.
이 섬은 해도에 나오지 않는다.

구문

- **the US navy** 미해군
- **a navy blouse** 감색 블라우스
- **a naval base** 해군기지
- **a naval officer** 해군장교
- **a naval disaster** 해상재난
- **a naval battle** 해상전투(해전)
- **navigate one's way through a forest** 숲속에서 길을 찾아나가다
- **navigate a ship** 배를 조종하다, 항해하다
- **navigate without compass** 나침반 없이 항해하다
- **navigate by the stars** 별을 보며 길을 찾아가다
- **navigation equipment** 자동항법장치
- **astral navigation** 별의 운항
- **an expert in navigation** 항해전문가
- **nausea and vomiting** 메스꺼움과 구토
- **feel nausea** 토할 것 같다
- **nausea patch** 멀미 패치
- **fell dizzy and nauseous** 어지럽고 속이 메스껍다
- **a nautical chart** 해도
- **nautical treasures** 해양 보물들
- **nautical mile** 해리

89

slip, slippery, slope, slant, slim, slime

ROOT/STEM

sl이 들어 있는 단어(* **sl**은 미끄러운 것, 경사진 것과 관련이 있다)

slip ① 미끄러지다, 빠져나가다 ② 작은 실수 ③ 작은 조각, 쪽지

* **slippage** ① 미끄러짐, 하락 ② 어긋남, 차질, 불이행

slippery ① 미끄러운, 미끌거리는 ② 믿을 수 없는, 약삭빠른 ③ 파악하기(다루기) 힘든

slope ① 경사지다, 기울어지다 ② 슬로프(경사지, 비탈면)

* **slide** 미끄러지다, 미끄러뜨리다

* **slither** 미끄러지듯 (스르르) 나아가다

slant ① 기울어지다, 비스듬해지다, 기울게 하다 ② 편향되게 제시하다

* **slim** 날씬한, 호리호리한

* **slime** 끈적끈적한 물질, 점액 → **slimy** 끈적끈적한, 점액질의, 끈적끈적하게 구는

예문

I guess it must have slipped my mind. 내가 깜빡한 것 같다.

I guess it must have slipped your mind. 깜빡하셨나 봐요.

Your birthday just slipped my mind. 네 생일을 깜빡했어.

One slip and you could fall to your death. 한번 미끄러지면 죽을 수도 있어.

I was so preoccupied with work that it completely slipped my mind.
일에 몰두해서 완전히 깜빡 잊어버렸어.

He slid down the grassy slope. 그는 풀이 우거진 비탈을 미끄러져 내려갔다.

His eyes slant upwards slightly. 그의 눈꼬리는 약간 위로 올라가 있다.

Snails produce slimy liquid. 달팽이는 끈적끈적한 액체를 만들어 낸다.

구문

- **a non slip mat** 미끄럼방지용 매트
- **begin to slip into debt** 빚지기 시작하다
- **write down on a slip of paper** 쪽지에 적다
- **slip out of the room** 몰래 그 방을 빠져나가다
- **slippery as an eel** 뱀장어 같이 잘 빠져나가는
- **a slippery concept** 정의 내리기 모호한 개념
- **fallacy of slippery slope** 미끄러운 경사면의 오류*
- **dry slope** 인공스키연습장
- **tumble down slope** 비탈길을 구르다
- **a down slope** 내리막 비탈
- **a steep slope** 가파른 경사
- **a gentle slope** 완만한 경사
- **nursery slope** 스키초보자용 코스
- **slither down the slope** 비탈길을 미끄러지듯 내려가다
- **on a slant** 사선으로
- **slant one's writing** 글씨를 기울게 쓰다
- **cut it on the slant** 그것을 비스듬하게 자르다
- **slant-eyed** 눈꼬리가 치켜 올라간(한국, 중국, 일본인을 비하할 때 쓰이기도 한다)
- **a slanted view** 편파적인 견해
- **a slim body** 날씬한(호리호리한) 몸
- **stay slim** 날씬한 몸매를 유지하다
- **have a slim chance of** ~의 가능성이 희박하다
- **slim down** 규모를 축소하다
- **with a slim majority** 얼마 안 되는 숫자 차이로
- **look slim** 날씬해 보이다
- **hagfish slime** 먹장어 점액
- **be incrusted with slime** 물때가 끼어 있다
- **slimy substance** 끈적끈적한 물질[점액(mucus) 같은 것]
- **slide into depression** 우울증에 빠져들다
- **slide towards bankruptcy** 파산상태로 빠져들다

* 한번 잘못된 결정은 되돌리기 어렵고 연쇄반응을 일으켜 계속적으로 부정적 효과를 초래한다.

90

ordeal, order, disorder, castrate

ROOT/STEM

ordeal 시련, 고난, 수난, 고통스러운(끔찍한, 쓰라린) 체험
*** order** 문서, 명령(하다), 주문(하다)
* 라틴어 **ordo**(질서, 위계, 서열, 명령) → **order, ordeal**
*** disorder** 엉망, 무질서, 기능장애

예문

Attitude is the difference between an ordeal and an adventure. 시련과 모험의 차이는 태도에 있다.

* 시련과 고통은 나를 단련하는 용광로와 망치다. 그것을 받으면 몸과 마음이 함께 유익하고, 단련을 받지 않으면 몸과 마음이 모두 손해다. 시련과 고통은 의지를 단련하고 능력을 키울 수 있는 기회이며 현자의 돌을 얻기 위해 치러야 하는 값비싼 대가다.

I am prepared to meet my Maker, whether my Maker is prepared for the great ordeal of meeting me is another issue.
나는 조물주는 만날 준비가 되어 있다. 조물주가 나를 만나는 시련을 겪을 준비가 되었는지는 모르지만. - 윈스턴 처칠

It is in justice that ordering of society is centered. 사회질서가 중심을 잡고 있으면 정의롭다.

I have a sleep disorder. 나는 수면장애가 있어.

구문

- **survive one's ordeal** 시련에서 살아남다
- **come out of the ordeal** 시련에서 벗어나다
- **go through trial by ordeal**
  시련에 의한에 의한 재판을 받다*
- **endure(withstand) a severe ordeal**
  가혹한 시련을 견디다
- **a harrowing ordeal** 끔찍한(참혹한) 시련
- **a guardian of order** 질서의 수호자
- **in order listed** 주문 순서대로
- **give an order** 주문하다(~for)
- **order number** 주문번호
- **psychiatric disorder** 정신장애
- **a state of disorder** 엉망인 상태
- **political disorder** 정치적 혼란

* 라틴어 ordaiium(신명재판)은 불 또는 뜨거운 물에 손을 넣거나 독을 마셔도 해를 입지 않는 사람, 싸워서 이기는 사람을 무죄로 해주는 신의 재판, 시련재판을 의미한다.

ROOT/STEM

castrate 거세하다 → **castration** 거세(생식기능을 없애는 것)
* 라틴어 **castrare**(거세하다, 무력하게 하다) → **castrate, castration**
*** castrato** (16~18c 유럽) 거세한 남성가수 - 유럽에서는 여성이 성가대에 들어갈 수 없었고 사람들이 힘 있는 소프라노를 원했기 때문에 소년을 거세하여 가수로 만들었다

예문

Chemical castration is needed to sex offenders. 성범죄자들에게는 화학적 거세가 필요하다.

If you don't castrate the bull, you are not likely to control it.
그 황소를 거세하지 않는다면 통제할 수 없을 것이다.

* 거세는 동물의 공격성과 성적 충동을 억누르기 위해 행해진다. 거세는 동물을 순종적으로 만들어 다루기 쉽게 하고 번식을 조절하기 위해 행해진다(bull황소→ox거세한 황소).

구문

- **castrate him** 그의 힘을 빼앗다
- * **castrate male horses** 숫말을 거세하다
- **castrated offenders** 거세된 범죄자들
- **eunuch** 환관, 내시, 거세당한(아무 영향력이 없는) 사람
- **a political eunuch** 정치적으로 거세당한 사람

91

lethargy, moderate, immoderate

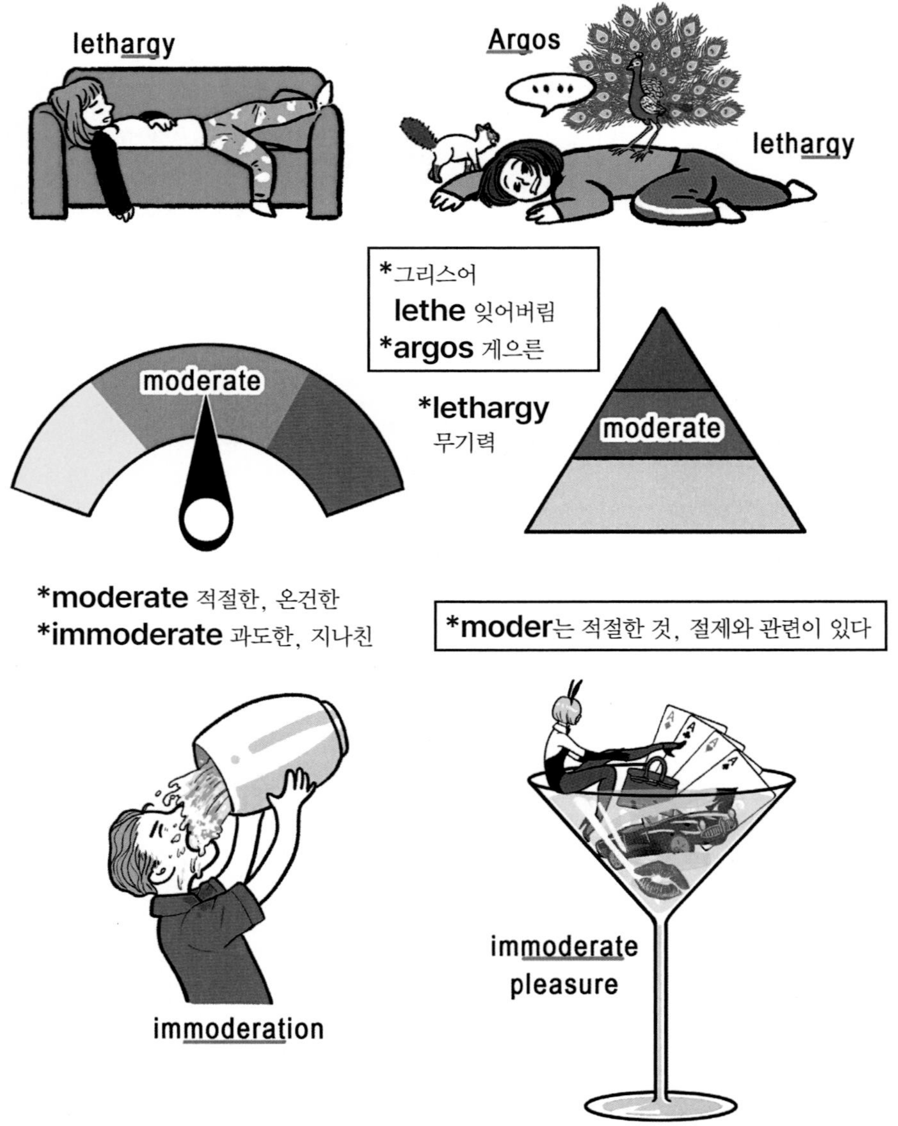

ROOT/STEM

lethargy 무기력(증), 무기력 상태, 혼수상태

그리스어 **lethe**(잊어버림) + **argos**(게으른) → 그리스어 **lethargos**(잘 잊어버리는, 게으른) → **lethargy** 무기력, **lethargic** 무기력한, 혼수상태의

* Lethe는 망각의 여신, 저승으로 갈 때는 레테의 강물을 마시고 이승의 기억을 모두 잊어야 한다

* Argos는 100개의 눈을 가진 거인, 헤라가 제우스의 연인 이오를 암소로 만들어 아르고스로 하여금 감시하게 하였으나 헤르메스는 피리를 불어 아르고스를 잠들게 한 후 목을 베어 죽였다. 신들은 아르고스의 눈을 공작의 깃털에 옮겨놓았다. 이오를 제대로 감시하지 못한 아르고스는 "게으르다"는 뜻으로 쓰였다

예문

He has experienced lethargy after surgery. 수술 후 그는 무기력증을 겪고 있다.

Drug addiction made him lethargic. 약물중독이 그를 무기력하게 만들었다

구문

- **feeling of lethargy** 무기력감
- **be in a state of lethargy** 무기력한 상태에 있다.
- **become lethargic** 무기력 상태에 빠지다
- **feel lethargic** 무기력함(나른함)을 느끼다

ROOT/STEM

immoderation 무절제, 지나친 행동, 과도, 극단

* 라틴어 **mederare**(절도를 지키다, 중용을 지키다, 알맞게 하다, 억제하다) → **moderate** ① 온건한, 적절한, 중용의 ② 누그러뜨리다, 완화하다, 조절하다

* **moderation** 적당함, 온건, 절제, 조정

* **moderato** 보통 빠르기로(안단테와 알레그로 사이)

* **im(no)** + **moderate**(온건한, 적절한) → **immoderate** 과도한, 지나친

* **im(no)** + **moderation**(절제, 적당함, 온건) → **immoderation** 무절제, 지나친 행동

예문

We can moderate our individual desires for the public interest.
우리는 공익을 위해 개인적 욕구를 절제할 수 있다.

Only actions give life strength ; only moderation gives it charm.
행동만이 삶에 힘을 주고, 절제만이 삶에 매력을 준다.

구문

- **cook over a moderate heat**
  중간 세기의 불 위에서 요리하다
- **moderate policies** 중도적 정책
- **moderate amounts of ~** 적당한 양의~
- **hold a moderate view** 중도의 관점을 취하다
- **eat it in moderation** 그것을 적당히 먹다
- **use moderation** 절제하다
- **exercise taken in moderation** 알맞게 하는 운동
- **drink in moderation** 적당히 마시다
- **immoderate exercise(drinking)**
  무리한 운동 (음주)
- **immoderate demands** 지나친 요구
- **make an immoderate use of**
  ~을 과도하게 사용하다

92

statistics, fulfill

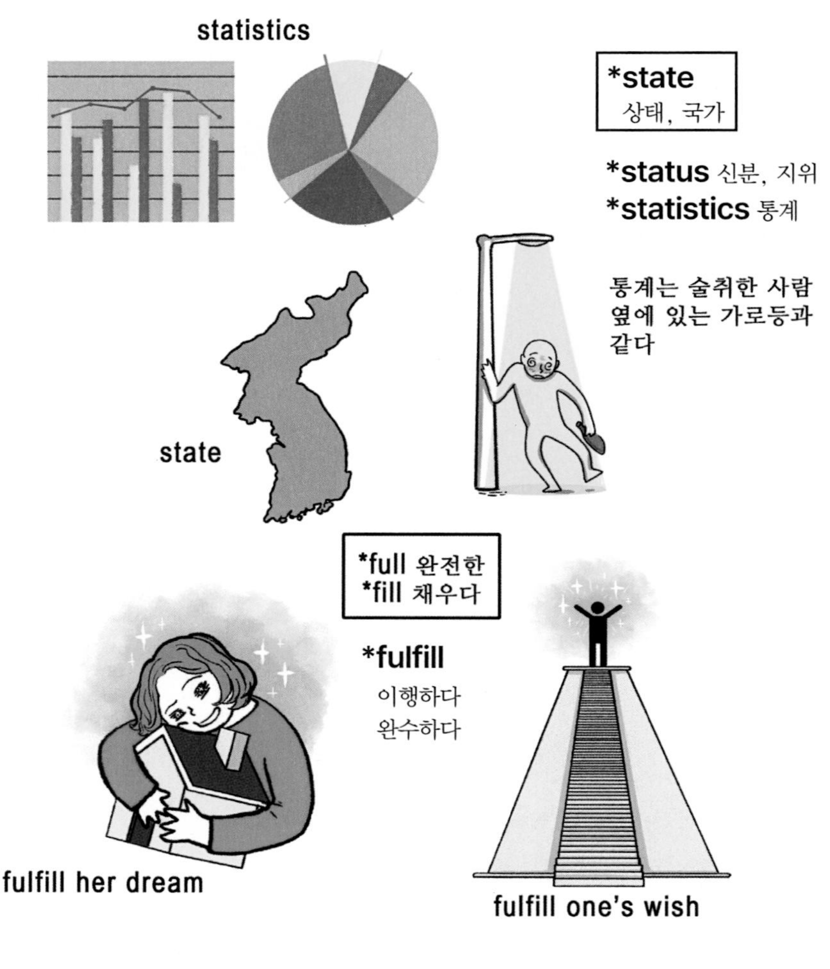

fulfillment

*fulfillment
이행, 완수

ROOT/STEM

statistics 통계, 통계학
* 라틴어 **status** (상태) → state 상태, 국가, 주
* **status** 신분, 지위
* **state**(국가)의 상태를 알기 위해서는 통계가 필요하다 → **statistic** 통계
* **statistical** 통계적인, 통계학상의, 통계에 근거한
* **statistician** 통계학자, 통계 전문가

예문

There are three kinds of lies ; lies, damned lies and statistics.
세상에는 세 가지 거짓말이 있다, 거짓말, 새빨간 거짓말 그리고 통계

Statistics are like a testimony of court. 통계는 법정에서의 증언과 같다.

Statistics are like a drunk with a lamppost. 통계는 술 취한 사람 옆에 있는 가로등과 같다.

* 통계는 어떤 주장을 정당화하고자 하는 사람들의 지지대로 활용된다. 통계를 인용하는 사람들은 법정에서 자신에게 유리한 말을 해 주는 증인을 찾는 것처럼 자신에게 유리한 통계를 찾는다. 숫자는 거짓말을 하지 않는다(Figures don't lie). 그러나 거짓말쟁이들은 통계를 인용하여 자신의 주장을 합리화한다.

A single death is a tragedy ; a million deaths is a statistic. 한 명의 죽음은 비극이요, 백만 명의 죽음은 통계다

* 인간은 다수의 고통보다 한 사람의 고통에 더 큰 동정심을 갖게 된다. 익명의 다수는 내가 모르는 사람들이고 나의 무관한 통계 숫자일 뿐이다. 인간은 자신이 인식할 수 있고 자신과 가까운 사람에게만 관심을 가진다

He was granted whistle blower status. 그는 공익신고자 지위를 부여받았다.

구문

- **cite statistics** 통계를 인용하다
- **manipulate statistics** 통계를 조작하다
- **a statistical survey** 통계조사
- **statistical significance** 통계적 중요성
- **prove statistically** 통계적으로 증명하다
- **a fixed state** 고정된 상태
- **at this state** 이 상태에서
- **vary from state to state** 주마다 다르다
- **the status symbol** 신분의 상징
- **legal status** 법적 자격(지위)

ROOT/STEM

fulfill (의무, 약속, 명령, 계획 등을) 이행하다, 완수하다
* **full**(완전한) + **fill**(채우다) → (완전히 채울 수 있도록) 이행(완수)하다
* **fulfillment** 이행, 수행, 완수, 달성, 성취

예문

We are unable to fulfill your request. 귀하의 요청을 이행할 수 없습니다.

The creation of art is not the fulfillment of a need but a creation of a need.
예술의 창조는 욕구를 충족시키는 것이 아니라 욕구를 창조해 내는 것이다

* 예술은 아름다운 삶을 추구하는 인간의 욕구를 충족시킨다. 그러나 인간은 늘 새로워지고 아름다워지는 삶을 추구하기 때문에 예술가는 욕구를 충족시키는 데 그치지 않고 다른 욕망을 만들어낸다.

구문

- **fulfill one's promise**(duty) 약속(의무)을 이행하다
- **fulfill one's order** 주문한 것을 이행(납품, 배송)하다
- **fulfill one's expectations** 기대를 충족시키다
- **a fulfillment of one's dream** 꿈의 성취
- **the fulfillment of one's contract** 계약의 이행

93

mandate, mandatory, symmetry

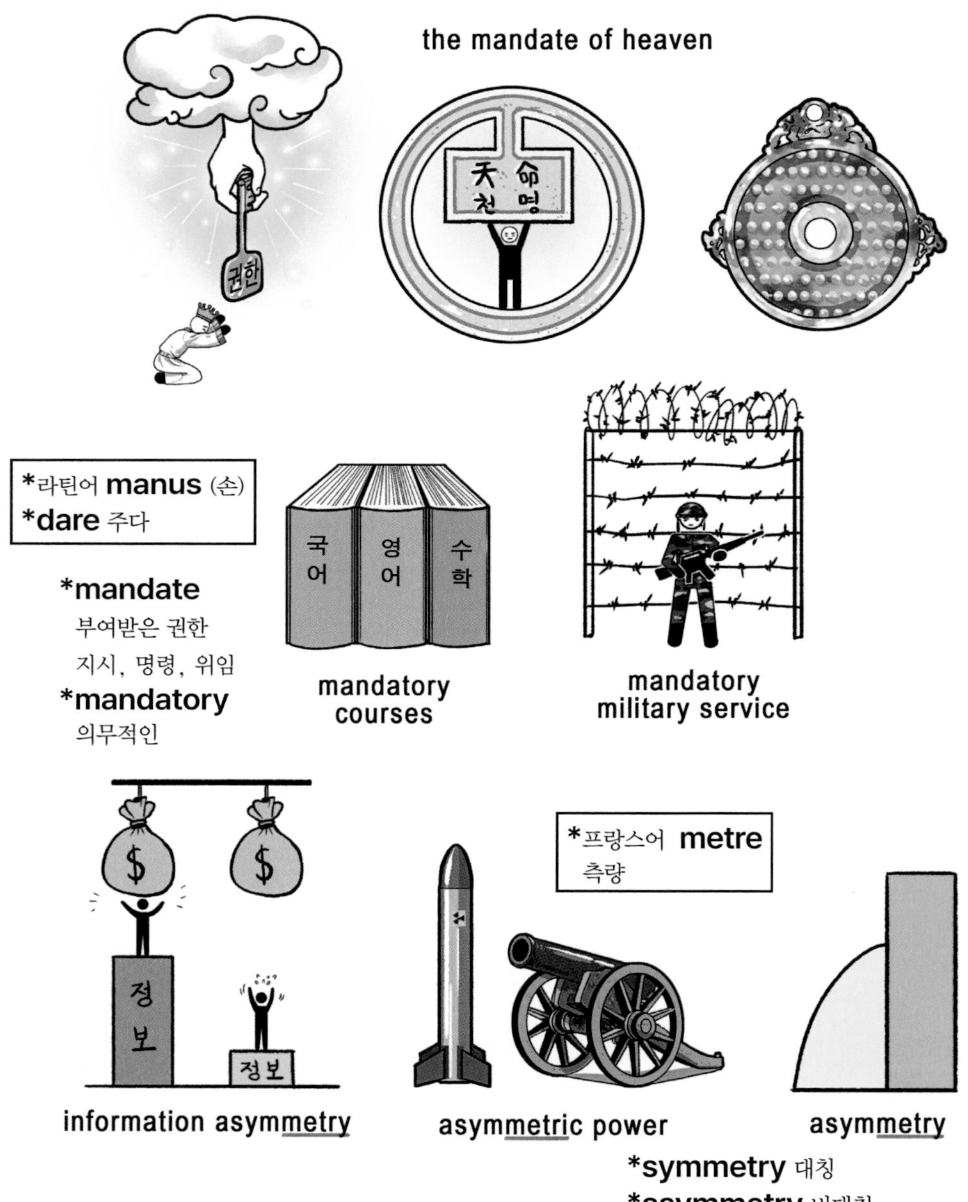

*symmetry 대칭
*asymmetry 비대칭

ROOT/STEM

mandate
① 부여받은 권한, 위임통치권, 임기, 통치기간
② 명령(지시)하다, 권한을 주다
③ 지시, 명령, 위임(서)
* 라틴어 **manus**(손) + 라틴어 **dare**(주다, 맡기다) → **mandate**(손으로 맡겨진 것) → 권한, 위임, 명령
* **mandated** 위임통치를 받고 있는, 법에 규정된 * **mandatory** 법에 정해진, 의무적인

예문

The presidential mandate is limited to the single term of five years.
대통령 재임기간은 5년 단임으로 제한되어 있다.

The Chinese believed their god put the ruling family in power. The people thought that a certain dynasty had the mandate of heaven.
중국 사람들은 하늘이 지배 가문에게 권력을 부여했다고 믿었다. 그들은 특정 왕조가 천명을 부여받았다고 생각했다.
* 천명사상: 하늘은 가장 가치있는 사람이나 가문을 선택하여 권력을 부여하고 그들이 하늘을 대신하여 천하를 다스린다는 사상. 천명을 받은 사람은 세상에 정의와 조화를 퍼뜨릴 의무가 있고 도리에 어긋나는 행위를 하면 역성혁명에 의해 정권이 타도될 수 있다.

This meeting is mandatory. 이번 회의는 의무적으로 참석해야 합니다.

구문

- **the presidental mandate** 대통령 임기
- **give a clear mandate** 확실한 권한을 주다
- **a mandate for an end to the war** 전쟁을 종식시킬 권한
- **a mandate from voters** 유권자들로부터 위임받은 권한
- **mandated territories** 위임통치지역
- **be mandated to** ~할 권한(의무)이 부여되다
- **a mandated curriculum** 의무화된 교육과정
- **mandatory courses** 필수과목
- **a mandatory military service** 의무병역제

ROOT/STEM

symmetry 대칭, 균형
* **sym**(함께, 같이) + 프랑스어 **metre**(측량) → **symmetry**(함께 잴 수 있는 것) → 대칭, 균형
* **symmetrical** 대칭적인, 균형이 잡힌(**symmetric**)
* **a(no) + symmetry**(대칭) → **asymmetry** 비대칭, 불균형 * **asymmetric** 비대칭의, 불균형의

예문

The symmetry helps people feel secure. 대칭은 사람들에게 안정감을 느끼게 한다.

Most people's faces are asymmetrical. 대부분 사람들 얼굴은 비대칭이다.

* information asymmetry(정보 비대칭): 많은 전문가는 그들이 아는 정보를 이용하여 이득을 취한다. 복잡하고 전문적인 사항, 기밀을 요하는 사항 등에 대해서는 확인이 어렵기 때문이다. 정보로 무장한 전문가들은 정보를 지렛대로 삼아 공포심을 조장하여 이익을 얻는다. 정보 비대칭의 이점을 가장 잘 활용하는 직업으로는 수사 및 재판 브로커, 부동산 중개인, 중고차 판매상, 자동차 수리업자 등이 있다.
* asymmetric strategy(비대칭 전략): 상대의 우세한 전략을 피하면서 상대의 약점이나 급소를 공격할 수 있는 전력을 말한다. 비대칭 전략은 전력의 열세에도 불구하고 낮은 비용으로 효과적인 타격을 가할 수 있다(예: 핵무기, 생화학 무기, 사이버 전력 등).

구문

- **bilateral symmetry** 좌우대칭
- **a symmetrical beauty** 대칭의 미

94

tantalize, stingy, miser

守錢奴
수 전 노

吝嗇鬼
인 색 귀

***miser** 구두쇠
***miserable** 불쌍한, 비참한

ROOT/STEM

tantalize 감질나게 하다, 애타게 하다

* **Tantalos**는 제우스의 아들로서 리디아의 지배자로 부귀영화를 누렸다. 탄탈로스는 자신의 궁전으로 신들을 초대하여 자신의 어린 아들 펠롭스를 죽여서 식탁 위에 요리로 올려놓았다. 신들은 탄탈로스의 오만불손한 행동에 분노하여 풍요 속에서도 갈증과 허기를 느끼게 하는 가혹한 벌을 내렸다. 갈증이 나서 물을 마시려고 하면 물이 아래로 내려가고 열매를 잡으려고 하면 나뭇가지가 위로 올라갔다. 신들은 탄탈로스로 하여금 결핍과 갈증 속에서 영원히 감질나게, 애타게 만들었다.

Tantalos → **tantalize** 감질나게 하다, 애타게 하다

예문

It's tantalizing to see her but not be allowed to touch her.
그녀를 볼 수 있을 뿐 만져볼 수 없으니 정말 애가 탄다.

It's a tantalizing illusion. 그것은 이룰 수 없는 환상이다.

* 행복은 탄탈로스와 미다스 사이에 있다.
미다스 왕의 이야기에서 볼 수 있듯이 지나친 황금(풍요)에는 결핍을 극복하기 위한 노력, 과정의 아름다움이 없다. 더 채울 갈증이 없는 것도 불행이고 탄탈로스처럼 갈증과 허기 속에 시달리는 것도 재앙이다. 갈증을 채우지 못하는 탄탈로스, 더 채울 갈증이 없는 미다스 모두 불행하다. 인간의 욕망은 탄탈로스와 미다스 사이의 어느 지점에 있어야 행복할까?

구문

- **her tantalizing smiles**
  그녀의 애간장을 태우게 하는 미소
- **tantalizing hints** 감질나게 하는 힌트
- **tantalize imagination** 상상력을 자극하다

ROOT/STEM

stingy ① 인색한, 째째한 ② 쏘는, 날카로운

miser 구두쇠

* 라틴어 **miser** (불쌍한, 비참한) → **miser** 구두쇠

* **sting** 쏘다, 찌르다 → **stingy** 쏘는, 인색한

* **miserable** 비참한, 우울(처량)하게 만드는

예문

Don't be so stingy with one bowl of rice 밥 한 그릇 가지고 너무 인색하게 굴지 마.

The miser is always poor 구두쇠는 언제나 가난하다.

The miser's bag is never full 구두쇠의 지갑은 채워지지 않는다.

A miser yields only when he makes his will 수전노는 유언장을 쓸 때만 양보한다.

* 구두쇠는 돈을 더 모으기 위해 평생 가난하게 살다가 좋은 집에서 고독하게 세상을 떠난다

It is the idle man who is the miserable man. 한가한 자는 불행한 자다.

구문

- **be stingy with money** 돈에 인색하다
- **stingy words** 쏘는(독기 있는) 말
- **a nasty miser** 못된(고약한) 수전노
- **miserly behavior** 인색한 행동
- **a miserable failure** 끔찍한 실패
- miserable victims of war 전쟁의 비참한 희생자

95

nibble, abrade

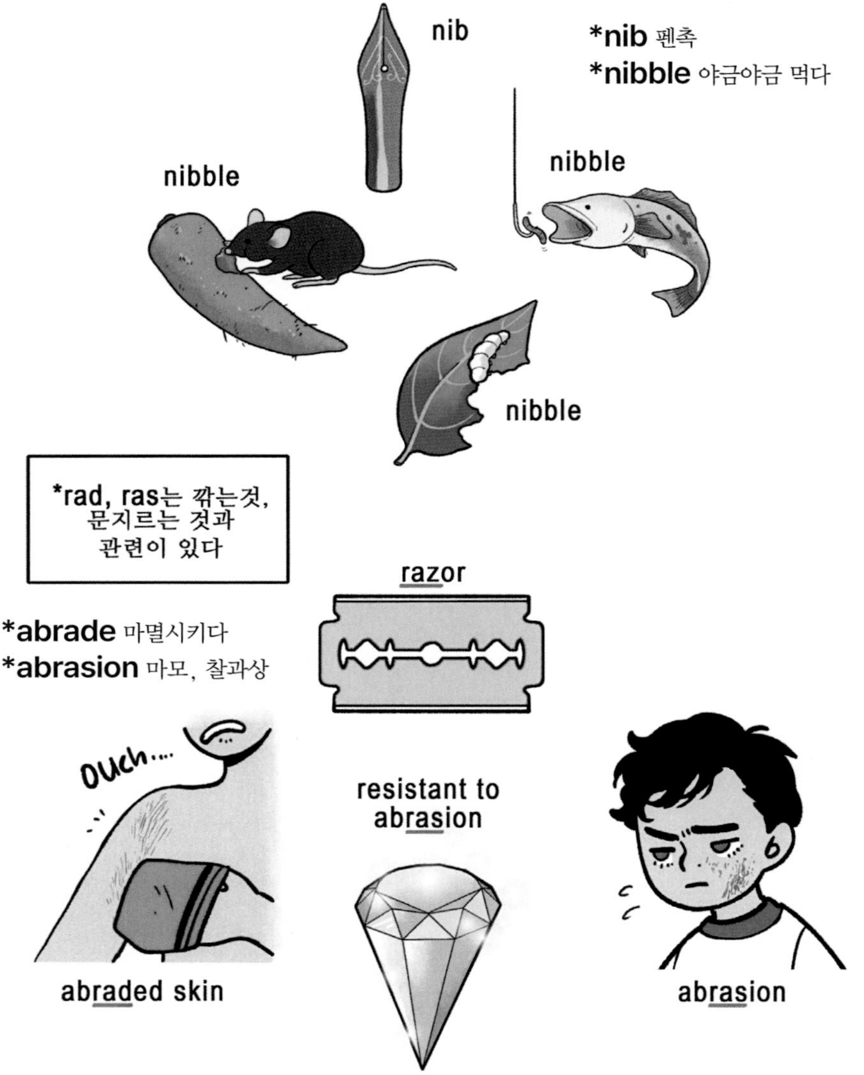

ROOT/STEM

nibble ① 조금씩(야금야금) 먹다, 물어뜯다 ② 미끼를 물다, 입질을 하다, 약간 관심을 보이다
* **nib** 펜촉 → **nibble**

예문

The rabbit is nibbling at the carrot. 토끼가 당근을 조금씩 갉아먹고 있다

A fish nibbled at the bait. 물고기가 미끼를 물었다.

The fish that nibbles at every bait will soon be caught. 모든 미끼에 입질하는 고기는 곧 잡힌다.

The nib of my pen is broken. 펜촉이 부러졌다.

구문

- **nibble at one's nails** 손톱을 물어뜯다
- **nibble on wooden surface** 나무표면을 갉아먹다

ROOT/STEM

abrade 마멸시키다, 찰과상을 입히다
* **ab(away)** + 라틴어 **radere**(대패질하다, 깎다) → **abrade, abrasion**
* **abrader** 연마기
* **abrasion** 찰과상, 마모, 마멸, 긁힌 부분
* **rad**는 깎는 것, 문지르는 것과 관련이 있다
* **abradent** 연마제
* 라틴어 **rasio**(깎음, 문지름) → **razor** 면도기, 면도칼

예문

Her skin was abraded by the sharp rock. 그 여자의 피부가 날카로운 돌맹이에 벗겨졌다.

The only way to shape a gemstone is to abrade it with even harder substances.
원석을 다듬는 유일한 방법은 더 단단한 물질로 그것을 마모시키는 것이다.

Diamonds are resistant to abrasion. 다이아몬드는 마모에 강하다.

Love could abrade the sharp edge of your tongue. 사랑은 날카로운 혀의 모서리를 깎아낸다.

구문

- **abrade the skin** 가죽을 얇게 벗기다
- **abrade the machine's internals** 기계 내부를 마모시키다
- **suffer an abrasion** 찰과상을 입다
- **prevent abrasion** 마모를 방지하다
- **abrasion test** 마모(마멸) 테스트
- **have a light abrasion** 가벼운 찰과상을 입다
- **withstand an abrasion** 마모를 견디다
- **razor blade** 면도날
- **razor-sharp** 극도로 날카로운, 아주 예리한
- **plug one's electric razor** 전기면도기를 플러그에 꽂다
- **razor burn** 면도기 상처
- **be elected by a razor-thin margin** 간발의 차이로 선출(당선)되다

96

predicate, preach, predict, hollow

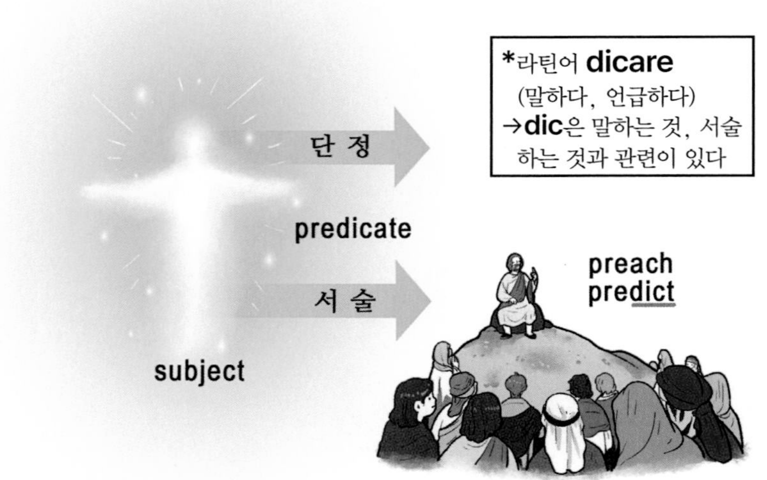

*predicate 단정하다 → preach 설교하다
*predict 예측하다

*hole 구멍
*hollow 속이 빈, 움푹한

ROOT/STEM

predicate ① 단정하다 ② 서술어, 술부, 속성
* **pre**(미리) + 라틴어 **dicare**(언급하다, 서술하다) → **predicate** 단정하다
* **predicative** 서술적인 * **predication** 단정, 단언, 서술, 술어
* **assert**(주장하다)는 어떤 사실, 자기주장을 강하게 하는 것
predicate는 어떤 신조나 생각, 원칙에 근거를 두고 단정하는 것을 말한다.
* 라틴어 **praedicare**(미리 말하다, 예언하다) → **preach** 설교하다, **predict** 예측하다

예문

Christianity predicates life after death. 기독교는 내세가 있다고 단정한다.

Faithfulness is a predicate of a dog. 충성스러운 것은 개의 속성이다.

His calling is to preach the gospel. 그의 소명은 복음을 전하는 것이다.

Predicting rain doesn't count ; building arks does.
비를 예측하는 것은 중요하지 않지만 방주를 만드는 것은 중요하다. - 워런 버핏

구문

- **predicate the rumor to be groundless** 그 소문이 근거가 없다고 단정하다
- **predicate nown** 서술명사
- **predicate adjective** 서술 형용사
- **predicate verb** 술어동사
- **the predicative use** 서술적 용법
- **complete a predication** 술부(述部)를 완성시키다.
- **preach the word of God** 신의 말씀을 전하다.
- **preaching to the wind** 바람에 설교하기(소귀에 경읽기)
- **predict the future** 미래를 예측하다
- **accurate prediction** 정확한 예측

ROOT/STEM

hollow ① 속이 빈, 움푹한 ② 움푹하게 하다, 파내다
* **hole** 구멍 → **hollow** 속이 빈, 움푹한

예문

The drop hollows the stone not by its force but by its frequency.
물방울은 힘에 의해서가 아니라 빈발에 의해 돌을 뚫는다.

He is a hollow leg. 그는 술고래다(음주량이 밑 빠진 독이다).

He hollowed a canoe out of a log. 그는 통나무를 파내어 커누를 만들었다.

His words rang hollow. 그의 말은 공허하게(입에 발린 소리처럼) 들렸다.

97

intimidate, timid, scatter

scattered on the ground

*scatter
뿌리다, 흩어지다

*scattered
드문드문 있는, 산재한

ROOT/STEM

intimidate (시키는 대로 하도록) 겁을 주다, 위협하다
* 라틴어 **Timos**(공포의 신)
* 라틴어 **timidus** (두려워하는, 겁내는) → **timid** 소심한, 자신감(용기) 없는, 겁 많은, 주저하는
* **timidity** 겁 많음, 소심함, 자신감 없음
* **in**(안으로) + **timid**(겁많은) + **ate**(동사 접미사) → **intimidate** 겁을 주다
* **intimidated** 겁을 내는
* **intimidation** 위협, 협박

예문

North Korea intimidates the United States by firing ballistic missiles.
북한은 탄도 미사일을 쏘겠다고 미국을 위협한다.

The government intimidated critics of the regime into silence.
정부는 체제 비판자들을 위협하여 입을 다물게 했다.

He is too timid to ask her out.
그는 너무 소심해서 그녀에게 데이트 신청을 할 수 없다.

구문

- **intimidate weak people** 약자를 위협(협박)하다
- **intimidate security** 안전을 위협하다
- **the intimidation of witnesses** 증인 협박
- **complain of intimidation** 협박에 대해 항의하다
- **a timid driver** 겁 많은(소심한) 운전자
- **due to his timidity** 그의 소심함 때문에

ROOT/STEM

scatter 뿌리다, 흩어지다.
* **shatter** 산산이 부서지다, 산산이 부수다 → **scatter** 뿌리다, 흩어지다
* **scattered** 드문드문 있는, 산재한, 산발적인 * **scatterbrained** 머리가 산만한, 침착하지 못한

예문

Words and feathers are easily scattered. 말과 깃털은 쉽게 흩어진다.

The mob are scattered all over the place. 폭도가 사방에 깔려 있다.

Chinese people scattered around the world. 중국인은 세계 각지에 흩어져 있다.

Drink cans are scattered in the ground. 음료수 캔이 땅에 흩어져 있다.

구문

- **shatter the glass** 유리를 산산조각 내다
- **shatter-proof glass** 비산 방지 유리
- **shatter the window** 창문을 부수다
- **scattered hits** 산발 안타
- **scattered showers** 산발적으로 내리는 소나기
- **scatter the grass seed** 잔디 씨를 뿌리다

98

foster, forage, cling, clingy

ROOT/STEM

foster ① 조성(육성)하다 ② 양육하다, 아이를 맡아 기르다
* **fo**는 **food**(음식)와 관련이 있다. **Old French**의 「**forre**」(동물의 먹이)
→ **forage** 먹이를 찾다, 사료 * **foster** 양육하다

예문

Atheism was fostered and promoted by the communists.
무신론은 공산주의자들에 의해 육성되고 촉진되었다.

* 공산주의자들이 무신론을 강요하는 이유
종교는 선악을 구별하고 바르게 사는 법을 가르친다. 신앙인들은 사랑, 자비, 성실, 인내, 겸손 등의 미덕을 가지고 경건하게 살아가려고 노력하기 때문에 이러한 사람들을 선동하여 혁명을 일으키고 정부를 전복시키는 것은 어렵다. 공산주의 혁명이 성공하려면 하늘의 섭리를 믿지 않고 남 탓하기 좋아하고 불만이 많고 부도덕한 사람들, 공짜를 당연히 여기고 감사할 줄 모르는 사람들이 많아야 한다. 공산주의자들은 인류를 억압과 차별로부터 해방한다는 구실로 갈등을 조장하고 폭력을 선동하고 공산주의형 인간으로 개조하는 데 유신론이 장애물이 되기 때문에 무신론을 강요한다.

The foster parents are closer than the natural. 낳은 정보다 기른 정.

A fault is fostered by concealment. 잘못은 은폐로 키워진다.

Keeping this information secret fosters suspicion. 이 정보를 비밀로 하는 것은 의심을 조장한다.

Foster a raven it will pluck your eyes. 까마귀를 기르면 네 눈을 쪼아 먹을 것이다(은혜를 원수로 갚는다, 배은망덕 ingratitude).

구문

- **foster foreign trade** 해외무역을 육성하다
- **foster frendships** 우호를 증진시키다
- **foster talented athletes** 재능있는 선수를 육성하다
- **foster sociality** 사회성을 기르다
- **foster parents** 양부모
- **foster home** 아동보호시설, 위탁가정(양부모의 집)

ROOT/STEM

cling ① 꼭 붙잡다, 매달리다, 집착하다 ② 달라붙다, 고수하다
* **clinging** 몸에 달라붙는, 사람에게 매달리는 * **clingy** 점착성의, 들러붙어서 떨어지지 않는

예문

Don't cling to the past. 과거에 집착하지 마라.

* 과거를 통해 추억과 교훈을 얻었다면 과거를 잊어버려야 한다. 과거에 집착하는 것은 현재의 순간을 놓치게 하고 현재를 충실히 살아나가는 것을 방해한다. 악마는 과거에 매달리게 하여 인간의 활력을 빼앗고 앞으로 나아가지 못하게 한다.

You only lose what you cling to. 당신은 집착하는 것만을 잃는다.

* 영원히 변하지 않고 완전한 만족을 주는 것은 없다, 그것이 있다고 믿고 집착할수록 실망만 커진다. 그 사실을 깨닫고 집착에서 벗어나라.

Whatever evil appears, there is always hope to cling (on) to.
어떤 나쁜 일이 생기더라도 항상 의지할 수 있는 희망이 있다.

The seeds of a cocklebur have tiny hooks that cling to the fur of animals.
도꼬마리 씨는 작은 갈고리가 있어서 동물의 털에 달라붙는다.

구문

- **cling to a delusion** 망상에 집착하다
- **cling to belief** 믿음을 고수하다
- **cling to trivialities** 사소한 일에 집착하다
- **cling to the body** 몸에 달라붙다
- **cling on tight!** 단단히 붙잡아!
- **cling on to life** 생명의 끈을 붙잡다
- **clingy look** 클링기 룩(몸에 달라붙는 옷차림)
- **clingy style** 질척거리는(들러붙는, 집착하는) 스타일

99

credit, credible, credulous, gullible, phobia

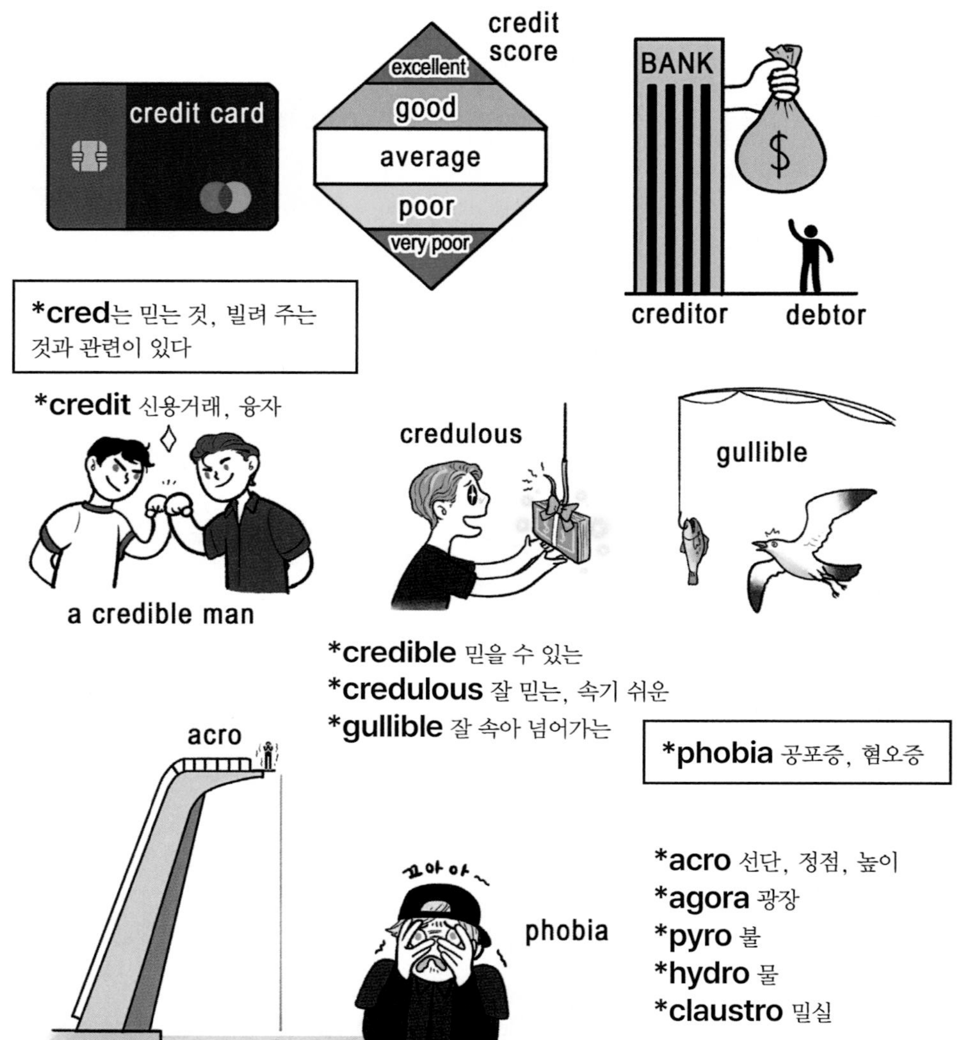

ROOT/STEM

credit 신용거래, 융자 (↔**debt** 빚, 부채)

* 라틴어 **credere**(믿다, 맡기다, 빌려주다), 라틴어 **creditum**(융자)

→ **cred**는 믿는 것, 빌려주는 것과 관련이 있다.

* **credible** 믿을 수 있는, 믿을만한
* **credulous** 잘 믿는, 속기 쉬운
* **gullible** (갈매기 **gull**처럼) 잘 속아 넘어가는, 남을 잘 믿는
* **creditor** 채권자(↔**debtor** 채무자)
* **credibility** 신뢰성, 신빙성, 신뢰도
* **creditable** 칭찬할 만한, 훌륭한

예문

I have the most recent information from the most credible sources.
나는 가장 신뢰할 만한 정보원으로부터 얻은 최신정보를 가지고 있다.

His testimony has no credibility.
그의 증언은 신빙성이 없다.

They deceive credulous clients to earn money.
그는 돈을 벌기 위해 쉽게 믿는 고객을 속인다.

I am a bit gullible.
내가 좀 잘 속는 편이야.

구문

- **credit card** 신용카드
- **interest-free credit** 무이자 신용융자
- **credit limit** 신용거래 한도액
- **take**(get) **all the credit** 공을 모두 차지하다
- **undermine the credibility of the witness** 증인의 신뢰성을 떨어뜨리다
- **lack credibility** 신빙성이 부족하다
- **a creditable achievement** 훌륭한 업적(성과)
- **a credulous fool** 남의 말을 잘 믿는 바보
- **prey upon the credulous** 어수룩한 사람들을 등쳐먹다

ROOT/STEM

phobia 공포증, 혐오증

* 라틴어 phobia(병적 공포, 공포증)에서 유래

* **acrophobia** 고소 공포증
* **agoraphobia** 광장 공포증(사람이 많은 장소에 가는 것을 두려워하는 증세)
* **monophobia** 고독 공포증
* **hydrophobia** 공수병, 광견병
* **tourism phobia** 관광 혐오증
* **social phobia** 사회 공포증(대인기피증)
* **call phobia** 전화 공포증
* **anthropo phobia** 대인 공포증
* **pyrophobia** 불에 대한 공포증
* **claustro phobia** 폐소(밀실) 공포증
* **anthropo** 사람, 인간

advocate, vocation, impeach

이러한 탄핵은 적법하지도
정당하지도 않다

ROOT/STEM

advocate ① 지지(옹호)하다 ② 지지(옹호)자, 변호사
* 라틴어 **vocare**(부르다, 소환하다)
vocatio(부름, 소환) → **vocation** 천직, 소명
* **ad**(방향 **to**) + 라틴어 **vocare**(부르다) → 라틴어 **advocare** (도움을 구하기 위해 부르다)
→ **advocate** 지지자, 옹호자, 변호사
* **advocacy** 지지, 옹호, 변호

예문

He is a strong advocate for banning guns. 그는 총기 금지의 강력한 옹호자다.

I am playing the devil's advocate here. 나는 여기서 악마의 대변인(선의의 비판자) 노릇을 하고 있다.

* 의사결정은 반론과 반증을 거쳐야 합리성이 보장되고 현명한 결론을 도출할 수 있다. 동질성이 높은 집단에서 비판과 반론이 봉쇄된 상태에서는 다수가 간과하고 있는 문제를 깨닫지 못한 채 잘못된 결정을 내리기 쉽다. 동질성이 높은 집단이 의사결정에서 범할 수 있는 오류를 시정하고 올바른 결정을 내리기 위해서는 반대 세력의 입장에서 반대의견을 제시하는 사람이 있어야 의사결정의 질을 높일 수 있다. 이 때문에 의사결정 시에 악마의 대변인(devil's advocate)을 투입할 필요가 있다.

구문

- **a vocation for teaching** 가르치는 일에 대한 소명의식
- **my vocation** 나의 소명(천직)
- **advocate the abolition of racial discrimination** 인종차별 폐지를 옹호하다
- **an advocate of democracy** 민주주의 옹호자
- **an experienced advocate** 노련한 변호사
- **advocacy journalism** 특정견해를 옹호하는 보도 (의도적으로 일방의 주장을 옹호하는 저널리즘)
- **consumer advocacy group** 소비자 옹호단체
- **brand advocacy ratio** 브랜드 옹호율

ROOT/STEM

impeach ① 탄핵하다, 고발하다, ② ~에 대해 의문(의혹)을 제기하다.
* 라틴어 **pedica** (거미줄, 올가미) → **pe**는 얽어매는 것, 고발하는 것과 관련이 있다.
* 영어 **peach**는 복숭아 외에도 「밀고하다」라는 뜻이 있다.
im(안으로 **in**) + **peach** (밀고하다) → **impeach** (안으로 의혹을 제기하여) 고발, 탄핵하다
* **impeachment** 고소, 고발, 탄핵, 비난
* **impeachable** 탄핵(고발)할 수 있는, 탄핵(고발) 대상이 되는

예문

They have questioned the validity of the presidential impeachment.
그들은 대통령 탄핵의 적법성에 문제를 제기해 왔다.

* public sentiment 대중의 정서, 민심
백성들의 원한이 높을 때 덕을 잃은 군주를 교체해야 한다는 것은 "천명(the mandate of heaven)"이라는 사상이 지배하던 왕조시대의 유물이다. 현대의 민주국가들은 통치 권력과 민심을 모두 법의 지배 아래에 두고 있기 때문에 탄핵은 충분한 조사와 심리를 거친 후 법과 시스템에 따라 이루어져야 한다. 민심은 허위사실 유포, 악의적 선동에 취약하여 왜곡되기 쉽고 민심, 혁명정신 등의 이유로 법을 무시하고 민심을 이유로 졸속결정을 내리게 되면 인민재판이 되어 공정성을 상실하게 된다.

구문

- **impeach the president** 대통령을 탄핵하다
- **call for the impeachment of** ~의 탄핵을 요구하다
- **impeach one's motives** ~의 동기에 대해 의문을 제기하다
- **a bill impeach to the prime minister** 총리탄핵안
- **an impeachable offense** 탄핵(고발) 대상이 되는 불법행위
- **an impeachable witness** 탄핵할 수 있는 증인

101

sequence, sequential, subsequent, consequence, series, serial

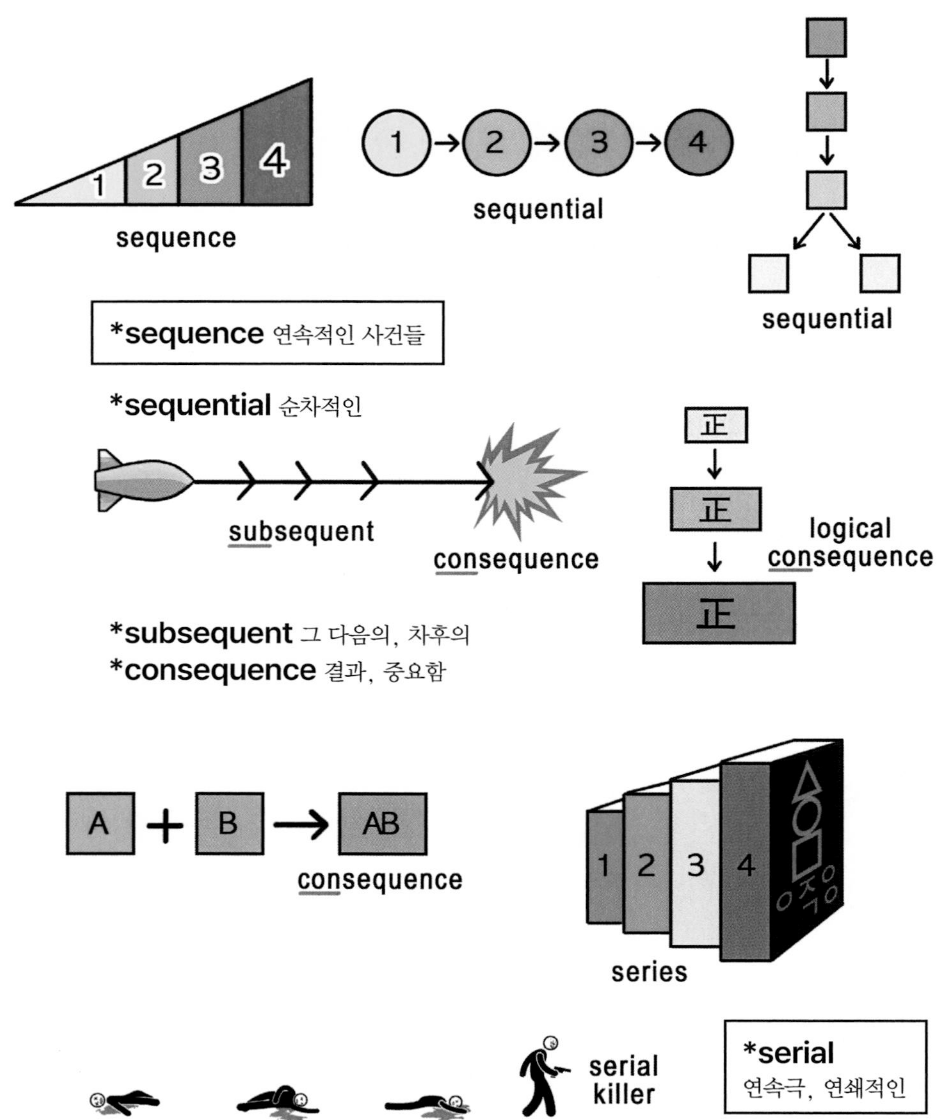

*serial
연속극, 연쇄적인

ROOT/STEM

series 연속, 연쇄, 시리즈
* 라틴어 **serere**(생기게 하다, 야기하다) → **series** 연속, 연쇄
* **serial** ① 연속극, 연재물 ② 순차적인, 연쇄적인
sequence ① 연속적인 사건들, 순서, 차례 ② 차례로 배열하다
* 라틴어 **sequi**(뒤따르다) → **sequent** 다음에 오는, 연속적인 * **sequential** 순차적인
* **con**(함께) + **sequence**(연속적인 사건들) → **consequence** 결과, 중요함
* **sub**(아래, 뒤) + **sequent**(다음에 오는, 연속적인) → **subsequent** 그 다음의, 차후의
* **subsequence** 이어서 일어남

예문

He has lost his popularity by a series of political scandals.
그는 연이은 정치적 스캔들로 인기를 잃었다.

These pages are out of sequence. 이 페이지들은 순서가 안맞는다.

Don't mix up the sequence. 순서가 바뀌지 않게 해.

Number the pages in sequence! 페이지에 순서대로 번호를 매겨라!

It is of no consequence. 그건 중요하지 않다.

When anger rises, think of the consequences.
분노가 치밀어 오르면 그 결과를 생각하라.

Actions have consequences. 행동에는 결과가 따른다.

구문

- **long–running** TV series 장기방영 TV 시리즈
- **a series of scandals** 연이은 스캔들
- **serial attacks** 연속 공격
- **a serial killer** 연쇄살인범
- **a unique serial number** 고유의 일련번호
- **a bizarre serial murder case** 괴상한 연쇄살인사건
- **sequent toil** 계속되는 고역
- **sequential events** 연속적인 사건들
- **sequential photographs** 연속사진
- **subsequent events** 뒤에 일어난 일들(후발사건)
- **all subsequent games** 앞으로 있을 모든 게임
- **subsequent steps** 그다음 조치들
- **subsequent generations** 그다음 세대들
- **the strange sequence of events** 연속적으로 발생하는 이상한 사건들
- **a logical consequence** 논리적 귀결
- **a disirable consequence** 바람직한 결과
- **acknowledge the consequences** 결과를 인정하다
- **inevitable consequences** 필연적 결과
- **direct consequence of the merger** 합병의 직접적인 결과
- **in consequence of an injury** 부상을 입은 결과로

102

alleviate, lever, leverage, feasible

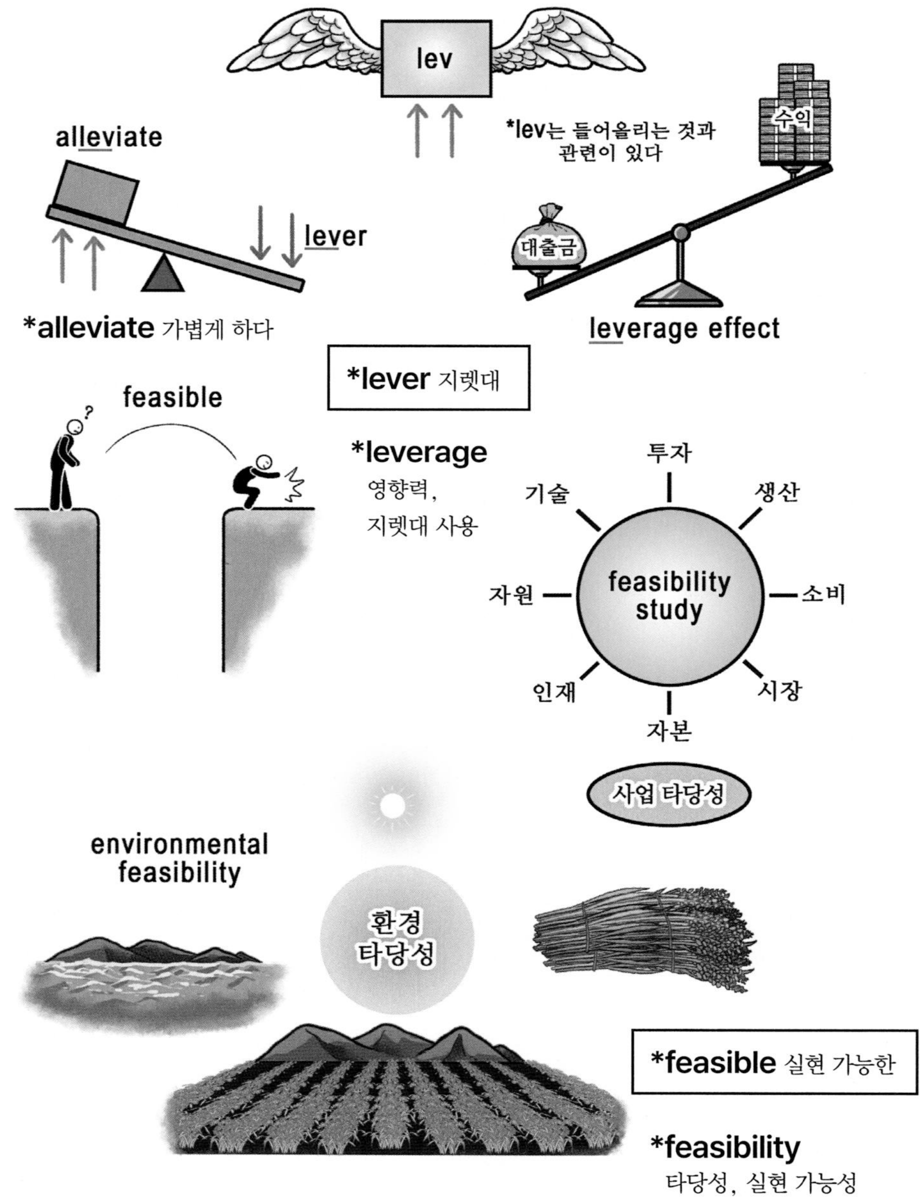

ROOT/STEM

alleviate 완화하다, 가볍게 하다, 경감하다
* **lev**는 들어 올리는 것, 가볍게 하는 것과 관계가 있다
라틴어 **levo**(들어올리다), **levis**(가벼운) → 영어 **lever, leverage**
* **al**(**ad** 방향 = **to**) + 라틴어 **leviare**(들어 올리다)
→ 라틴어 **alleviare**(들어 올리다, 가볍게 하다) → **alleviate** 완화하다
* **lever** 지레, 지렛대, 지렛대로 움직이다
* **leverage** 영향력, 지렛대 사용, 차입금

예문

This medicine will help alleviate your cough. 이 약은 기침을 완화시켜줄 것이다.

He will use it as leverage to gain further concession out of the company.
그는 그 회사로부터 더 양보를 얻어내기 위해 그것을 지렛대로 활용할 것이다.

구문

- **alleviate the pain** 고통(통증)을 경감시키다
- **alleviate depression** 우울증을 완화하다
- **alleviate one's burden** 부담을 경감시키다
- **alleviate fever** 열을 낮추다
- **alleviate the spiciness** 매운 맛을 완화하다
- **an alleviating shampoo** 진정 샴푸
- **pull the lever** 레버를 당기다
- **press the lever** 레버를 누르다
- **leverage strategy** 레버리지 전략
- **diplomatic leverage** 외교적 영향력
- **leverage effect** 레버리지 효과(타인 자본을 지렛대 삼아 자기 자본 이익률을 높이는 것)

ROOT/STEM

feasible 실현가능한(**practicable**)
* 프랑스어 **fais**(만들어지다, 이루어지다) → **feasible**
* **feasibility** 타당성, 실현 가능성
* **feasible**은 계획, 아이디어, 방법 등이 실현 가능한 **practicable**은 특정 상황에서 합리적으로 이치에 맞게 실행(응용)할 수 있는

예문

I will pick some feasible ideas. 실현 가능한 별개의 아이디어를 추려볼게.

We have to do the feasibility study before any action can be taken .
우리는 실행하기 전에 타당성 조사를 해야 한다.

구문

- **feasible arrival date** 도착 가능 일자
- **a feasible alternate** 실행 가능한 대안
- **the feasible idea(plan)** 그럴듯한 아이디어(계획)
- **be highly feasible** 실현 가능성이 높다
- **feasibility study on** ~에 대한 타당성 조사
- **fiscal feasibility** 재정상의 실현 가능성
- **environmental feasibility** 환경타당성
- **conduct feasibility** 타당성조사를 실시하다

103

pervert, convert, invert

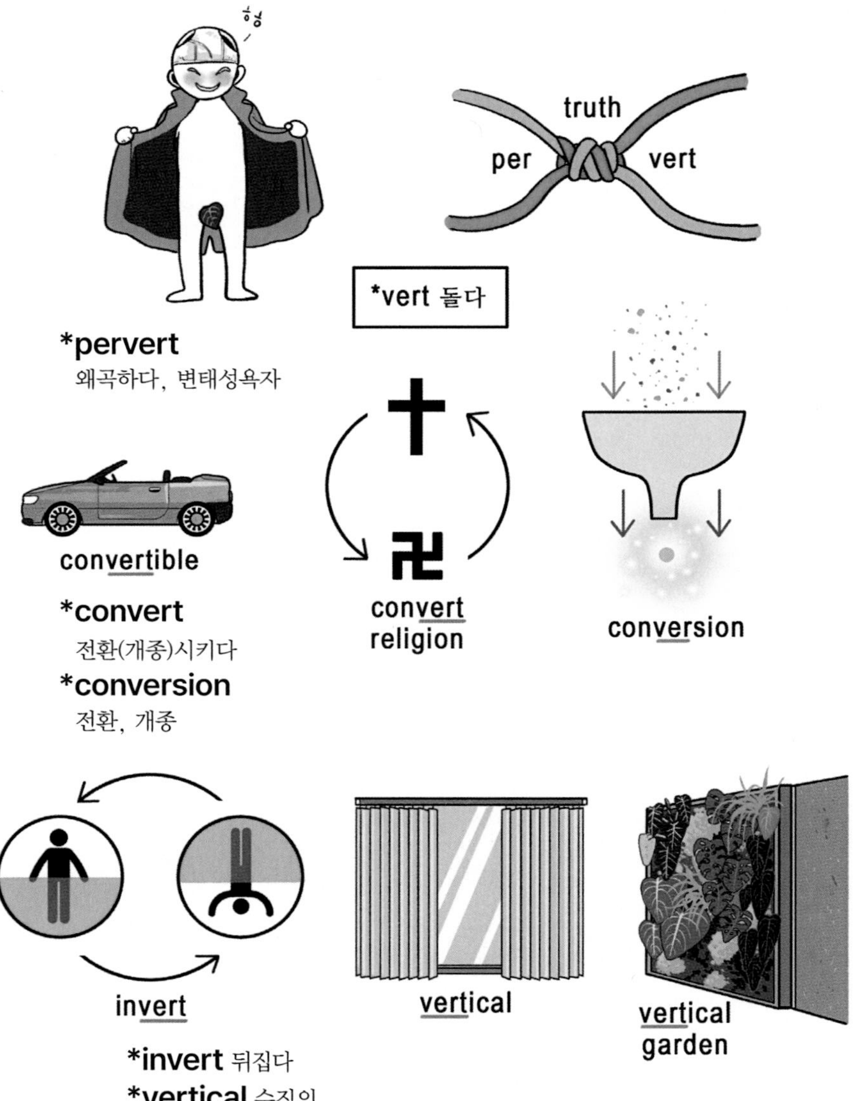

ROOT/STEM

pervert ① 비뚤어지게 하다 ② 변태성욕자, 성도착자
* 라틴어 **vertere**(돌다, 변하다) → 영어 **vert**
* **per**(완전히) + **vert**(돌다) → **pervert** 왜곡하다, 변태성욕자 * **perversion** 왜곡, 성도착
* **con**(함께) + **vert**(돌다) → **convert** ① 전환시키다, 개조하다 ② 개종시키다 ③ 개종자, 전향자
* **convertible** 전환 가능한 * **conversion** 전환, 개조, 개종
* **in**(안으로) + **vert**(돌다) → **invert** 뒤집다, 도치시키다 * **inversion** 도치, 전도
* **vertical**은 수평 **horizon**을 돌려놓는 것이므로 "수직의"라는 뜻이 된다.

예문

Mr. Moon perverted the course of justice.
문씨는 사법정의 실현을 방해했다.

He is a sexual pervert.
그는 변태성욕자다.

I converted the barn into my workshop.
나는 헛간을 작업실로 개조했다.

This is an inverted triangle.
이것은 역삼각형이다.

The wall is several degrees off the vertical.
그 벽은 수직에서 약간 기울어져 있다.

구문

- **pervert the truth** 진실을 왜곡하다
- **pervert one's mind** 의 마음을 비뚤어지게 하다
- **treat me like a pervert** 나를 변태로 취급하다
- **pervert one's words** ~의 말을 왜곡하다
- **a perversion of the truth** 진실을 왜곡한 것
- **sexual perversion** 성도착
- **convert the heathen** 이교도(비종교인)를 개종시키다
- **a convert to the cause** 대의로 전향한 사람
- **convert my dollars into Euros** 달러화를 유로화로 바꾸다
- **convert one's religion** 개종하다
- **conversion from Islam to christianity** 이슬람에서 기독교로의 개종
- **the scene conversion** 장면 전환
- **invert a plate** 접시를 뒤집다
- **invert dough** 반죽을 뒤집다
- **the plasma invert** 혈장 역류
- **an inverted triangle** 역삼각형
- **an invert** 역행, 역류, 동성애자
- **the inversion of word order** 어순의 도치
- **an inversion of the truth** 진실의 전도
- **a vertical banner** 세로 현수막
- **a horizontal bar** 철봉
- **horizontal and vertical patterns** 수평과 수직의 패턴
- **lie horizontal** 수평으로 눕다
- **sink below the horizon** 수평선 아래로 가라앉다

104
bias, prejudice

ROOT/STEM

bias ① 편향, 선입견 ② 편견(편향)을 갖게 하다
prejudice 편견, 편견을 갖게 하다
* **pre**(먼저) + 라틴어 **judicere**(판단하다, 재판하다) → **prejudice** 편견
* **bias**는 머릿속에서 가볍게 한쪽으로 치우친 편견, **prejudice**는 편견이 강해져서 마음속에 자리 잡아 이질적인 것을 비합리적으로 싫어하거나 불신하는 것을 말한다.

예문

Skewed data may cause bias.
왜곡된 데이터는 편향을 가져올 수 있다.

* 제한된 지식과 경험은 성급한 일반화의 오류(fallacy of hasty generalization)에 빠지게 한다.

Experimental bias occurs due to the researcher's expentancy.
실험편향은 실험자의 기대 때문에 발생한다.

* 연구자는 자신의 주장, 이론에 맞도록 하기 위해서 또는 거액의 연구비를 타내기 위해 관찰과 실험의 결과를 왜곡할 수도 있다. 과학이 객관적이고 중립적이라는 확고한 근거는 없다. 과학이론은 어느 한 시대 사람들의 사고를 지배하는 패러다임(paradigm)이며 그것은 기존의 과학 위에서 혁명적으로 생성하고 쇠퇴하며 다시 새로운 패러다임으로 대체된다.

It is never too late to give up our prejudices.
편견을 버리기에 너무 늦은 때는 없다.

He is prejudiced.
그는 편파적이다.

The greatest friend of Truth is time, her greatest enemy is Prejudice.
진실의 가장 큰 친구는 시간이고 가장 큰 적은 편견이다.

Common sense is the collection of prejudices acquired by age eighteen.
상식이란 18세까지 습득한 편견의 집합체이다-아인슈타인

* 우리가 알고 있는 상식은 제한된 지식과 경험에서 얻어진 편견일 수도 있다. 교육은 편견을 없애는 것이 아니라 더 높은 수준의 편견을 얻는 것이다. 모든 인간은 그가 사는 시대, 문화권의 영향을 받고 낯선 것을 불편해 하는 경향이 있기 때문에 친숙한 것이라면 선입견도 쉽게 받아들이고 그것에 대해 무비판적이고 감정적 애착을 나타내기 쉽다.

구문

- **affinity bias** 호감 편향(비슷한 사람에게 호감을 갖는 경향)
- **status quo bias** 현상 유지 편향(예컨대 지정석이 없는 데도 늘 같은 자리에 앉는다)
- **a strong bias against Muslim** 무슬림에 대한 강한 편견
- **confirmation bias** 확증편향(자신의 신념과 일치하는 정보는 그것이 허위일지라도 쉽게 받아들이고 그렇지 않은 정보는 무시하는 경향)
- **prejudice against the Jews** 유대인에 대한 편견
- **be from prejudice** 편견이 없다
- **have a prejudice in one's favor** 편파적으로 ~를 두둔하다

105

tint, contiguous, contiguity, contraband

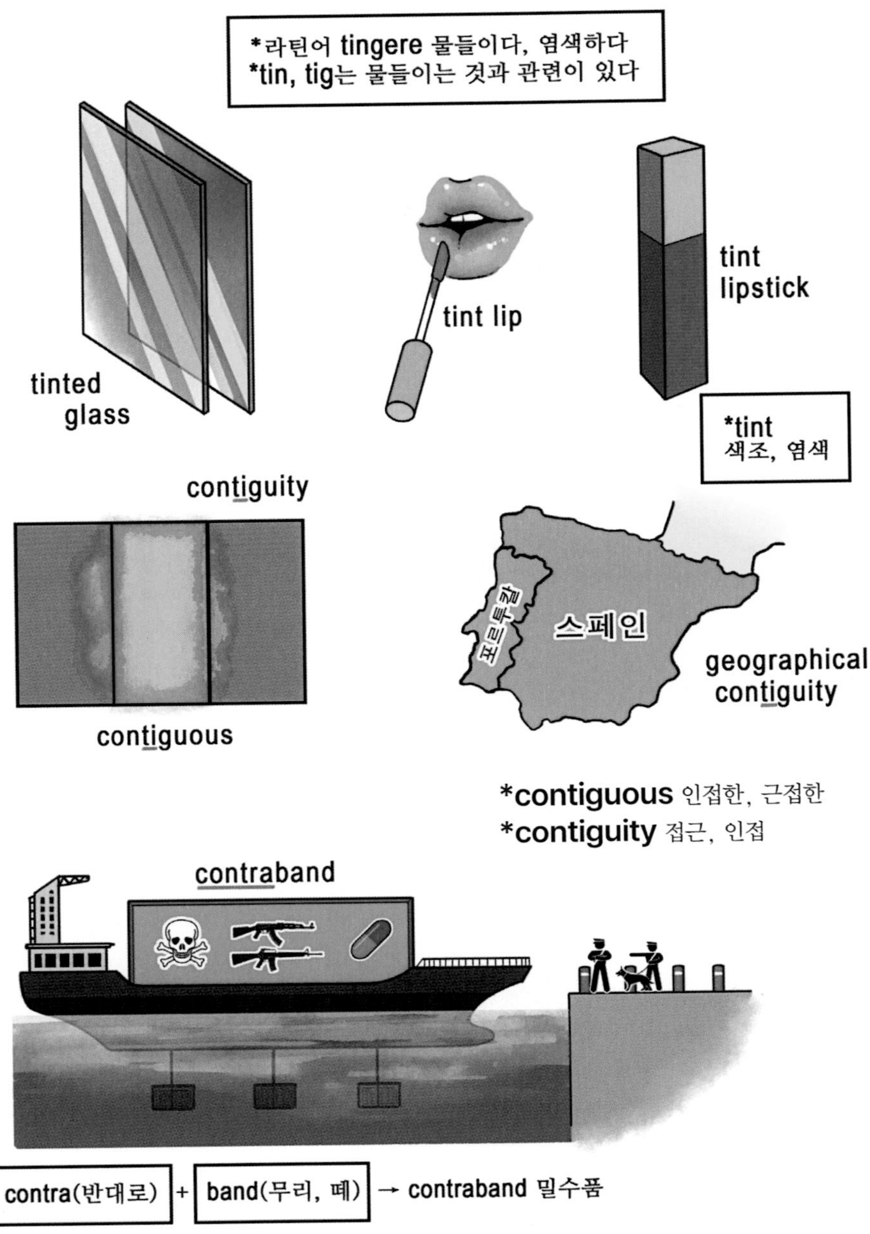

contra(반대로) + band(무리, 떼) → contraband 밀수품

ROOT/STEM

tint ① 엷은 색, 색조 ② 염색(약) ③ 색조를 넣다, 염색하다
contiguous 인접한, 근접한
* 라틴어 **tingere**(물들이다, 염색하다) → **tint** 색조, 염색
* **con**(함께) + 라틴어 **tingere** (물들이다) → 라틴어 **contingere**(만지다, 접촉하다)
→ **contiguous** (접촉하면 물들 정도로) 인접한, 근접한
* **contiguously** 인접하여
* **contiguity** 접근, 접촉, 인접, 연속

예문

Her lips had a rose tint.
그녀의 입술은 장밋빛이었다.

The two buildings are contiguous to each other.
두 건물이 서로 인접해 있다

구문

- **a neutral tint** 중간색, 엷은 회색
- **a lip tint** 립틴트
- **a flat tint** 무난한 색조
- **a tint of triumph** 승리의 기미
- **tint with food coloring** 식용색소로 색을 내다
- **tint pale green** 엷은 녹색으로 물들이다
- **view through rose-tinted glasses** 낙관적으로 전망하다
- **look through rose-tinted spectacles** 긍정적으로 바라보다
- **Korean territorial contiguity** 한국 영토의 인접 지역
- **geographical contiguity** 지리적 인접성

ROOT/STEM

contraband 밀수품, 수출입 금지 품목
contra(반대로) + **band**(악단, 무리, 떼) → **contraband** 법이 정한 것과 반대로 하는 무리가 들여온 수입품이므로 밀수품 * **contrabandist** 밀수업자, 밀매업자**(smuggler)**
* **bandit** 노상강도, 산적

예문

The customs officials made a thorough search for contraband.
세관원들이 밀수품을 철저히 수색했다.

I am gonna have to confiscate this as contraband.
나는 이것을 밀수품으로 압수할 거다.

구문

- **contraband trade** 밀무역, 부정거래
- **contraband inspection** 밀수단속
- **smuggle contraband** 금수품을 몰래 들여오다(밀반입하다)

106

menace, threat

ROOT/STEM

menace 위협적인(위험한) 존재, 위협, 협박(하다)
* 라틴어 **minari**(솟아있다, 돌출하다, 위협하다) → 라틴어 **minacia**(위협, 협박) → **menace** 위협적인 존재, 위협(하다)
threat 위협, 협박 → **threaten** 위협(협박)하다
* **menace**는 위험한(위협적인) 존재, 성가신 존재, 암적인 존재가 주는 위협적인 분위기, 위험한 느낌을 나타내는 뉘앙스가 있고 **threat**는 위협(협박)하는 성명(진술), 어떤 나쁜 일이 일어날 가능성, 위험한 인물 또는 물건 등을 나타내는 뉘앙스가 있다.

예문

She backed away from the menacing look on his face.
그 여자는 그의 위협적 표정에 뒤로 물러났다.

They are potential menaces to society.
그들은 사회에 잠재적인 위협이 되는 사람들이다.

The clouds threatened rain. 구름이 비를 뿌릴 기세였다.

The biased judge had been threatened and abused.
그 편파적인 판사는 협박을 당하고 욕을 먹었다.

His ultimatum contained the threat of military force.
그의 최후통첩에는 군사력을 동원하겠다는 협박이 담겨 있었다.

To the fearful change is threatening because it means that things may get worse.
두려워하는 자에게 변화는 위협적이다. 변화로 상황이 악화될지도 모르기 때문이다.
* 희망에 차 있는 사람은 상황이 나아질 것을 기대하기 때문에 용기를 낸다.

구문

- **tackle the growing menace** 증가하는 위협에 대처하다
- **menace safety** 안전을 위협하다
- **menace him with a revolve**r 권총으로 그를 위협하다
- **menace the national existence** 국가 존립을 위협하다
- **an air of menace** 위협적인 분위기
- **menace public welfare** 공익을 해칠 우려가 있다
- **a death threat** 살해 협박
- **a bomb threat** 폭탄 협박
- **an empty threat** 말뿐인 협박(=an idle threat)
- **a veiled threat** 은근한 협박
- **threatening letters** 협박 편지
- **threatened spices** 멸종 위기에 있는 종
- **threaten to kill** 죽이겠다고 위협하다

107

resign, retire

*resign 사임(사직)하다
*resignation 사임, 사직

*retire 은퇴(퇴직)하다

ROOT/STEM

resign (개인사정으로) 사임(사직)하다, 물러나다
* **re**(다시) + **sign**(서명하다) → **resign**(사직서에 서명하여) 사임하다
* **resignation** ① 사임, 사직(서) ② 감수, 체념
* **step down** (요직에서) 물러나다, (후임을 위해) 퇴진하다
retire 은퇴하다, 퇴직하다
* **retirement** 은퇴, 퇴직(생활)
* **tire**(피로해지다, 지치다, 싫증나다) → **retire** 은퇴하다, 퇴직하다

예문

He is going to resign. 그는 사임하려고 한다.

Protesters called for the prime minister's resignation.
시위대는 총리의 사임을 요구했다.

The opposition party demanded that the president step down.
야당은 대통령의 하야를 요구했다.

I have no plans to retire as long as my health permits.
나는 건강이 허락하는 한 은퇴할 계획이 없다.

I put some money away for retirement.
나는 퇴직에 대비해서 돈을 좀 모아두었어

Retirement only means that it's time for a new adventure.
은퇴는 새로운 도전을 해 볼 시간이다.

* 물러나는 것은 잠시 몸을 낮추고 자유를 얻는 것이며 숨 가쁘게 달리다가 멈춰서서 새로운 도전을 해 볼 시간이다. 더 할 수 있는 데도 절제의 미덕을 발휘하여 명예롭게 퇴장하는 사람은 그가 버린 것보다 많은 것을 얻을 수도 있다.

Accept change, not with resignation but with a fierce longing to learn from it.
변화를 받아들여라. 체념하면서가 아니라 거기서 무언가를 배우겠다는 열망으로.

구문

- **urge to resign** 사임을 촉구하다
- **be forced to resign** 사임을 강요당하다
- **receive his resignation** 그의 사직서를 받다
- **clamour for his resignation** 그의 사임을 소리 높여 요구하다
- **a sigh of resignation** 체념의 한숨
- **accept one's defeat with resignation** 체념하고 패배를 받아들이다
- **retire honorably** 명예롭게 은퇴하다
- **retire from political life** 정계에서 은퇴하다
- **retirement pension** 퇴직연금
- **put off retirement** 은퇴를 미루다
- **retirement pay** 퇴직금
- **bring one's retirement forward** 은퇴를 앞당기다
- **step down from ministerial post** 장관직에서 물러나다
- **step down from his position** 자리에서 물러나다
- **step down from power** 권력에서 물러나다

108

hospitality, get on

ROOT/STEM

hospitality 환대, 후대, 접대
* 라틴어 **hospita**(여자 손님, 손님 맞는 여주인) → **hospital**
* **hospital** 병원
* **hospitalize** 입원시키다
* **hospitalization** 입원
* **hospitality** 환대
* **hospitable** ① 환대하는, 친절한 ② (기후, 환경이) 쾌적한, 알맞은

예문

We may stagger at criticism when we are accustomed to praises, or get hurt at poor treatment when accustomed to hospitality. 칭찬에 익숙하면 비난에 마음이 흔들리고 환대에 익숙하면 푸대접에 마음이 상한다.

Nomads are very hospitable to strangers. 유목민은 이방인에게 아주 친절하다.

* 유목민이 이방인을 환대하는 이유
정착민들은 땅을 지키며 농사를 짓고 살아왔기 때문에 삶의 터전을 빼앗길까 염려하여 외지인을 배척해왔다. 그러나 유목민들은 먹을 것을 찾아 항상 이동하기 때문에 그들에게는 땅보다 어디에 먹을 것이 있는지 아는 것, 즉 정보가 중요했다. 외지인들은 새로운 정보를 가지고 오는 사람들이었기 때문에 유목민들은 대체로 외지인들을 환대하고 그들과 교류하며 정보를 많이 수집하려고 했다.

* 우리도 이방인을 환대해야 하는가?
낯선 이방인을 받아들일 것인가 하는 문제는 단순한 인도주의적 문제가 아니라 우리의 생존과 직결되어 있는 문제이다. 이방인을 받아들일 때의 장점도 있지만 우리 삶의 익숙함, 편리함, 자기중심적 삶이 무너지는 측면도 있다. 또 우리는 방문한 이방인이 손님인지, 강도인지, 전염병을 퍼뜨릴 사람인지 알 수 없다. 이방인을 받아들이기 위해서는 그들이 우리에게 유익한지, 우리 사회에 융합될 수 있고 자질, 능력, 올바른 품성을 가지고 있는지 신중하게 검토해 보아야 한다.

구문

- **a hospitality tent** 접대용 천막
- **a hospitality suite** 귀빈실
- **kind hospitality** 친절한 환대
- **hospitalize a patient** 환자를 입원시키다
- **a hospitalization application** 입원신청서
- **a hospitalization bill** 입원비 청구서
- **be hospitable to strangers** 이방인을 환대하는
- **hospitable environment** 살기 좋은 환경
- **hospitable life** 쾌적한 생활
- **the weather is hospitable** 날씨가 쾌적하다

ROOT/STEM

get on ① 올라타다, 탑승하다 ② ~을 계속하다**(~with)**

예문

I get on the bus. 나는 버스를 탄다.

Get on my back! 나한테 업혀!

Get him on the phone! 그에게 전화 받으라고 해!

I should get on with my work. 나는 일을 계속해야 돼

Cut the chatter and get on with your work! 잡담 그만하고 하던 일이나 계속해!

구문

- **get on the phone** 통화를 하다

109 forfeit, confiscate

*fiscal 국가재정의

*confiscate 몰수하다
*confiscation 몰수, 압수

ROOT/STEM

forfeit ① 몰수(박탈)당하다 ② 몰수, 박탈, 벌칙

* **for** (강제 **force**) + **feit**(만든 것) → **forfeit**(법에 위반하여 만든 것을) 강제로 몰수 당하다 * **forfeiture** 몰수, 박탈

confiscate 압수하다, 몰수하다

* **con**(함께) + 라틴어 **fiscus**(국고) → 라틴어 **confiscare**(국고에 귀속시키다)

→ **confiscate** 몰수하다 * **confiscation** 몰수, 압수

* **forfeit**는 법, 규칙, 계약 등에 위반하여 권리를 박탈당하는 것, **confiscate**는 범죄 등의 이유로 국가에서 개인 소유권을 공적으로 취득하는 것을 나타낸다

예문

If you break the contract, you will forfeit your deposit.
계약을 위반하면 보증금을 몰수당하게 될 겁니다.

I want to forfeit. 나 기권할래.

His lands and titles were forfeited.
그의 토지와 작위는 박탈되었다.

She was accused of being a witch and had her property confiscated.
그 여자는 마녀로 고발당해 재산을 몰수당했다.

* 마녀사냥(witch-hunt)이 횡행했던 진짜 이유
마녀로 지목되어 사형당하게 되면 체포, 심문, 고문, 화형 집행비용, 재판관과 사형집행인의 보수 등을 모두 사형수가 부담해야 했다. 마녀가 체포되면 그녀의 모든 재산은 몰수되었고 이러한 재산 몰수는 마녀사냥이 횡행했던 중요한 이유 중의 하나였다. 인간 행동의 기준 중요한 동기는 이해 관계(interests)에 있다.

구문

- **order the forfeit of his assets** 그의 재산 몰수를 명하다
- **the forfeit of his life** 그의 생명의 박탈
- **forfeited game** 몰수경기
- **forfeit one's bail** 보석금을 몰수당하다
- **the forfeiture of property** 재산 몰수
- **confiscate smuggled goods** 밀수품을 압수하다
- **confiscate his phone** 전화기를 압수하다
- **confiscate their assets acquired during the Japanese occupation**
  일제 강점기에 취득한 그들의 재산을 몰수하다
- **confiscation of all assets** 전재산의 몰수

110

worry, concern, anxiety

worry

걱정은 흔들의자와 같다.

걱정은 인생의 녹이다.

*worry 걱정(하다)
*worried 걱정(우려)하는
*worrisome 걱정스러운

*concern 관심사, 걱정
*anxiety 불안감, 걱정거리

ROOT/STEM

worry ① 걱정, 걱정거리 ② 걱정하다, 걱정하게 만들다
*** Old English**의 **wyrgan**(목조르다, 교살하다) → **worry** 걱정하다
concern ① 관련되다 ② 우려, 걱정
* **worry**는 일반적으로 걱정하는 것, **concern**은 특정 상황 또는 여러 사람에게 영향을 미치는 관심사 또는 그에 관한 걱정, **anxiety**는 불안감을 주는 것, **care**는 조심(주의)하는 것을 말한다
* **worried** 걱정(우려)하는
* **worrisome** 걱정스러운
* **worrywart** 걱정을 많이 하는 사람**(worrier)**

예문

It's useless worrying about it. 걱정해봐야 소용없다.

Worry is like a rocking chair 걱정은 흔들의자와 같다.

* 걱정은 흔들의자처럼 흔들기만 할 뿐 어디로 데려다 주지는 못한다. 걱정한다고 문제가 해결되는 건 아니고 걱정하는 대로 일이 일어나는 것도 아니다. 걱정은 문제를 해결하고 극복하는 에너지가 되고 새로운 도전과 응전을 유발하는 촉매가 되기도 하지만 내적 번민을 일으켜 생명력을 약화시키는 측면도 있다. 미래를 걱정하기보다 미래를 어떻게 만들어 나갈 것인가를 생각하고 지금 이 순간을 소중히 누리며 충실하게 살아나가는 것이 더 나은 미래를 가져올 수 있다.

Quit worrying about your health. It will go away.
건강에 대한 걱정을 그만두라. 건강이 달아난다(그 시간에 운동을 하라).

Worrying often gives a small thing a big shadow.
걱정은 흔히 적은 것에 큰 그림자를 드리운다

Your had better stop worrying about life and see what treasures you can pluck from your own brand of unhappiness.
인생에 대하여 걱정하기를 그만두고 자신의 불행에서 뽑아낼 수 있는 보물을 보는 것이 낫다.

It's a sort of worrisome. 뭔가 좀 걱정스럽다(불안하다).

The recent surge in housing costs is worrisome. 최근의 급격한 집값 상승이 걱정스럽다.

I am a worrier. 나는 걱정을 많이 하는 사람이야.

You are such a worrywart. 너는 너무 걱정을 많이 하는 사람이야.

구문

- **worry beads** 마음을 달래는 염주
- **sleep without a worry** 발 뻗고 자다
- **be relieved of worry** 걱정을 덜다, 안도하다
- **be out of mind with worry** 걱정으로 정신이 없다
- **a worrisome symptom(sign)** 걱정스러운 증상(징후)
- **more worrisome is ~** 더욱 걱정스러운 것은 ~이다
- **raise concerns** 우려를 제기하다
- **what concerns me is** 내가 우려하는 것은
- **have concerns** 걱정거리가 있다
- **assure an air of concern** 염려하는 척하다
- **concern for others** 다른 사람들에 대한 염려
- **questions concerning the future** 장래에 관한 질문
- **a case concerning children** 아동 관련 사건

111

terminate, terminal, exterminate

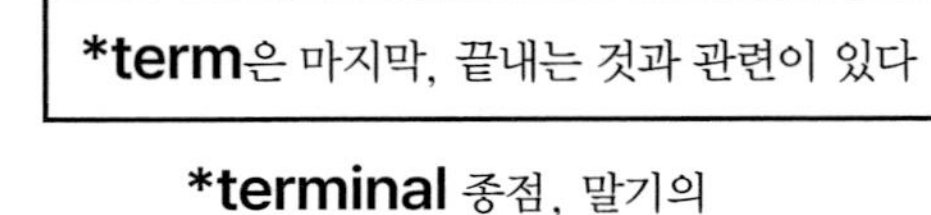

*terminal 종점, 말기의
*terminate 끝나다, 끝내다

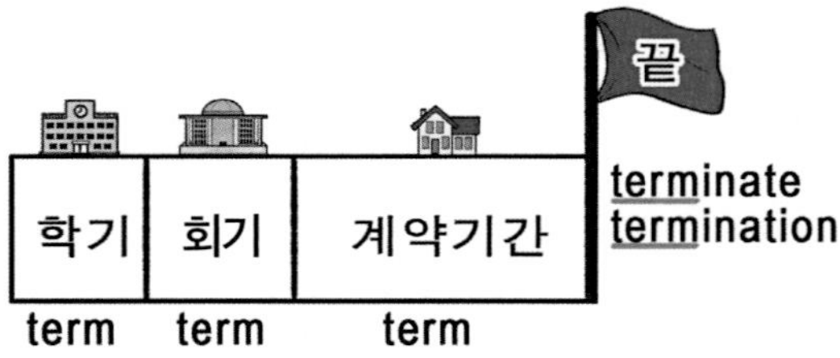

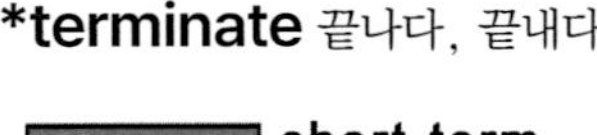

terminal

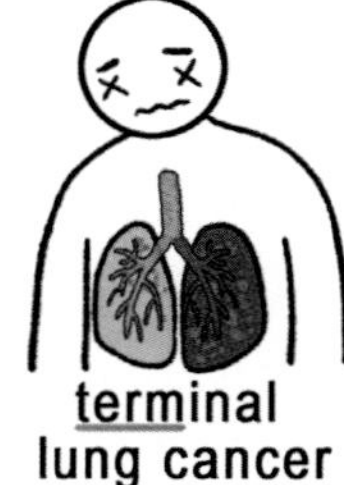
terminal
lung cancer

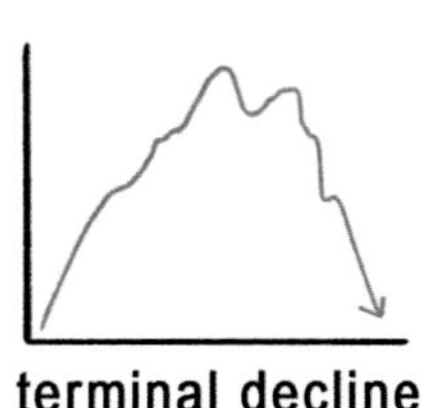
terminal decline

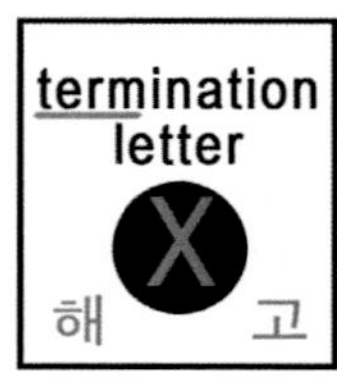

terminator

exterminate
vermin

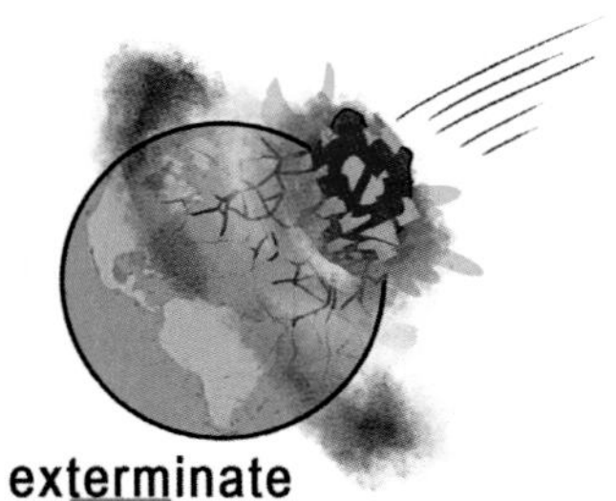
exterminate
all species

*exterminate 몰살시키다

ROOT/STEM

terminate ① 끝나다, 종료되다 ② 끝내다, 종료시키다 ③ 종점에 닿다
* 라틴어 **terminus**(기한, 한계, 끝), 라틴어 **terminare**(끝내다)
→ **term** ① 기간, 학기, 임기, 회기 ② 용어
* **terminal** ① 종점, 종착역, 단말기 ② 말기의, 불치의
* **termination** 종료, 임신중절수술
* **terminator** ① 끝내는 사람, 종결자 ② (달, 별) 명암경계선
* **exterminate** 몰살시키다, 박멸하다
* **extermination** 근절, 박멸, 몰살
* **exterminator** ① 근절(몰살)시키는 사람 ② 구제약

예문

We have a new timetable each term.
우리의 학기마다 시간표가 다르다.

It's a technical term. 그건 전문용어야.

The lease shall terminate in March. 임대차계약이 3월로 종료된다.

He was diagnosed with terminal cancer. 그는 말기 암을 선고받았다.

This terminal is live. 이 단말기는 전기가 흐르고 있다.

In case of termination before the expiration date of the contract, a cancellation fee will be charged.
중도해약 시에는 수수료가 부과됩니다.

The astroid crash can exterminate an entire species.
소행성 충돌이 종 전체를 멸종시킬 수 있다.

구문

- **in more technical terms** 좀 더 엄밀한 의미에서
- **the end of term** 학기 말
- **long-term illness** 장기 질환
- **short-term memory** 단기 기억
- **a short-term contract** 단기 계약
- **termination of the contract** 계약의 종료
- **the termination of the treaty** 조약의 폐기
- **the termination notice** 해고 통지
- **the termination of the chivalry** 기사 제도(기사도 정신)의 종말
- **exterminate cockroaches** 바퀴벌레를 박멸하다
- **exterminate malaria** 말라리아를 퇴치하다
- **extermination campaign** 근절운동
- **vermin extermination** 해충 박멸
- **ultrasonic insect exterminator** 초음파 살충기

112

dissident, dissent, crush, crunch

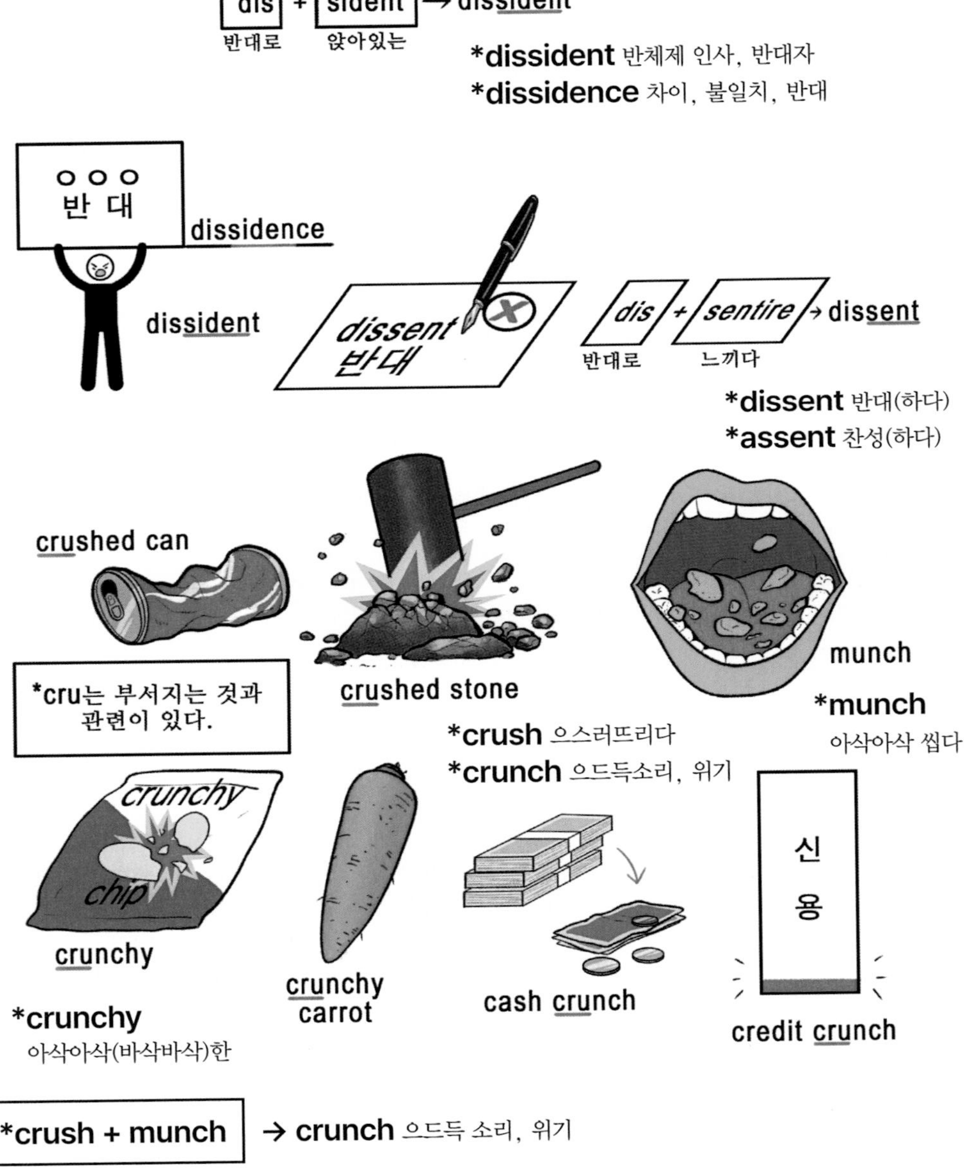

*crush + munch → crunch 으드득 소리, 위기

ROOT/STEM

dissident 반체제 인사, 반대자
* **dis**(반대, 떨어져 있는) + 라틴어 **sedere**(앉다)
→ 라틴어 **dissidere**(떨어져있다, 일치하지 않다) → **dissident** 반체제 인사
* **dissidence** ① 차이, 불일치 ② 반대, 반체제
* **dis**(반대) + 라틴어 **sentire**(느끼다) → **dissent** 반대, 반대하다(↔ **assent** 찬성, 찬성하다)

예문

Two political dissidents have been detained for their involvement in the separatist movement.
두 반체제 인사들이 분리독립운동에 관여했다는 이유로 구금되었다.

Dissidence will not be tolerated. 반대는 용인되지 않을 것이다.

The voices of dissent are growing louder and louder. 반대의 목소리가 점점 커지고 있다.

구문

- **dissident monks** 반체제 승려들
- **dissident scholars** 반체제 학자들
- **his dissident days** 그의 반체제 운동시절
- **the dissident group** 반체제 그룹
- **dissident shareholders** 반대주주
- **block dissident opinions** 반체제 의견을 막다
- **political dissidence** 정치적 반대
- **refuse to allow dissent** 반대를 허용하지 않다
- **dissent**(assent) **to the terms he proposed** 그가 제안한 조건에 반대(찬성)하다

ROOT/STEM

crunch ① (으드득, 오도독) 소리 ② 위기, 중대 상황 ③ 아작아작 씹다, 씹는 소리
* **crush**(으스러뜨리다) + **munch**(아삭아삭, 우적우적 씹다) → **crunch** 으드득 소리, 위기
* **crunchy** 아삭아삭한, 바삭바삭한
* **crash** (충돌, 추락) 사고, 충돌(추락)하다

예문

The company decided to sell some of its operations to overcome a financial crunch.
그 회사는 금융위기를 극복하기 위해 사업의 일부분을 매각하기로 했다.

Can you hear the crunch? 바삭바삭(오독오독) 소리가 들려?

구문

- **munch on cockroaches** 바퀴벌레를 씹어먹다
- **munch on snacks** 과자를 씹어먹다
- **the sound of munching** 쩝쩝거리는 소리
- **an air crash** 항공기 충돌 사고
- **make a crash landing** 불시착하다

113

wise, wisdom, get over

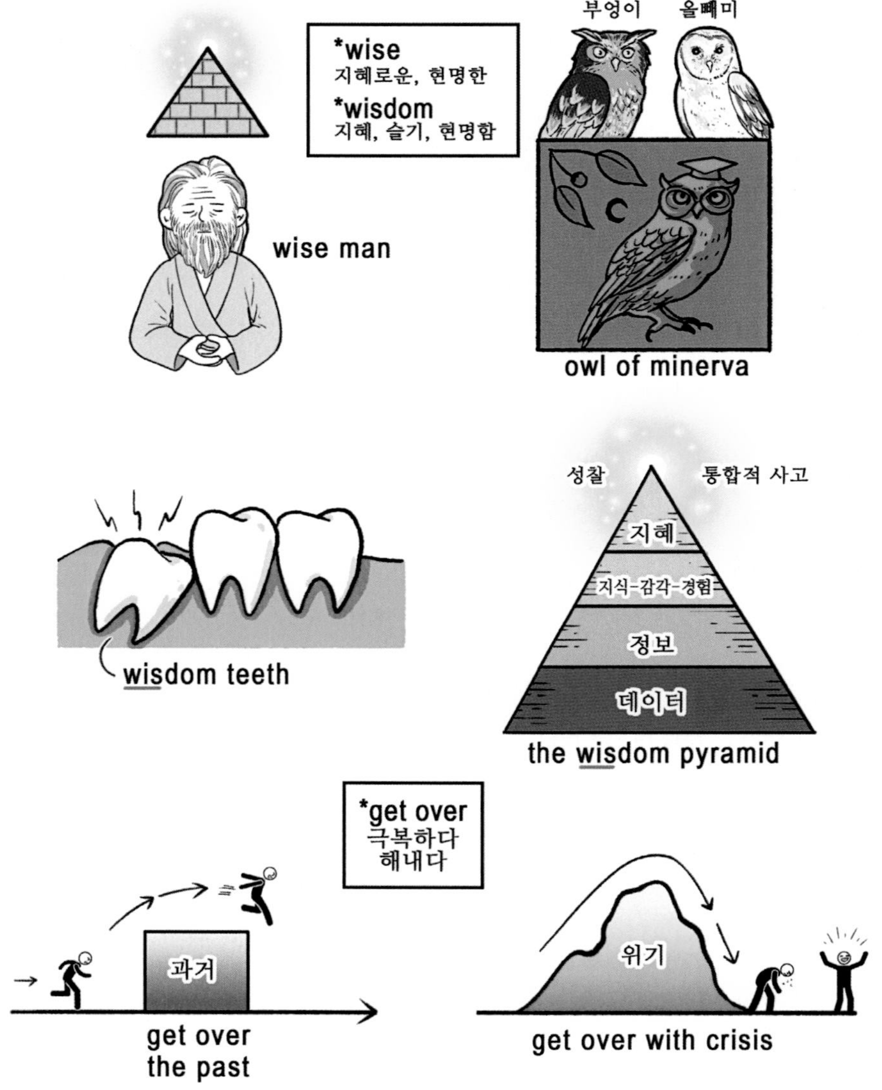

ROOT/STEM

wisdom 지혜, 슬기, 현명함
*** money-wise** 금전적인 면에서는
*** wise** 지혜로운, 슬기로운 → **wisdom** 지혜, 슬기
*** time-wise** 시간적인 면에서는

예문

No man is wise by himself. 누구도 혼자서 지혜로울 수 없다.

Wise men correct their own fault by other's fault. 현명한 사람은 타인의 잘못을 보고 자신의 잘못을 고친다.

When anger enters the mind, wisdom departs. 분노가 마음에 들어오면 지혜가 떠나간다.

The owl of Minerava spreads its wing only at the coming of the dusk.
미네르바(지혜의 여신)의 부엉이는 황혼녘에 날개를 편다. - 헤겔
* 지혜는 항상 늦게 작동된다.
부엉이가 저녁이 되어서야 날아오르는 것처럼 지혜는 항상 늦게 작동된다. 사람은 나이가 들어야 철이 들고 하던 일은 임기가 끝날 때쯤이면 이제 잘 할 수 있을 것 같다.

Life's tragedy is that we get old too soon and wise to late.
인생의 비극은 너무 일찍 시들고 늦게 철 든다는 것이다.

It is not white hair that engenders wisdom. 흰머리가 지혜를 낳는 것은 아니다.
* 지혜는 단순히 많이 안다거나 기술이 뛰어나다는 것을 의미하지 않는다. 지혜는 미혹되지 않고 올바르게 판단하는 것, 지식과 감각, 경험을 통합하여 일을 올바르게 처리하는 능력을 말한다.

구문

- **wisdom teeth** 사랑니(사랑니가 날 때쯤 지혜가 생긴다고 해서 사랑니를 wisdom teeth라고 한다)
- **pearls of wisdom** 주옥과 같은 지혜의 말씀
- **conventional wisdom** 사회 통념

ROOT/STEM

get over ① 극복하다, ~로부터 회복되다 ② (충격, 불행 등을) 잊다, 잊고 앞으로 나아가다
get over with ~을 끝내다, 해내다

예문

A slip of the foot you may soon recover, but a slip of the tongue you may never get over.
발 실수는 곧 회복할 수 있을지 몰라도 말실수는 만회할 수 없다. - 벤자민 프랭클린

Let's get it over with! 빨리 끝내버리자!

Get it over with now! 지금 당장 끝내(처리해)!

Get over yourself! 잘난 척 그만해!

구문

- **get over one's illness** 병에서 회복하다
- **get over one's fear** 공포를 극복하다
- **get over oneself** 자만심을 버리다, 철들다
- **get over her** 그녀를 잊다
- **get over with economic crisis** 경제위기를 극복하다

114

adamant, invincible

ROOT/STEM

adamant 요지부동의, 단호한, 완강히 주장하는

* 라틴어 **adamas**(다이아몬드, 강철, 냉혹한 사람) → **adamant** 요지부동의, 단호한

예문

He is adamant that he will not resign. 그가 사임하지 않겠다는 것은 단호하다.

She was adamant that she would not come. 오지 않겠다는 그녀의 의지는 요지부동이다.

He was adamant in his determination to get revenge on the assailant.
가해자에게 복수하겠다는 그의 결심은 단호했다.

* assail 공격을 가하다, 습격하다

She was adamant in refusing to marry Jack. 그 여자는 잭과의 결혼을 완강하게 거부하고 있다.

He adamantly denied that he was involved with the scandal.
그는 자신이 그 스캔들에 관여되어 있다는 것을 단호하게 부인했다.

구문

- **adamantly oppose** 단호하게 반대하다
- **adamantly decline** 한사코 거절하다
- **adamantly stick to** 완강하게 ~를 고수하다
- **adamantly insist on ~ing** 완강하게 ~하겠다고 하다

ROOT/STEM

invincible 천하무적의, 아무도 꺾을 수 없는

* 라틴어 **vincere**(이기다, 정복하다) → **vincible** 이길 수 있는, 극복(정복)할 수 있는

* **in**(부정) + **vincible**(이길 수 있는) → **invincible** 천하무적의, 아무도 꺾을 수 없는

예문

The team seemed invincible. 그 팀은 천하무적으로 보였다.

I am in a state of vincible ignorance. 나는 무지를 극복할 만한 상태에 있다.

Achilles was a Greek warrior who thought he was invincible.
아킬레스는 자신이 무적이라고 생각한 그리스 전사였다.

* 아킬레스는 그리스의 영웅 펠레우스와 바다의 여신 테티스 사이의 아들이다. 테티스는 아들이 불사신이 되도록 스틱스강에 몸을 담갔지만 손으로 잡았던 발뒤꿈치에만 강물이 닿지 않았다. 그는 트로이 전쟁에서 활약하다가 트로이의 왕자 파리스가 쏜 독화살에 발뒤꿈치를 맞아 죽었다.

구문

- **invincible troops** 무적의 부대
- **an invincible belief** 아무도 못 말리는 믿음
- **an invincible pitching staff** 무적의(막강한) 투수진

115

dementia, mental, rampant

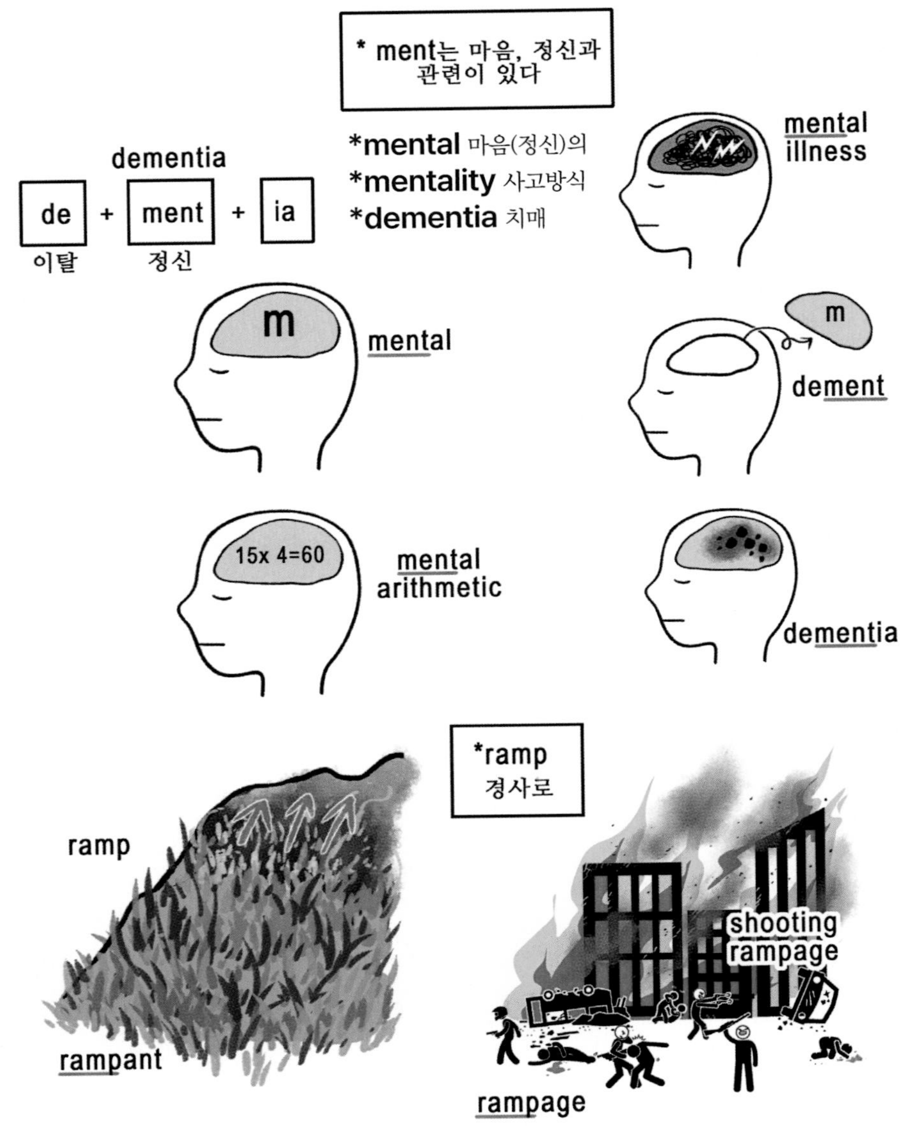

*rampant 걷잡을 수 없는
*rampage 난동, 광란을 부리다

ROOT/STEM

dementia 치매

* 라틴어 **mens**(마음, 정신), 라틴어 **mentalis**(마음의, 정신의)

*** ment**는 마음, 정신과 관련이 있다 → **mental** 마음의, 정신의 *** mentality** 사고방식

* **de**(이탈) + **ment**(정신) + **ia**(접미사) → **dementia** 치매

예문

He got dementia because of alcohol. 그는 술 때문에 치매에 걸렸다.

구문

- **suffer from dementia** 치매를 앓다
- **digital dementia** 디지털 치매
- **dementia patients** 치매 환자
- **the early stage of dementia** 치매의 초기 단계
- **mental illness** 정신질환
- **mental faculties** 정신적 기능
- **mental fatigue** 정신적 피로
- **mental age** 정신 연령
- **go mental** 미치다, 머리가 돌다
- **mental arithmetic** 암산

* mental accounting(정신적 회계, 심리계좌): 사람들은 의사결정을 할 때 마음속으로 이익과 손실을 계산하는 회계장부(계좌)를 가지고 있다.

- **the mentality of hooligans** 훌리건의 사고방식
- **silo mentality** 기업의 성장을 저해하는 지나친 사내 경쟁의식 (* **silo** 곡식, 사료 등의 저장고)
- **herd mentality** 군중심리
- **professional mentality** 프로의식

ROOT/STEM

rampant 걷잡을 수 없는, 만연하는, 걷잡을 수 없이 자라는(무성한)

* 프랑스어 **ramper**(기어오르다, 퍼져가다, 스며들다) → **rampant** 걷잡을 수 없는, 만연한

*** ramp**는 경사진 것, 기어오르며 확산되는 것, 퍼지는 것과 관련이 있다

*** ramp** 경사로 **rampage** 난동, 광란(을 부리다)

예문

Corruption is rampant. 부패가 만연해 있다.

Hundreds of angry fans rampaged through the town.
수백 명의 성난 팬들이 도심에서 난동을 부렸다.

Mobs went on the rampage. 폭도들이 광분하여 난동을 부렸다.

구문

- **come down the ramp** 경사로를 내려오다
- **an exit ramp** 진출경사로
- **an entry ramp** 진입경사로
- **a rampant rumor** 걷잡을 수 없이 퍼지는 소문
- **rampant inflation** 걷잡을 수 없는 인플레
- **speculation is rampant on** ~에 대한 추측이 무성하다
- **rampant use of drugs** 마약 사용의 만연
- **shooting rampage** 총기 난사(난동)
- **go on the rampage** 난동(광란)을 부리다

116

eu가 들어 있는 단어

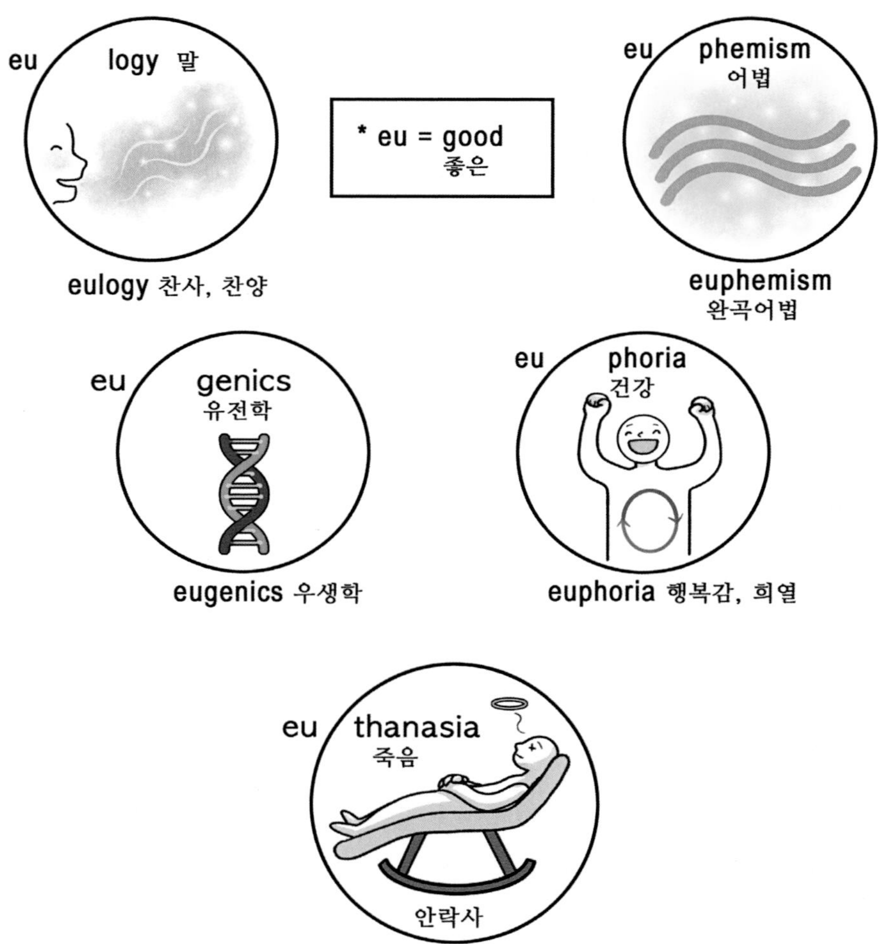

ROOT/STEM

eu(=**good**)가 들어 있는 단어

eulogy ① 찬양(연설), 찬사 ② 추도사, 추도 연설 * **eu**(좋은) + 그리스어 **logia**(연설) → **eulogy** 찬양 연설, 추도 연설
euphemism 완곡어법, 완곡어구 * **eu**(좋은) + 그리스어 **pheme**(말) → **euphemism** 완곡어법
euthanasia 안락사 * **eu**(좋은) + 그리스어 **thanatos**(죽음) → **euthanasia** 안락사 * **euthanize** 안락사시키다
eugenics 우생학 * **eu**(좋은)+ **gene**(유전자) + **ics**(접미사, 학문) → **eugenics** 우생학
euphoria (극도의) 행복감, 희열, 도취 * **eu**(좋은) + 그리스어 **phor**(운반하다) → 그리스어 **euphoros**(건강) → **euphoria** 행복감, 희열

예문

His poems were a eulogy to the joys of life.
그의 시는 인생의 기쁨에 대한 찬가였다.

I like to use euphemisms. 나는 완곡어법을 즐겨 쓴다.
※ 완곡어법의 사례
- **pass away**(돌아가시다=die)
- **sanitary engineer**(위생기술자=garbage collector 쓰레기 수거인)
- **senior citizen**(노련한 시민=노인)
- **freedom fighter**(자유의 전사=terrorist)
- **queer**(기묘한=mad, 동성애자 homosexual)

I made a very hard decision to euthanize my pets.
나는 애완동물들을 안락사 시키려는 매우 어려운 결정을 했다.

Eugenics proved to be a pseudo science.
우생학은 사이비 과학으로 판명되었다.
* 19세기 후반에 탄생한 우생학은 나쁜 형질의 유전을 최소화해야 한다는 논리로 인종차별, 인종청소, 사회부적격자 단종 시술, 이민 규제 등의 이론적 근거가 되어 왔다. 우생학은 교육, 양육 같은 사회적 요인을 무시하였고 유전자는 질보다 배합이 중요하다는 점을 간과하였다. 우생학은 과학이라는 가면을 쓴 사이비 과학이 낳은 폐해였다.

구문

- **a eulogy to marriage** 결혼에 부치는 찬사
- **the biography in eulogy of him** 그를 찬미하는 전기
- **a eulogy on the dead** 고인에 대한 추도연설
- **legalize voluntary euthanasia** 자발적 안락사를 합법화(법제화) 하다
- **a firm stance against**(for) **euthanasia** 안락사에 대한 확고한 반대(찬성) 입장
- **live in a state of euphoria** 극도로 행복한 상태에서 살다

117

manure, compost, vocation, avocation

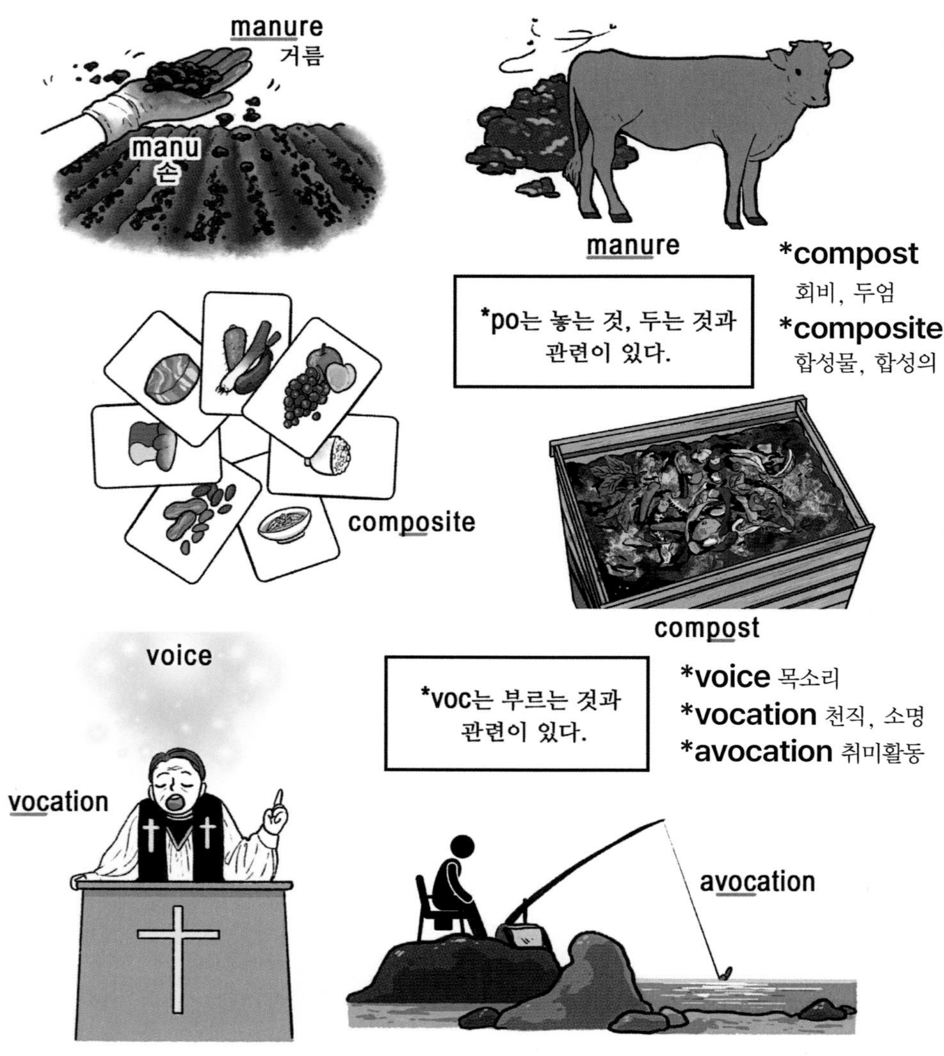

ROOT/STEM

manure 거름(배설물로 만든 것), 거름을 주다
* 라틴어 **manus**(손) → **manure**(손으로 거름을 주기 때문에) 거름, 거름을 주다
* **compost**는 짚이나 풀 등을 섞어서 만든 퇴비, 두엄 * **compost** 퇴비, 두엄 → **composite** 합성의, 합성물

예문

Money should be like manure. 돈은 거름과 같아야 한다.

* 돈은 물처럼 흘러야 하며 한 곳에 쌓이게 되면 썩어서 악취가 난다. 돈을 쌓아두는 과정에서 병이 나기도 하고 화를 당하기도 한다. 돈은 거름처럼 필요한 곳에 골고루 뿌려져야 한다. 인생이라는 선물이 잠깐 우리에게 주어졌다가 떠나듯이 돈도 우리를 떠나간다. 돈의 소유자로 살지 말고 유능한 관리인으로 살아라.

Livestock manure is used as a natural fertilizer. 가축분뇨는 천연비료로 사용된다.

We can make compost by decomposing food waste.
우리는 음식물 쓰레기를 썩혀서 퇴비를 만들 수 있다.

구문

- **manure a field** 밭에 거름을 주다
- **pig manure** 돼지 배설물로 만든 거름
- **add manure** 거름을 주다
- **compost bin** 퇴비통
- **compost heap**(pile) 퇴비 더미
- **a barrow with compost in it** 퇴비를 실은 손수레

ROOT/STEM

vocation 천직, 소명, 사명
* 라틴어 **vocare**(부르다, 소환하다) → **vocation** (신의 부름에 의한 것이므로) 천직, 소명
* **vocational** 직업의, 직업과 관련된
* **a**(아닌) + **vocation**(직업) → **avocation**(직업이 아닌 것이므로) 취미, 여가활동

예문

Nursing is her vocation. 간호사 직은 그녀의 천직이다.

Choose a job you love, and you will never have to work a day in your life.
좋아하는 일을 직업으로 택하면 평생 하루도 일하지 않아도 될 것이다.

* 아는 자는 좋아하는 자만 못하고, 좋아하는 자는 즐기는 자만 못하다 - 공자
* 페니실린을 발명한 Flemming에게 미생물 연구는 박테리아와 함께 하는 재미있는 놀이였다. 에디슨에게 발명은 일이 아니라 재미있는 놀이였다. 사람은 일을 놀이처럼 할 때 창의력을 발휘하여 뛰어난 성과를 거둘 수 있다.

구문

- **a sense of vocation** 소명의식
- **a vocational school** 직업학교
- **vocational skills training** 직업능력훈련
- **a vocational bureau** 직업상담소
- **my avocation** 나의 여가활동
- **turn to music as an avocation** 음악을 취미로 삼다

118

hide, hideout, hideous, heuristic

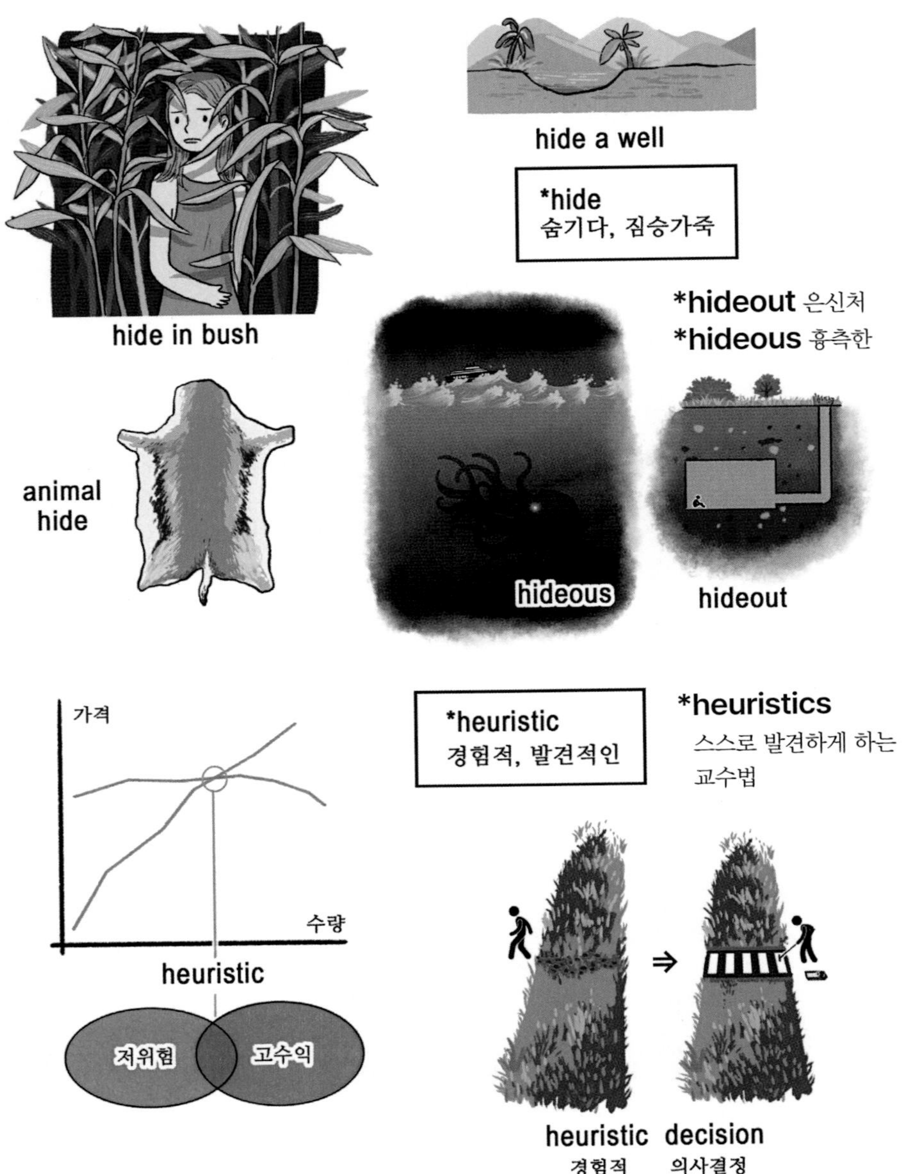

ROOT/STEM

hide ① 감추다, 은폐하다, 숨기다 ② 숨다, 잠복하다 ③ 짐승 가죽, 가죽을 벗기다 * **hidden** 숨겨진, 숨은 비밀의
* **hideout** 비밀은신처, 아지트(**agitpunkt** 러시아어, 아지트는 숨어서 비밀활동하는 공산당 용어였다)
* **hideous** 흉측한, 끔찍한(숨겨둔 것이 흉측하다, 끔찍하다)

예문

What makes the desert beautiful is that somewhere it hides a well.
사막이 아름다운 것은 어딘가에 샘을 숨겨놓고 있기 때문이야. - 생텍쥐페리

Love and a cough can not be hidden. 사랑과 기침은 숨길 수 없다.

Language exerts hidden power. 언어는 겉으로 드러나지 않는 힘을 발휘한다.

The secret to creativity is knowing how to hide your sources.
창의성의 비밀은 그 원천을 숨길 줄 아는 것이다. - 아인슈타인
* 하늘 아래 새로운 것은 없다. 대부분의 창의성은 이미 알고 있는 것에서 비롯된다.

Stone Age hunters made clothes from the hides of animals. 석기시대 수렵인들은 짐승 가죽으로 옷을 만들었다.

The police raided the gang's hideout. 경찰이 범죄단의 아지트를 습격했다

구문

- **hiding place** 은신처
- **hide one's tears** 눈물을 감추다
- **can't hide one's dismay** 실망을 감출 수 없다
- **hide one's blushes** 얼굴이 빨개지는 것을 감추다
- **buffalo hide** 버팔로 가죽
- **tan a hide** 가죽을 무두질하다
- **hide-and-seek** 숨바꼭질
- **surround the criminal's hideout** 범인의 은신처를 포위하다
- **hidden asset** 은닉 재산
- **hidden hostility** 감춰진 적의
- **a hideous face** 흉측한 얼굴
- **a hideous nightmare** 끔찍한 악몽
- **a hideous crime** 끔찍한 범죄

ROOT/STEM

heuristic ① 체험적인, 스스로 발견하게 하는
② 어림짐작의 (반복된 경험에 의존하거나 시장의 선택에 맞게 비교적 적은 노력으로 그럭저럭 만족할만한 해결책을 찾는)
* **heuristics** 탐구학습, 스스로 발견하게 하는 교수법

예문

We use bias and heuristics to make dicisions.
우리는 결정을 내리기 위해 편견과 체험적(경험적) 방법을 사용한다.
* 최선의 선택이 항상 최고인 것은 아니다.
도로를 횡단하는 최적의 경로를 찾기 위해서는 사람들의 발자국이 많이 남은 곳을 선택한다. 이것은 비교적 적은 노력으로 그럭저럭 만족할 만한 해결책을 찾아내는 방법이다. 직관, 어림짐작에 의한 판단은 실생활에서 유용하고 위험을 회피하는데 매우 효과적이다. 최선의 선택을 하기 위해 막대한 비용과 시간을 투입하는 것이 항상 좋은 것은 아니다. 아무리 좋은 해결책도 때가 늦으면 아무 소용이 없다.

구문

- **heuristic approach** 시행착오를 거듭하면서 자기발견적으로 문제를 해결하는 접근법
- **heuristic analysis** 경험적 분석

119

urge, urgency, get off

*get off 내리다, 털어내다, 끝내다

ROOT/STEM

urge ① ~하도록 설득(권고, 촉구)하다 ② 욕구, 충동
* 라틴어 **urgere**(세게 떠밀다, 재촉하다, 임박하다) → **urge** 촉구하다, 욕구, 충동
* **urgent** 긴급한, 시급한, 다급한 * **urgency** 긴급, 위급, 긴급한 일

예문

I will resist the urge to open.
나는 열고 싶은 충동을 참을 것입니다.

The aging process has you firmly in its grasp if you never get the urge to throw a snowball.
눈덩이를 던져보고 싶은 충동이 생기지 않으면 당신은 노화의 손아귀에 사로잡혀 있는 것이다.

The company may face closure unless it gets an urgent cash injection.
그 회사는 긴급자금을 투입받지 못하면 문을 닫아야 할지도 모른다.

We must deal with this as a matter of urgency.
우리는 이것을 긴급문제로 다루어야 한다.

구문

- **urge others to alter their ways**
  다른 사람들에게 방식을 바꾸도록 강요하다
- **an irresistible urge** 참을 수 없는 충동
- **strongly urge to** ~에게 강력히 촉구하다
- **an urge to laugh** 웃고 싶은 충동
- **the urge to survive** 살아남고자 하는 욕구
- **an urgent message** 급한 전갈
- **urgent treatment** 긴급한 치료(처리)
- **urgent news** 긴급 속보
- **an urgent press conference** 긴급 기자회견
- **urgent business** 긴급한 용무, 급한 일
- **the urgency of his voice** 그의 목소리의 다급함
- **convey the urgency** 긴급함을 전달하다
- **feel the urgency** 절박함을 느끼다

ROOT/STEM

get off ① 내리다, 떠나다, 끝내다, 손을 떼다 ② 벗다, 털어내다

예문

I get off at the next stop. 나 다음 정거장에서 내려.

Get off me, that hurts! 이거 놔, 아파!

Get your hands off me! 나한테서 손 떼!

구문

- **get off the subject**
  주제에서 벗어나다, 그 얘기를 그만하다
- **get off work early** 일찍 퇴근하다
- **get off the bus** 버스에서 내리다
- **get off your ass!** 당장 일어나!
- **get off the ladder** 사다리에서 내려오다
- **get off dust off** 먼지를 털어내다
- **get the lint off one's clothes**
  ~의 옷에서 보푸라기를 털어내다

120 doleful, condole, futile

*라틴어 **dolere** 아파하다
*__dole__은 아파하는 것과 관련이 있다

***doleful** 애절한, 슬픈
***condole** 조의를 표하다
***condolence** 애도, 조의

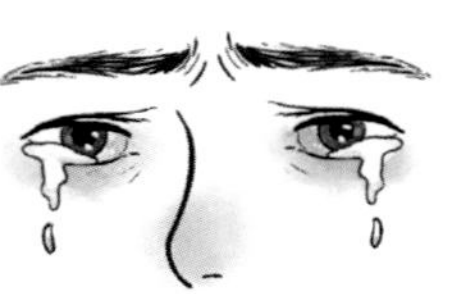

doleful eyes

doleful

condole

ROOT/STEM

doleful 애절한, 슬픈

* 라틴어 **dolere**(아프다, 고통을 느끼다) → **dole** (영국) 실업수당 * **doleful** 애절한, 슬픈

* **con**(함께) + **dole**(슬픔) → **condole** 문상(조문)하다, 조의를 표하다

* **condolence** 애도, 조의 * **condoler** 문상객, 조문객

예문

Don't give me the doleful look. 슬픈 눈으로 보지 마세요.

I condoled with his family upon his unexpected death.
그의 급작스런 죽음에 대하여 나는 그의 가족에게 조의를 표했다.

My deepest condolences for your loss. 삼가 깊은 조의를 표합니다.

My visit was purely just to offer condolences.
나의 방문은 순수하게 애도를 표하기 위한 것이었다.

구문

- **have a doleful expression** 슬픈 표정을 짓다
- **with a doleful expressio**n 슬픔에 잠긴 표정으로
- **a letter of condolence** 애도의 편지
- **a condolence call** 조문 전화, 조의문
- **accept condolences** 조의를 받아들이다
- **a book of condolences** 조문 방명록

ROOT/STEM

futile 헛된, 소용없는

* 라틴어 **futilis**(새는, 쉽게 깨지는, 헛된, 소용없는) → **futile**

* **futility** 무용, 무가치, 헛됨, 무용지물, 경박한(어리석은) 행동

예문

It's futile to waste tears over old griefs. 지나간 슬픔에 눈물을 낭비하는 것은 헛된 일이다.
* 사악한 정치인은 자신에게 유리하게 작용했던 사건에 대해 잊지 않도록 강요함으로써 앞으로 나아가는 것을 방해한다.

It is futile to negotiate with communists.
공산주의자들과 협상하는 것은 부질없는 일이다.

It's futile to talk about it now. 이제 와서 떠들어봐야 소용없다.

It is an exercise in futility. 그것은 무용한 일이다(헛수고다).

구문

- **a futile effort** 헛된 노력, 헛수고
- **futile love** 속절없는 사랑
- **a futile attempt** 헛된 시도
- **feel the futility of life** 인생의 허무함을 느끼다

121

saline, salinize, salary, desalinize

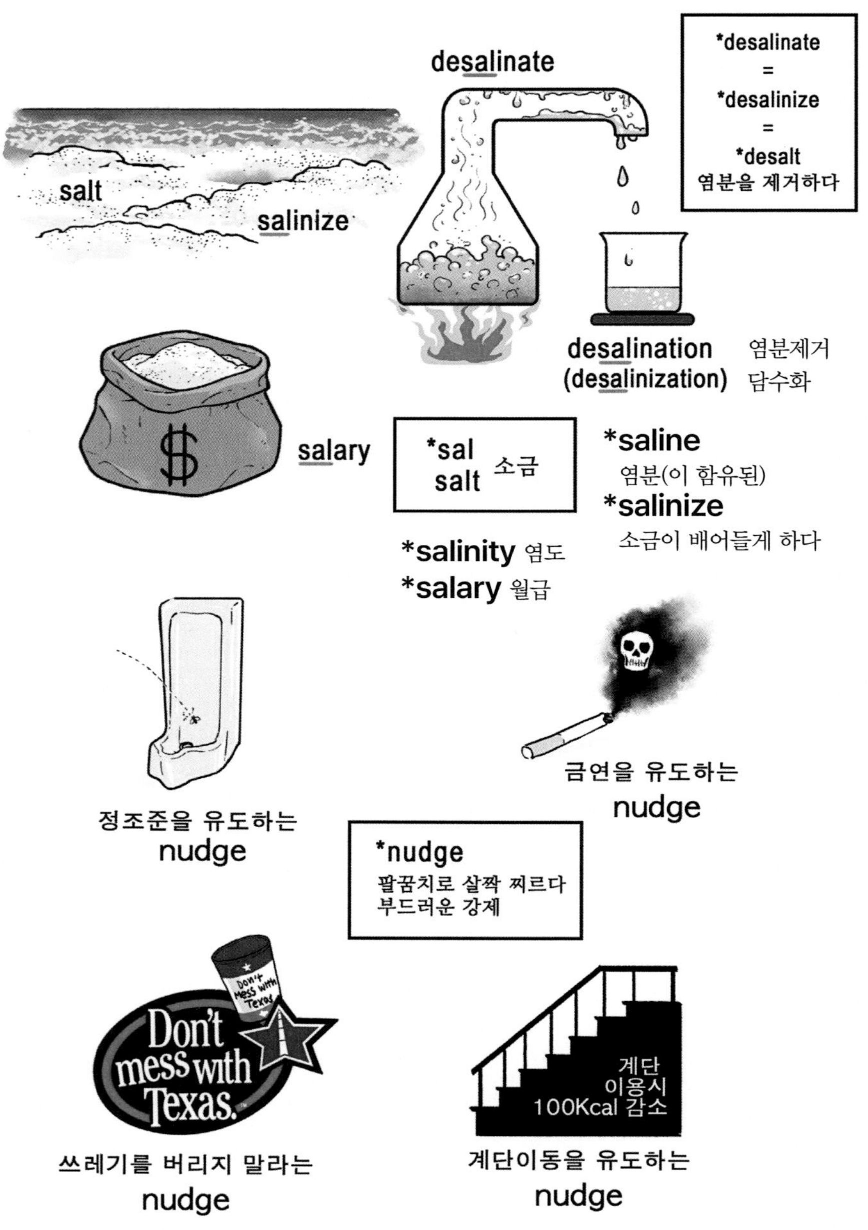

ROOT/STEM

saline 염분이 함유된, 염분
* 라틴어 **sal**(소금, 바닷물) → **salt** 소금 * **salty** ① 소금이 든, 짭짤한 ② 짜증이 나는, 신경이 과민한
* 라틴어 **sal**(소금, 바닷물) → **saline** 염분이 함유된
salinize 소금이 배어 들게하다, 소금으로 처리하다
* **desalinize**(=**desalinate, desalt**) 염분을 제거하다, 담수화하다 * **salinization** 염화, 염류축적
* **salinity** 염도 * **desalinization** 담수화(desalting) * **salary** 급여, 월급(과거에 소금으로 급여를 주었다)

(예문)

The boss gets salty with his subordinate workers. 사장은 부하직원들에게 짜증을 잘 낸다.

I washed the lenses in saline solution. 나는 소금용액(식염수)에 렌즈를 씻었다.

Soil becomes salinized due to irrigation. 토양은 관개로 인해 염화된다.

Salinization is the accumulation of salt in soil. 염화는 흙에 염분이 축적되는 것이다.

* 물을 너무 많이 사용하면 땅속의 염분을 녹여 지표로 올라오게하여 땅에 염분이 축적된다. 관개(irrigation), 산림벌채(the clearing of forests)는 토양의 염화를 촉진시킨다.
* 담수화(disalinization): 소금물인 바닷물을 끓이면 염분이 제거된 담수가 증발되는데 이것이 응결(condense)되어 담수(fresh water)가 만들어 진다

My salary is taxed at source. 내 월급은 세금이 원천징수 된다.

(구문)

- **taste a bit salty** 약간 짜다
- **salty humor** 저질 유머
- **soil degradation caused by salinization** 염류화로 인한 토질저하
- **saline solution** 소금용액(식염수)
- **an annual salary** 연봉
- **ask for a raise in salary** 급여인상을 요구하다
- **get a raise in salary** 월급이 인상되다

ROOT/STEM

nudge 쿡 찌르다, 살살 밀다

(예문)

He nudged me and winked. 그는 나를 쿡 찌르고 윙크를 했다.

She nudged the glass towards me. 그녀는 유리잔을 내 쪽으로 슬쩍 밀었다.

* nudge effect(넛지 효과)
nudge는 옆구리를 슬쩍 찌른다는 뜻, 금지조항이나 명령, 강제, 인센티브등 강력한 수단이 아니라 부드러운 개입을 통해 사람들을 올바른 선택으로 유도하는 것은 매우 효과적이다. (예: 정조준을 유도하는 소변기의 파리 그림)

(구문)

- **nudge nudge, wink wink** 은근슬쩍 밀고 당기며 눈짓을 주고받다
- **nudger** 팔꿈치로 쿡 찌르는 사람, 주의를 환기해 주는 사람
- **nudge marketing** 사라고 강조하지 않고 부드러운 방식으로 자연스럽게 구매를 유도하는 마케팅
- **nudge up** 소폭상승
- **nudge down** 소폭하락

122

parasite, parasitism, comfort

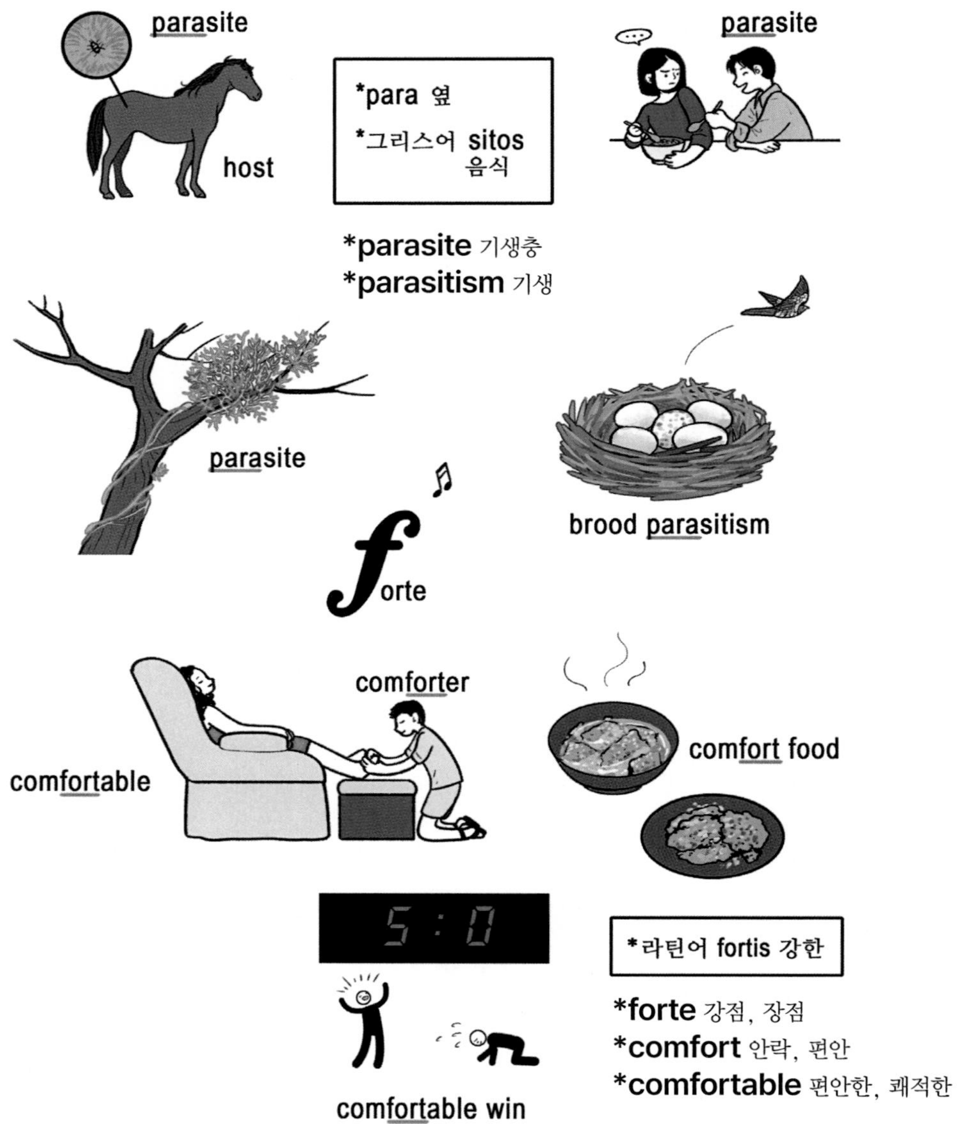

*forte 강점, 장점
*comfort 안락, 편안
*comfortable 편안한, 쾌적한

ROOT/STEM

parasite 기생충(같은 인간), 기생동물(↔ **host** 숙주)
* 그리스어 **para**(옆) + 그리스어 **sitos**(음식) → 그리스어 **parasitos**(옆에서 음식을 먹는다) → **parasite** 기생충
* **parasitism** 기생, 식객생활 * **parasitic** 기생하는, 기생충 같은 * **parasiticide** 구충제

예문

Parasites live on or in their host. 기생충은 숙주를 먹으면서 또는 숙주 안에 산다.

He is like a parasite who lives off others. 그는 남들을 뜯어먹고(남에게 의지해서) 살아가는 기생충 같은 존재다.

A parasite use a host body to stay alive and reproduce.
기생충은 생명을 유지하고 번식하기 위해 숙주의 몸을 이용한다.

A relationship in which one kind of organism lives on or in another organism and may harm that organism is called paraticism.
한 종류의 생명체가 다른 생명체를 먹고 살거나 그 안에 살면서 다른 생명체를 해치는 관계를 기생이라고 한다.
* 기생동물: flea(벼룩), roundworm(회충), hookworm(십이지장충) 등
* 기생식물: mistletoe(겨우살이), dodder(실새삼) 등

구문

- **eradicate the parasite** 기생충을 박멸하다
- **carry a parasite** 기생충을 옮기다
- **social parasitism** 사회적 기생
- **brood parasitism** 탁란
(托卵,뻐꾸기처럼 다른 새의 둥지에 알을 맡기는 것)
- **parasitic animal** 기생동물

ROOT/STEM

comfort ① 안락, 편안 ② 위로, 위안(하다)
forte ① 강점, 장점, 특기 ② (음악) 세게, 강하게
com(함께) + **forte**(강점, 세게) → **comfort** 안락, 위안(함께해서 강하게 하는 것)
* **comfortable** 편안한, 쾌적한 * **comforter** 위안(위로)가 되는 사람(것)

예문

The scorched rice is a comfort food. 누룽지는 편안한 음식이다.
* comfort food: 몸과 마음을 편하게 해주는 음식, 집밥처럼 마음을 진정시키고 편안함을 준다.

He was a great comfort to his parents. 그는 부모에게 큰 위안이었다.

Contact comfort is preferable to food comfort. 접촉의 편안함이 음식의 편안함보다 낫다.
* contact comfort(접촉 위안): 타인과의 접촉에서 얻게 되는 위안, 아기에게는 이것이 매우 중요하다.

It's not my forte 그건 내 전문이 아니야.

구문

- **live in comfort** 편안하게 살다
- **material comfort** 물질적 안락
- **comfortable shoes** 발이 편한 신
- **a comfortable seat** 편안한 자리
- **a comfortable 3-0 win** 3:0이라는 편안한 승리
- **my forte** 나의 강점(내 전문, 내 특기)
- **mezzo forte** 조금 강하게

123

escape, escapism, top down, bottom up

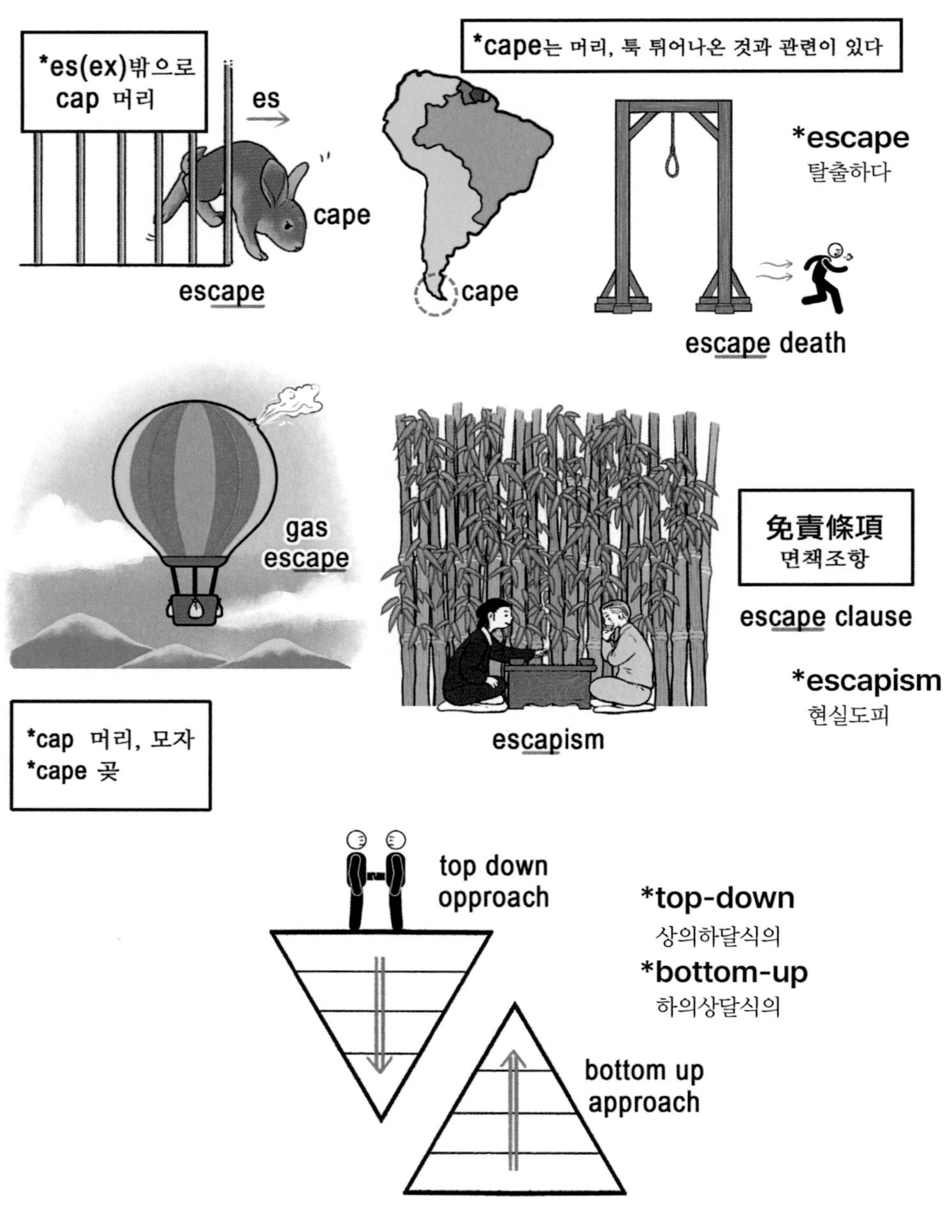

ROOT/STEM

escape ① 달아나다, 탈출하다 ② 모면하다, 나쁜 상황에서 빠져나오다 ③ 탈출, 누출
* 라틴어 **cappa**(두건, 망토) → **cap** 머리, 모자, 병뚜껑 * **cape** 곶
es(**ex** 밖으로) + **cap**(머리) → **escape**(머리를 밖으로 내밀어) 탈출하다
* **escapism** 현실도피 * **escapist** 현실도피주의자 * **inescapable** 피할 수 없는

예문

You cannot escape the responsibility of tomorrow by evading it today.
오늘의 책임을 피함으로써 내일의 책임을 피할 수는 없다.

If you escape from freedom, you will relinquish it to the dictator.
당신이 자유로부터 도피한다면 자유를 독재자에게 양도할 것이다.

* 자유로부터의 도피: 자유에는 견디기 어려운 고독과 무거운 책임이 따르기 때문에 사람들은 자유의 무게에서 벗어나 편안함을 추구하고 의존과 종속을 추구하는 경향이 있다. 이들은 권위를 따르기 좋아하고 강자에 아첨하고 약자에 거만하고 가혹하게 구는 인간이며 이러한 성격은 전체주의의 기반이 된다. 민주주의는 자유의 획득으로 완성되는 것이 아니라 의식과 교양수준을 높이고 책임지는 훈련이 되어 있어야 완성될 수 있다.

구문

- **escape from prison** 감옥에서 탈출하다
- **escape from injury** 부상을 면하다
- **escape punishment** 처벌을 면하다
- **escape death** 죽음을 면하다
- **escape pursuit** 추적을 피하다
- **an escape of gas** 가스누출
- **an air escape** 공기배출구
- **escape with a bare life** 겨우 목숨만 건지고 도망치다
- **water escapes** 물이 새다
- **escape clause** 면책조항, 예외규정
- **a form of escapism** 현실도피의 한 형태
- **offer escapist entertainment** 현실도피적 오락을 제공하다.
- **the inescapable fact** 피할 수 없는 사실
- **my inescapable conclusion** 내가 내릴 수밖에 없는 결론

ROOT/STEM

top-down 상의하달식의, 하향식의
* 윗선에서 큰 틀의 합의를 하고 실무진에서 세부적인 내용을 정리하는 의사결정방식
bottom-up 하의상달식의, 상향식의
* 현장실무에 익숙한 하위관리층에서부터 의사가 전달되는 방식

예문

Returning to a top-down approach will end in a failure.
상의하달식 접근방식으로 돌아가는 것은 실패로 끝날 것이다.

There are several problems with the bottom-up approach.
하의상달식 접근법에는 여러 가지 문제점이 있다.

* 경영진은 전체의 틀에서 잘 볼 수 있고 현장 실무자는 디테일에 강하므로 두 방식을 혼합하는 경우 더 체계적이고 합리적인 판단을 할 수 있다. 다만 경영진은 능력, 자질, 도덕성을 갖추어야 하고 자유롭게 의견을 개진할 수 있는 분위기를 조성하여야 한다.

구문

- **a top-down management style** 상의하달식 경영스타일
- **top-down leadership** 상의하달식 리더십
- **read bottom up** 거꾸로 읽다
- **remake ~ from the bottom up** ~를 밑바닥부터 개조하다
- **bottom up economics** 분수경제(저소득층으로부터 돈이 돌게해야 한다는 이론, 위에서부터 돈이 돌게 해야 한다는 낙수경제 trickle-down economics의 반댓말)
- **Bottom up!** 쭉 들이켜!
- **start from the bottom up** 처음부터 다시 시작하다

124

bless, bliss, curse

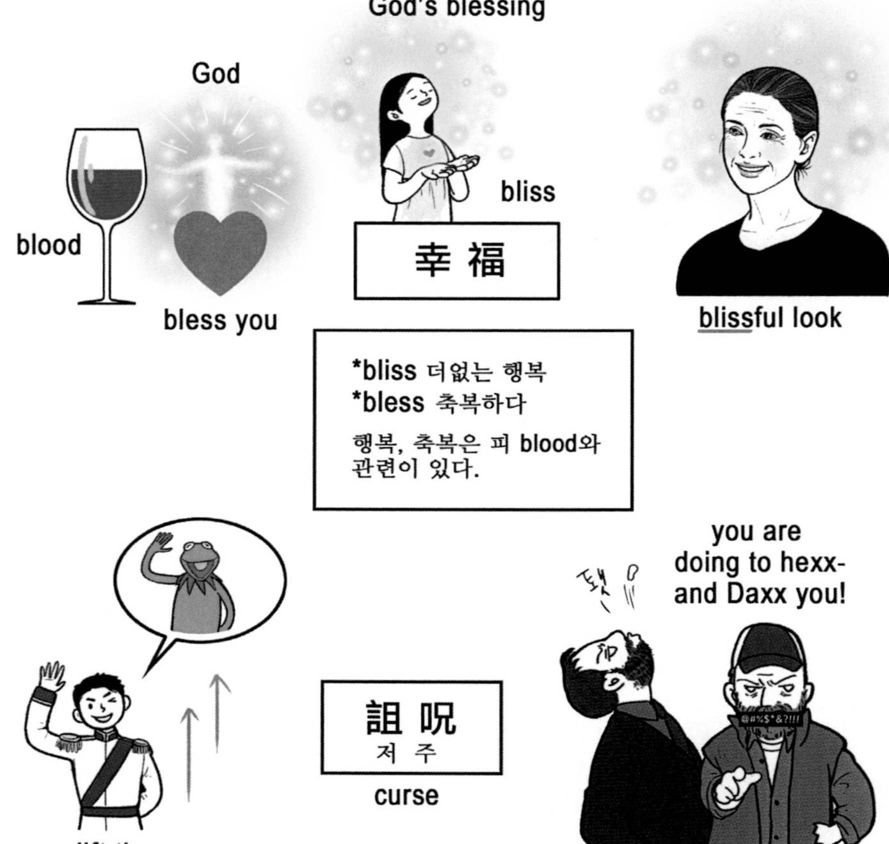

ROOT/STEM

bless 축복하다, 신의 가호를 빌다
* **bless**는 종교의식에 사용되는 **blood**(피)와 관련이 있다
* **bliss** 더없는 행복, 지복 * **blissful** 더없이 행복한
curse ① 욕설, 저주, 악담 ② 욕설을 하다 ③ 폐해, 골칫거리

예문

May God always bless you! 항상 신의 가호가 있기를!

Blessed are the poor in spirit! 마음이 가난한 자에게 복이 있나니!

* 이 말은 가질 수 없는 것의 가치를 평가절하하여 가치의 역전을 도모함으로써 마음의 위안을 구하는 방편으로도 사용된다.

Blessed are the forgetful! 망각하는 자에게 복이 있나니!

* 망각은 불행한 기억, 우울한 정서의 감옥에서 벗어나게 해준다. 망각기능이 파손된 인간은 소화불량 환자와 같다. 적절한 망각은 행복의 필수조건이다.

Never to suffer would never to have been blessed.
시련이 없다는 것은 축복받은 적이 없다는 것이다. - 에드거 앨런 포

Blessed is who has found his work.
자신의 일을 찾은 사람은 축복받은 것이다.

Ignorance is bliss 모르는 게 약이다.

Winning the first prize on the Lotto can be a curse.
로또 1등 당첨은 저주가 될 수 있다.

Like chickens, curses come home to roost.
병아리가 횃대로 돌아오듯이 저주는 되돌아온다(누워서 침뱉기)

He who utters blessing is blessed; he who utters curse is cursed.
축복을 말하는 사람은 축복을 받고 저주를 말하는 사람은 저주를 받는다.
The ring was cursed 그 반지는 저주가 서려 있었다.

* skyscraper curse 마천루의 저주: 경기과열로 유동성이 풍부한 시기에 기업이 무리한 건설투자를 하게되면 자원배분이 왜곡되어 완공무렵에 경기과열이 진정되면서 어려움에 직면하게 된다. 스포츠에서도 마천루(고액연봉 선수)를 사들여 우승한 후에는 다른 유망주를 제대로 육성하지 못해 성적이 추락하게 된다. 마천루의 저주는 인간의 무리한 과시욕에서 비롯되는 경우가 많다.

구문

- **say the blessing** 축복의 기도를 올리다
- **receive blessing** 축복을 받다
- **a blessing in disguise**
  화(禍)로 변장한 축복(전화위복)
- **pray for God's blessing** 신의 축복을 기원하다
- **sheer bliss** 더 바랄 것 없는 행복
- **wedded bliss** 결혼생활의 더없는 행복
- **pay(lay) a curse on him** 그에게 저주를 퍼붓다
- **break the curse** 저주를 깨다
- **lift the curse** 저주를 풀다
- **be under curse** 저주를 받고 있다
- **the curse of drug addiction** 약물중독의 폐해
- **the curse of drink** 술의 해악
- **be cursed with poor health**
  허약한 체질을 타고나다

125

emerge, emergency, immerge

im (in)

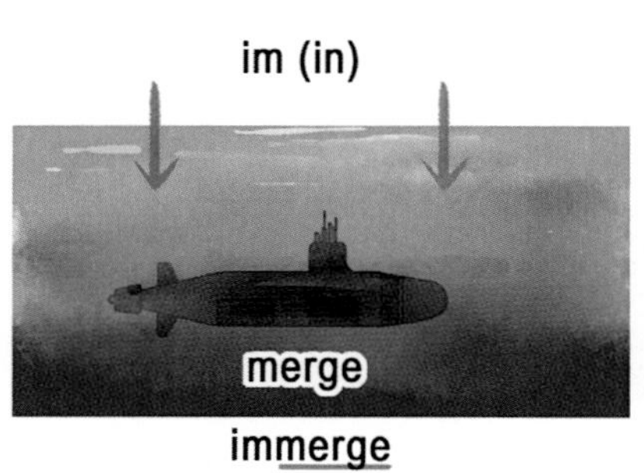

immerge

e(x) + merge

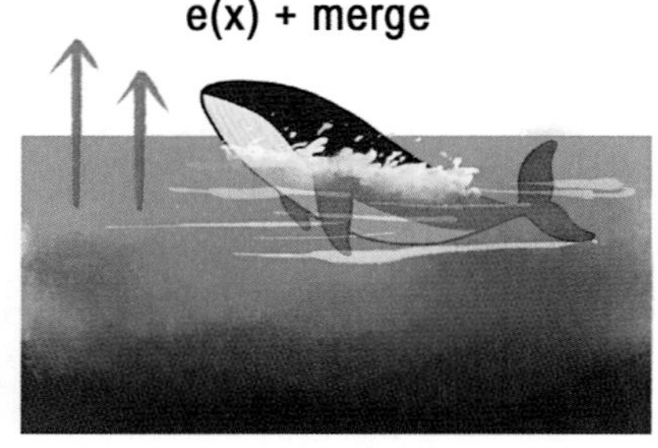

emerge

im 안으로	+	merge 담그다

immerge

*merge 담그다, 합병하다

e(ex) 밖으로	+	merge 담그다

emerge

***immerge**
가라앉다, 침전되다

***emerge** 밖으로 나오다, 부상하다
***emergent** 신생의, 응급의
***emergency** 출현, 부상

emergency

emergence

ROOT/STEM

emerge ① 나오다, 모습을 드러내다 ② 부상하다, 부각되다
* **e**(밖으로 **ex**) + 라틴어 **mergere**(물에 담그다, 가라앉히다)
→ **emerge** 밖으로 나오다, 부상하다
* **emergent** 신생(신흥)의, 응급의, 우발적인
* **emerging** 최근에 생겨난, 최근에 만들어진
* **emergence** 출현, 발생, 부상 * **emergency** 비상(사태)
immerge 가라앉다, 침전되다, 사라지다
* **im**(안으로 **in**) + 라틴어 **mergere**(물에 담그다, 가라앉히다) → **immerge** 가라앉다, 침전되다

예문

Faith is the strength by which a shattered world shall emerge into the light.
믿음은 산산조각 난 세상이 빛으로 나오게 하는 힘이다. - 헬렌 켈러

We should put some money away(aside) in case of emergency.
우리 비상시에 대비해서 따로 돈을 좀 모아두어야 해.

The emergence of the free market economy broke down feudalism.
자유시장경제의 출현은 봉건제도를 붕괴시켰다.

As hardliners gain power different opinions immerge.
강경파가 득세할수록 다양한 의견이 자취를 감춘다.

구문

- **emerging market** 신흥시장
- **an emerging star** 떠오르는 스타
- **the cancer re-emerge** 암이 재발하다
- **emerge as a world power** 강대국으로 부상하다
- **an emergent situation** 응급(긴급)상황
- **an emergent system** 비상체제
- **the emergence of new technologies** 새로운 과학기술의 출현
- **the emergence of the mutated virus** 변종바이러스의 출현
- **the emergence of many fresh faces** 많은 신인의 등장
- **the emergency brake** 비상브레이크
- **emergency landing** 비상착륙, 불시착(crash landing)
- **emergency measures** 응급(비상)조치
- **emergency calls** 비상호출
- **an emergency operation** 응급수술
- **an emergency generator** 비상 발전기
- **take emergency action** 비상 조치를 취하다

126

clemency, clement, glut, glutton

ROOT/STEM

clemency 관용, 관대한 처분
* 라틴어 **clemens**(부드러운, 온화한, 관대한) → **clement**
* **clement** 온화한, 관대한 * **clementine** 귤, 여자 이름(클레멘타인)

예문

Please grant the greatest clemency to him as far as the law permits.
법이 허용하는 범위 내에서 그에게 최대한 관용을 베풀어 주십시오.

구문

- **clement weather** 온화한 날씨
- **pope clement XII**교황클레멘트 12세
- **a plea for clemency** 선처를 바라는 탄원
- **grant clemency** 관용을 베풀다, 죄를 사면하다
- **an appeal to the court for clemency** 법원에 관대한 처분을 바라는 호소
- **the chance of receiving clemency** 사면을 받을 가능성

ROOT/STEM

glut (공급)과잉, 과잉 공급하다
* 라틴어 **glutire**(꿀꺽 삼키다, 쭉 들이키다, 게걸스레 먹다) → **glut** 공급 과잉
* 라틴어 **gluto**(폭식가, 대식가, 탐식가) → **glutton, gluttony**
* **glutton** 대식가, 식충이, 힘든 일하기를 즐기는 사람 * **gluttony** 폭식, 폭음(과식, 과음)

예문

The fall in demand for cars could cause a glut on the market.
자동차 수요의 하락은 시장에 공급과잉을 초래할 수 있다.

He is an omnivorous glutton. 그는 잡식성(무엇이든 잘 먹는) 대식가다.

I am not a glutton but a gourmet. 나는 대식가가 아니라 미식가다.

Don't be such a glutton! 식탐 좀 그만 부려!

Gluttony is one of the seven deadly sins. 식탐은 일곱 가지 중죄 중 하나다.
* 7가지 중죄(seven deadly sins): 교만(pride), 탐욕(greed), 욕정(lust), 시기심(envy), 식탐(gluttony), 분노(wrath), 나태(sloth)

구문

- **concern over a glut** 공급과잉에 대한 우려
- **glut in the market** 시장에서의 공급과잉
- **saving glut** 저축과잉
- **oil glut** 석유 공급과잉
- **capital glut** 잉여자본
- **a worldwide glut in memory chips** 세계 메모리 반도체 시장에서의 공급과잉
- **a glut of housing** 주택의 과잉공급
- **glut one's eye** 싫증날 정도로 보다
- **be glutted with rice** 쌀이 남아 돈다

127 inspire, respire, respirate

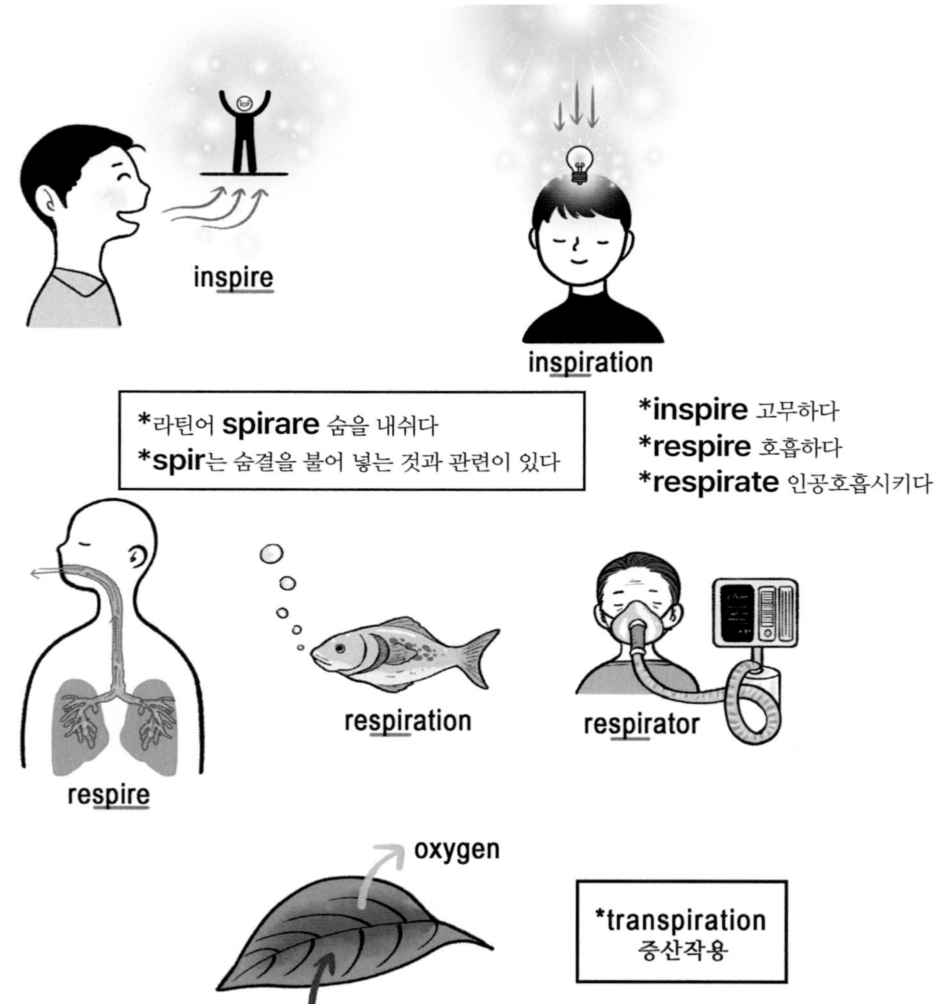

ROOT/STEM

inspire ① 고무하다, 격려하다 ② 영감을 주다, 고취시키다
* **in**(안으로) + 라틴어 **spirare**(숨쉬다, 입김을 불다) → **inspire** 고무하다, 영감을 주다
* **inspiration** 영감
* **re**(반복) + 라틴어 **spirare**(숨쉬다, 입김을 불다) → **respire** 호흡하다
* **respiration** 호흡
* **respiratory** 호흡의, 호흡기관의
* **respirate** 인공호흡시키다
* **respirator** 인공호흡기

예문

Only through experience of trial and suffering can the soul be strengthened and ambition inspired.
시련과 고통의 경험을 통해서만 영혼은 강해지고 야망이 고무된다.

Genius is one percent inspiration, ninety nine percent perspiration.
천재는 99%의 노력과 1%의 영감.

Inspiration never arrives when you are searching for it.
영감은 그것을 찾아 다닐 때는 절대 오지 않는다.

* 케쿨레는 벤젠의 분자구조를 알아내는 일에 몰두하다가 깜빡 잠이 들었는데 꿈속에서 뱀이 서로 꼬리를 물고 빙빙 도는 것을 보고 벤젠 구조를 발견했다. 영감은 운 좋게 꿈속에서 나타나거나 번쩍 떠오르는 것이 아니라 치열한 노력과 고민을 거듭하는 가운데 불현듯 떠오른다, 영감은 노력에 의해 충분한 경험과 지식이 축적되었을 때 의식과 무의식의 간극이 메워지면서 갑자기 찾아온다, 영감이 떠오르는 것은 지식이 소화되었다는 것이며, 영감을 얻을 때 인간은 도약하게 된다.

Fish respire through their gills. 어류는 아가미로 호흡한다.

Whales respire through their lungs. 고래는 허파로 호흡한다.

구문

- **inspire him with confidence** 그에게 자신감을 불어넣다
- **inspire children** 아이들을 격려하다
- **inspire musicians** 음악가들에게 영감을 주다
- **a flash of inspiration** 불현듯 떠오른 영감
- **draw one's inspiration from** ~에서 영감을 얻다
- **look for inspiration** 영감을 찾다
- **artificial respiration** 인공호흡
- **aerobic respiration** 산소호흡
- **respiratory ailments** 호흡기질환
- **respiratory failure** 호흡부전
- **respiratory organ** 호흡기관
- **put on a respirator** 인공호흡기를 달다

128

proper, property, appropriate, property, imprint

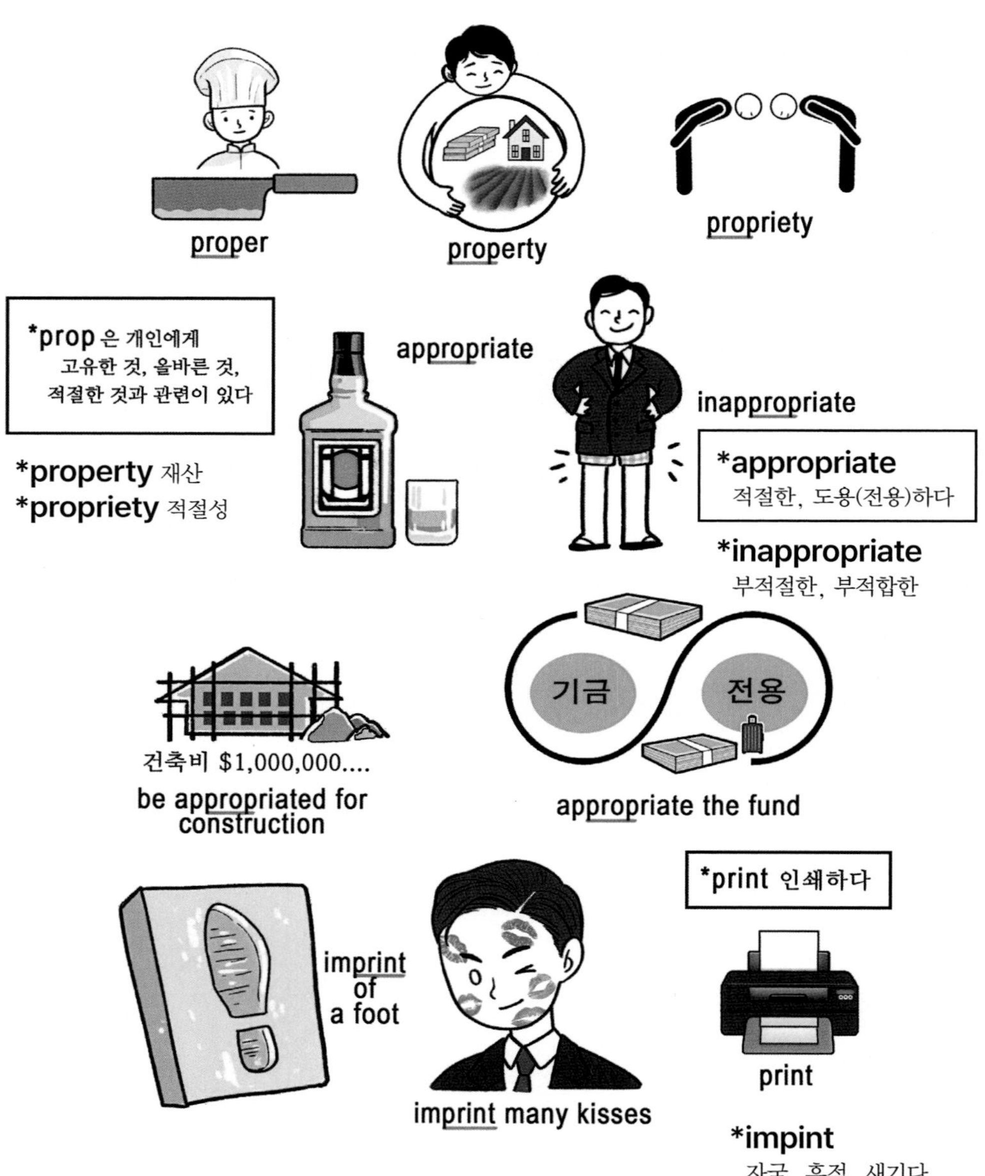

ROOT/STEM

proper 적절한, 올바른, 제대로 된
* 라틴어 **proprius**(원래의, 고유한, 자기 자신의) → **proper** 적절한
* **property** 재산, 부동산, 소유물
* **propriety** 적절성, 예의범절
* **proprietary** 소유주의, 등록(판매)상표가 붙은
* **ap**(**ad** ~쪽으로) + 라틴어 **proprius**(원래의, 고유한)
→ **appropriate** ① 적절한 ② 도용(전용)하다 ③ (특정 용도에) 책정하다
* **appropriately** 적당하게, 알맞게, 어울리게
* **inappropriate** 부적절한, 부적합한

예문

Those who know how to win are much more numerous than those who know how to make proper use of their victories.
승리를 적절히 활용하는 방법을 아는 이보다 승리하는 방법을 아는 사람이 훨씬 더 많다. - 폴리비우스

I hesitated about the propriety of asking her. 나는 그녀에게 물어봐도 될까 망설였다.

Please tick in the appropriate box. 해당하는 칸에 체크표시를 하시오.

구문

- **a proper response** 적절한 대응
- **in a proper way** 적절한 방법으로
- **have a proper discussion** 제대로 된 논의를 하다
- **a proper job** 제대로 된 직장
- **through the proper channels** 적절한 경로를 거쳐
- **follow the proper procedures** 적절한 절차를 따르다
- **pay proper regard to** ~에 적절한 관심을 기울이다
- **the proper amount** 적절한 양(금액)
- **the propriety of the term** 그 내용의 타당성
- **proprietary technology** 특허기술
- **a proprietary product** 소유하고 있는 제품
- **appropriate funds** 기금을 책정(유용)하다
- **inappropriate behavior** 부적절한 행동
- **inappropriate answer** 부적절한 답변

ROOT/STEM

print ① 활자, 자국, 출판(업) ② 인쇄하다, 인화하다
im(**in** 안으로) + **print**(활자) → **imprint** ① 자국, 흔적, 각인 ② 새기다

예문

The printing press changed the world. 인쇄술은 세상을 바꾸었다.

He is following the imprint of her feet in the sand. 그는 모래에 새겨진 그녀의 발자국을 따라가고 있다.

구문

- **the small print** 작은 활자
- **the print quality** 인쇄 상태
- **my name in print** 활자화된 내 이름
- **print the file** 그 파일을 인쇄하다
- **leave the imprint** 자국을 남기다
- **on-demand printing of books** 주문이 들어오는 대로 인쇄하는 책
- **imprint in one's mind** ~의 마음에 새기다
- **a uniform imprinted with the logo of the team** 그 팀의 로고가 새겨진 유니폼

129

foray, forage, stamp, stampede

ROOT/STEM

foray ① 습격, 급습, 공략 ② 시도, 진출 ③ 짧은 여행
*** Old French「forre**(동물의 먹이)」→ **forage, foray**
*** forest**(숲)에는 사냥감이 많기 때문에 **for**는 먹이를 찾으러 나가는 것과 관련이 있다 → **foray** 습격, 진출
*** forage** ① 먹이를 찾다 ② 사료**(feed)**

예문

The company will make a foray into the world market.
그 회사는 세계시장에 진출할 것이다.

Owls usually forage during the night.
올빼미들은 주로 밤에 먹이를 찾아다닌다.

구문

- **the first foray into the car market** 첫 번째 자동차시장 진출
- **his foray into politics** 그의 정계 진출
- **forage about in the kitchen for something to eat** 먹을 것을 찾아 부엌 여기저기를 뒤지다
- **forage crops** 사료용 작물
- **forage grass** 사료용 풀

ROOT/STEM

stampede ① 한꺼번에 우르르 몰림, 쇄도, 압사사고 ② 우르르 몰리다, 몰아붙이다
*** stamp**는 가축에 문자를 찍는 것, 가축이 우르르 몰려가는 것과 관련이 있다.
*** stamp** ① 우표, 도장 ② 검인을 찍다 → **stampede** 우르르 몰림, 쇄도, 몰아붙이다

예문

A stampede at a religious gathering has killed at least 50 people.
한 종교집회에서의 압사 사고로 적어도 50명 이상의 사람들이 죽었다.

A stampede broke out when the doors opened.
문이 열리자 (사람, 가축 등이) 우르르 몰려 나왔다.

구문

- **a stampede to buy property** 경쟁적인 부동산 구입 사례
- **go on a stampede** 앞다투어 몰려가다
- **a stampede to a gold field** 금광으로 우르르 몰려감
- **create a stampede** 놀라서 도망치게 하다
- **put a stamp on the letter** 편지에 우표를 붙이다
- **Do I stamp it?** 거기 도장 찍을까요?
- **stamp collection** 우표수집
- **stamp on an insect** 벌레를 짓밟다
- **stamp on the accelerator** 액셀레이터를 밟다

130 fluke, extradition, betray

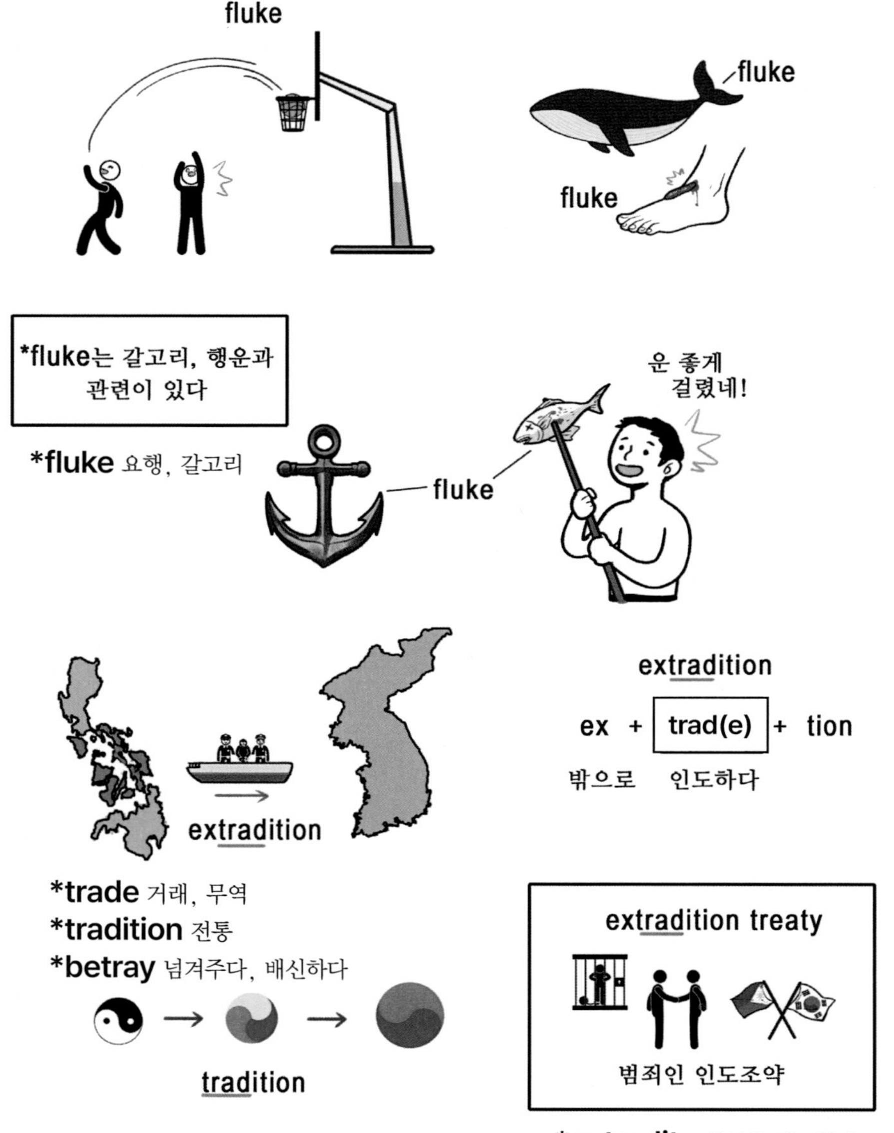

ROOT/STEM

fluke ① 요행(수) ② 고래의 갈라진 꼬리 ③ 갈고리, 흡충

예문

My success is never a fluke. 나의 성공은 결코 요행이 아니야.

His winning the lottery seems to be a real fluke. 그의 복권 당첨은 진짜 요행인 것 같다.

That could be a fluke 그건 요행수(우연의 일치)겠지.

It was a mere fluke 그건 단순히 요행일 뿐이었어.

He showed his last win was no fluke. 그는 그의 우승이 요행이 아님을 보여주었다.

Whales have flukes attached to their tails. 고래는 꼬리에 붙어 있는 갈라진 꼬리를 지니고 있다.

구문

- **a fluke goal** 요행수로 넣은 골
- **score with a fluke** 요행으로 득점하다
- **a blood fluke** 주혈흡충
- **liver fluke** 간 디스토마(간흡충)
- **win by a fluke** 요행수로 이기다

ROOT/STEM

* 라틴어 **tradere**(넘겨주다, 인도하다, 물려주다) → **trade** 거래, 무역 * **tradition** 전통
* **betray** 넘겨주다, 배신하다 * **betrayal** 배신, 배반
* **ex**(밖으로) + 라틴어 **traditio**(인도) → **extradite** 범인을 (본국으로) 인도하다
* **extradition** 범죄인 인도, 본국 송환

예문

The government is asking for his extradition to punish him under local laws,
정부는 자국법으로 처벌하기 위해 그의 송환을 요구하고 있다.

Pakistan refused to extradite 5 suspected accomplices.
파키스탄은 공범 용의자 5명 넘겨주기를 거부했다.

Judas betrayed Jesus for 30 pieces of silver
유다는 은화 30냥에 예수를 팔아먹었다.

구문

- **extradition proceedings** 범죄인 인도 절차
- **oppose extradition** 본국송환에 반대하다
- **the extradition of terrorist suspects** 테러 용의자 인도
- **an extradition treaty** 범죄인 인도 조약
- **a request for extradition** 범죄인 인도 요청
- **extradite the suspects** 용의자들을 인도하다
- **extradite a prisoner** 죄수를 인도하다
- **betray his collegues** 동료들을 밀고하다
- **betray my trust** 나의 신뢰를 저버리다
- **betray of secret** 비밀 누설
- **betray of one's country** 매국

131

stand out, standard, media, mediocre

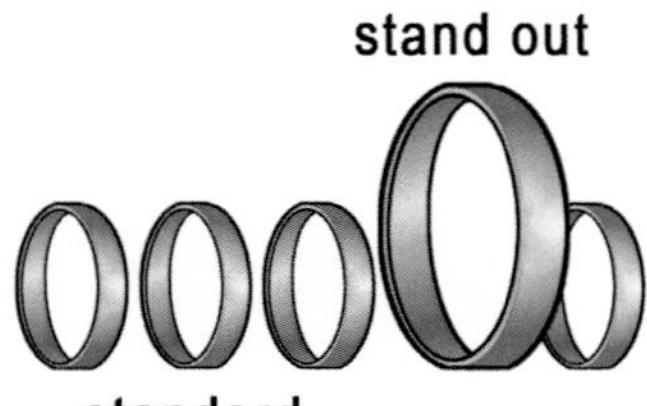

*standard 기준, 표준(의)
*stand out 튀어나오다, 두드러지다
*outstanding 튀어난, 두드러진

standard clauses

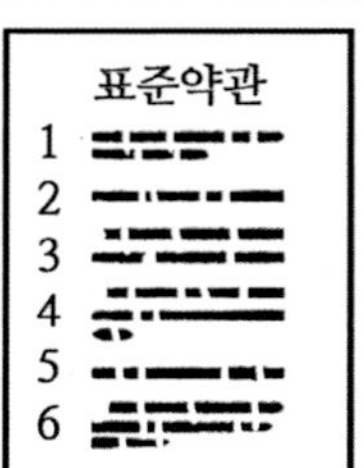

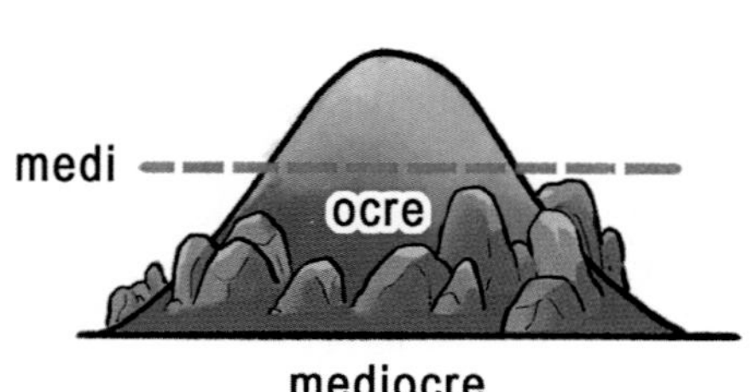

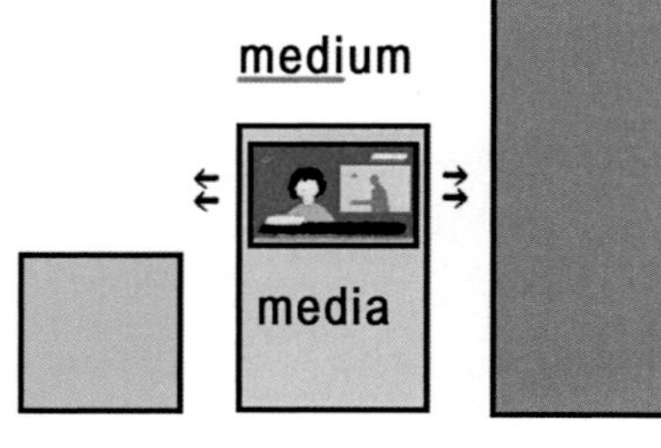

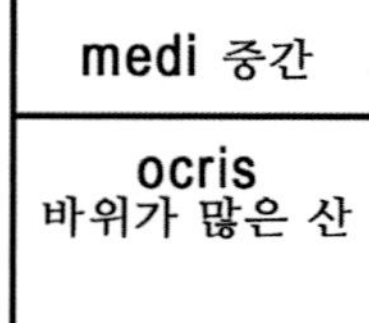

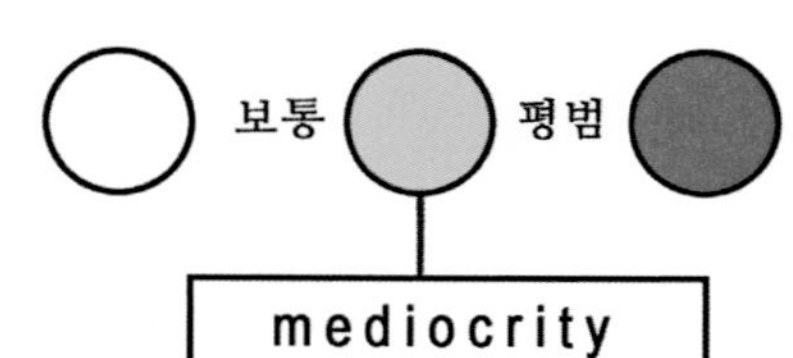

*media 매체
*medium 중간의
*mediocre 보통의, 평범한
*mediocrity 보통, 평범

ROOT/STEM

stand out 튀어나오다, 눈에 띄다, 두드러지다, * **standout** 군계일학
outstanding ① 뛰어난, 두드러진, 중요한 ② 아직 처리되지 않은, 미해결(미지불)의
standard ① 기준, 수준 ② 표준 규격의, 일반적인, 보통의

예문

She really stood out, career-wise. 그녀는 경력 면에서 월등히 뛰어나다.

Something has to stand out. 뭔가 두드러진 것이 필요해.

One problem stood out to me. 문제가 하나 튀어나왔어.

Nothing stood out about it. 눈에 띄는 특별한 점이 없었다.

Your work is not up to standard. 네 작품은 기준에 못 미친다.

Outstanding leaders appeal to the hearts of their followers.
뛰어난 지도자들은 추종자들의 가슴에 호소한다.

구문

- **outstanding ability** 뛰어난 능력
- **an outstanding physicist** 뛰어난 물리학자
- **an outstanding figure** 뛰어난 인물
- **outstanding achievement** 뛰어난 성과
- **an outstanding debt** 아직 청산이 안 된 채무
- **outstanding bills** 미처리 공과금
- **standard size** 표준 치수
- **standard of living** 생활 수준

ROOT/STEM

mediocre 썩 좋거나 뛰어나지 않은, 보통밖에 안 되는, 평범한
* 라틴어 **medius**(보통의, 중간의) → **medi** 중간
* **media** 매체 * **medium** ① 중간의 ② 도구, 수단
* **medi**(중간) + **ocris**(산, **French Latin**) → **mediocre** 보통의, 평범한 * **mediocrity** 보통, 평범

예문

There is no room for mediocre products. 평범한 제품은 설 자리가 없어.

They put out a mediocre product. 그들은 특별할 것도 없는 상품을 내놓았다.

Don't settle for mediocrity. 적당히 안주하지 마라.

구문

- **the media showcase** 대중매체 공개행사
- **media censorship** 미디어 검열
- **the mass media** 대중매체
- **medium height** 중간 정도의 키
- **medium rare** 중간보다 덜 익힌 (것)
- **medium well-done** 중간보다 더 익힌 (것)
- **medium size** 중간 크기
- **a mediocre performance** 보통밖에 안 되는 공연
- **below mediocrity** 보통 이하
- **above mediocrity** 보통 이상
- **a life of mediocrity** 특별할 것 없는 평범한 삶

132

collude, malady, malnutrition, malice, malfunction

*col(com) 함께
*lude(라틴어 ludere 놀다)

***collude**
공모(결탁, 담합)하다
***collusion**
공모, 결탁, 가격 담합

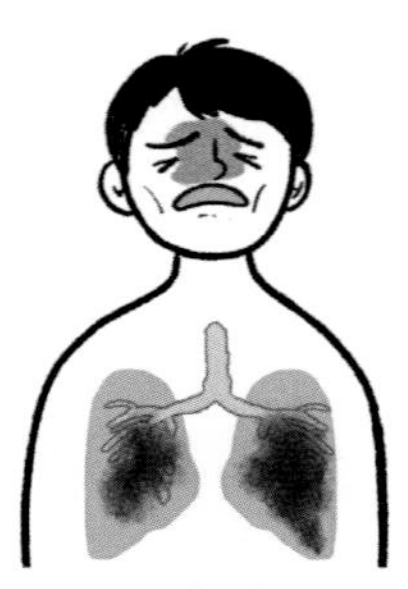
malady

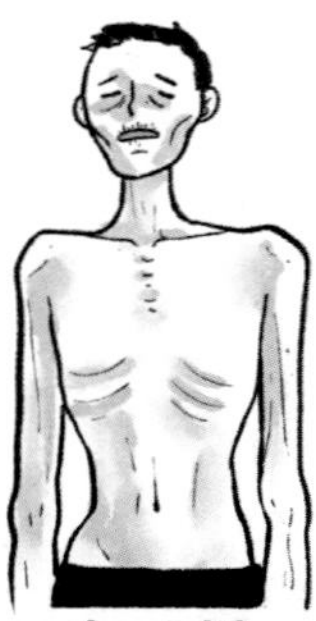
malnutrition

malice

mal 나쁜

***malady** 병폐, 폐해
***malice** 악의, 적의

malfunction

malediction

***malfunction** 기능 불량
***malediction** 저주, 악담

diction
발음, 말씨

ROOT/STEM

collude 공모(결탁)하다
***col**(함께**com**) + 라틴어 **ludere**(놀다 **play**) → **collude** 공모하다, 결탁하다
***collusion** 공모, 결탁, 가격담합(**price fixing**)

예문

I didn't collude with anyone. 나는 누구와도 공모하지 않았다.

The antitrust watchdog has decided to fine three oil companies for price collusion.
반독점 감시기구는 세 정유회사에게 가격담합에 대한 벌금을 부과하기로 결정했다.

구문

- **find evidence of collusion** 담합의 증거를 발견하다
- **in collusion with the witness** 증인과 결탁하여

ROOT/STEM

malady 심각한 문제, 병폐, 폐해, 만성 질병
* 라틴어 **male**(나쁘게), 프랑스어 **maladie**(병, 이상) → **malady** 병폐, 만성 질병
* **mal**은 나쁜, 잘못된 것과 관련이 있다(↔ **bene** 좋은)
* **malnutrition** 영양실조
* **malice** 악의, 적의
* **malignant** 악성의, 악의에 찬
* **malfunction** ① 제대로 작동하지 않다 ② 기능 불량, 기능 저하(장애)
* **maltreat** 학대하다, 잔인하게 다루다
* **malediction** 저주, 악담, 비방

예문

Regional antagonism is one of the worst maladies in korean politics.
지역감정은 한국정치에서 최악의 병폐 중의 하나다.

He suffers from a rare malady. 그는 희귀병으로 고생하고 있다.

구문

- **malnutrition in pregnancy** 임신 중 영양실조
- **die from malnutrition** 영양실조로 죽다
- **maltreat animals** 동물을 학대하다
- **maltreat one' employees** 직원들을 학대하다
- **spoil it out of malice** 악의로(고의적으로) 그것을 망치다
- **bear malice** 악의(적의)를 품다
- **words of malediction** 저주의 말들
- **utter a malediction upon him** 그에게 저주를 퍼붓다
- **a minor malfunction** 사소한 오작동
- **the cause of the malfunction** 오작동의 원인
- **malignant tumors** 악성종양
- **malignant narcissism** 악성 자기애

133
sacred, sacrifice, optic, option, optimal

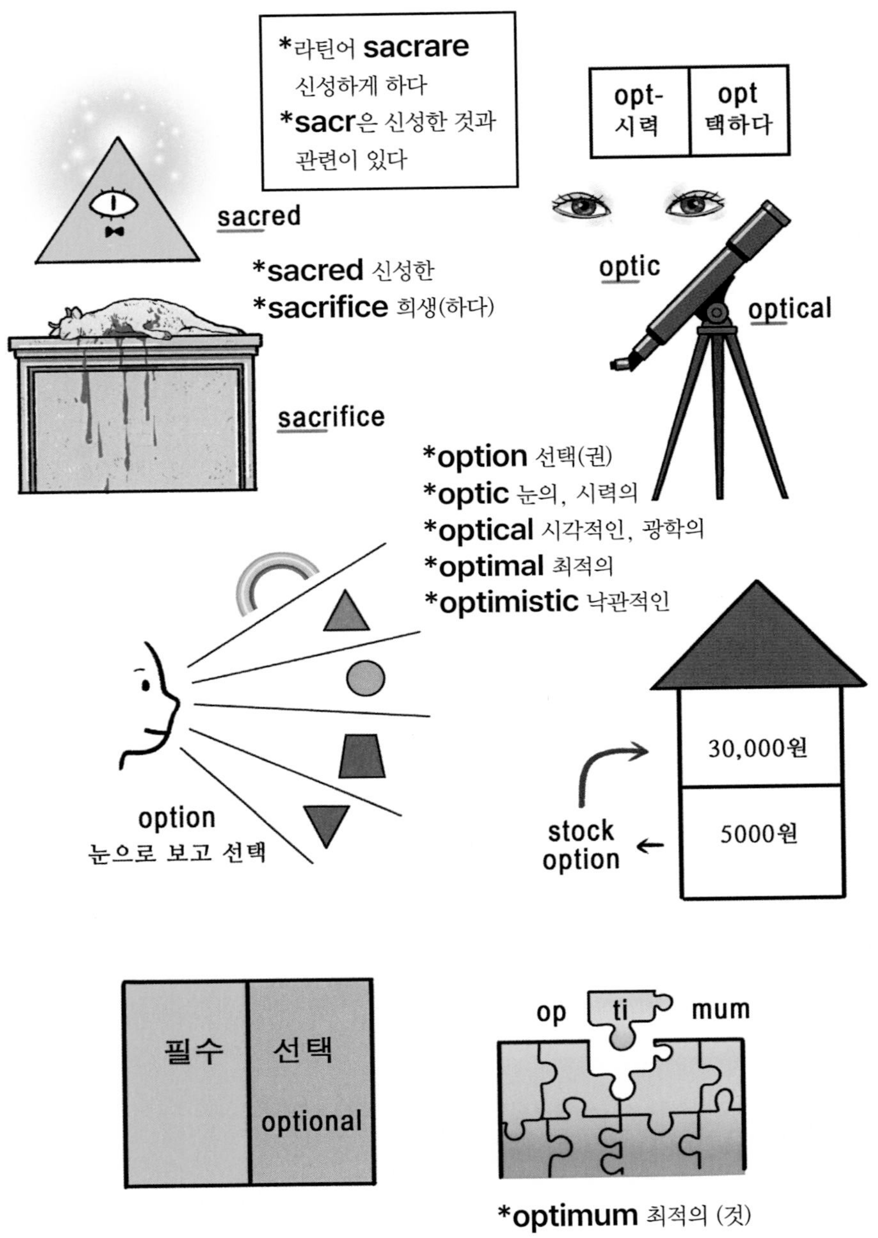

ROOT/STEM

sacred 성스러운 신성한

sacrifice ① 희생, 희생하다 ② 제물, 제물을 바치다

* 라틴어 **sacer**(신에게 바친, 신성한) → **sacred** 성스러운, 신성한

* 라틴어 **sacer**(신에게 바친, 신성한) + 라틴어 **facere**(하다)

→ **sacrifice** 신에게 바치는 것, 희생 * **sacrificial** 제물로 바쳐진

예문

The cow is held sacred by Hindus. 소는 힌두교도들에게 신성시된다.

The body is a sacred garment. 신체는 신성한 옷이다(건강을 잘 관리해야 한다).

He will even sacrifice his life to preserve his virture complete.
그는 삶을 희생하더라도 그의 덕을 온전히 지켜낼 것이다.

구문

- **sacred cow** 신성한 소(무비판적으로 받아들여지는 관습, 제도, 고정관념, 낡은 권위 등)
- **sacred music** 종교음악
- **all you hold sacred** 당신이 신성시하는 모든 것
- **make the supreme sacrifice** 숭고한 희생을 하다.
- **sacrifice one's pleasure for his career** 자기 일을 위해 즐거움을 희생하다

* sacrifice rites(희생제의): 인류 역사는 정의 또는 신의 이름으로 민중에게 희생을 강요해 왔다. 희생양에 대한 집단폭력은 순교자라는 이름으로 미화되고 철저히 은폐되어 왔다. 권력자는 신성한 혁명 등의 숭고한 이상을 내세워 허구와 환상을 통해 충성과 협조를 이끌어 내고 잘못을 희생양에게 전가함으로써 집단의 결속을 도모해 왔다

- **the sacrificial lamb** 희생양
- **sacrificial prices** 투매가격

ROOT/STEM

opt 선택하다 → **option** 선택(권) * **optional** 선택적인

* 라틴어 **opto**(마음대로 고르다), **optica**(광학), **optimus**(가장 좋은)

→ **opt**는 눈으로 보는 것, 눈으로 보고 최선의, 최적의 선택을 하는 것과 관련이 있다

* **optic** 눈의, 시력의 * **optics** 광학 * **optical** 시각적인, 광학의

* **optimal** 최선(최상, 최적)의 * **optimum** 최고(최적)의 (것) * 복수형은 **optima**

* **optimistic** 낙관적인, 낙관하는 * **optimist** 낙관주의자

예문

He opted to rehab an injured knee instead of undergoing surgery.
그는 부상 당한 무릎의 수술 대신 재활치료를 선택했다.

Certain courses are compulsory; others are optional. 일부 과정은 필수이고 나머지는 선택적이다.

A pessimist sees the difficulty in every opportunity ; an optimist sees the opportunity in every difficulty. 비관론자는 모든 기회에서 어려움을 찾아내고 낙관론자는 모든 어려움에서 기회를 찾아낸다. - 윈스턴 처칠

구문

- **opt out of EU** 유럽연합에서 탈퇴하기로 하다
- **stock option** 주식매입 선택권
- **exit the option** 옵션에서 나가다
- **a nuclear option** 극단적 선택(핵옵션)
- **an optional extra** 추가 선택 항목
- **optic nerve** 시신경
- **optical illusion** 착시
- **optical instruments** 광학기구
- **an optimistic view of life** 낙천적 인생관
- **optimal conditions** 최적의 조건

rehab, rehabilitate

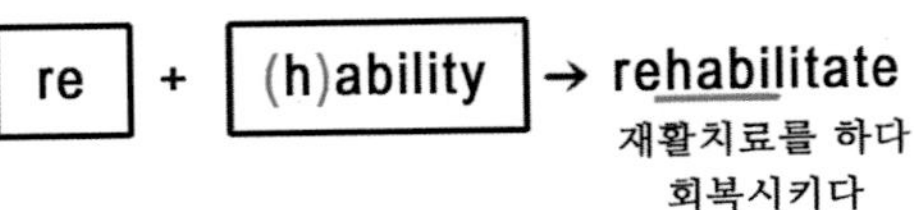

*rehab 재활(치료)

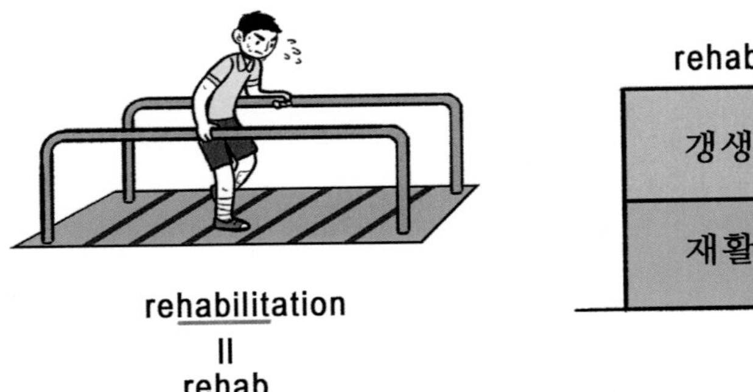

***outcry** 항의, 아우성
***cry out** 비명을 지르다, 외치다

ROOT/STEM

rehab ① 재활, 중독치료(**rehabilitation**의 약자) ②사회복귀, 갱생, 부흥, 재건
* 라틴어 **habilitas**(능력, 자격) → **ability** 능력
* **habilitation** 교육, 훈련, 투자(능력을 기르려면 교육, 훈련, 투자가 필요하다)
* **rehabilitate** 재활치료를 하다, 회복(복원)시키다, 갱생시키다
* **re**(다시) + **habilitation**(교육, 훈련, 투자)→ **rehabilitation(rehab)** 재활, 중독치료

예문

He is still going through rehab. 그는 아직 재활치료 중이다.

We are trying to rehabilitate youthful offenders.
우리는 청소년 범법자들을 교화시키기 위해 노력하고 있다.

구문

- **knee rehab** 무릎 재활치료
- **enter(go into) rehab** 재활치료에 돌입하다
- **physical rehab** 물리재활치료
- **rehab exercise** 회복훈련, 재활운동
- **get rehab treatment** 재활치료를 받다
- **a rehabilitation clinic for alcoholics** 알콜중독자 재활치료 클리닉
- **a drug rehabilitation center** 마약중독치료센터
- **punishment and rehabilitation** 처벌과 갱생(교도소의 목표)
- **rehabilitate a social outcast** 사회에서 추방된 사람을 복귀시키다
- **rehabilitate the economy** 경제를 부흥시키다

ROOT/STEM

outcry 강력한(격렬한) 항의, 절규, 아우성
cry out 비명을 지르다, 외치다

예문

The government is trying to cover up the incident to avoid a public outrcry.
정부는 국민의 항의를 피하기 위해 그 사건을 은폐하려 하고 있다.

The company terminated the employees despite their outcry.
회사는 노동자들의 격렬한 항의에도 불구하고 해고를 단행했다.

구문

- **provoke a public outcry** 대중의 격렬한 항의를 불러일으키다.
- **make an outcry** 아우성을 치다
- **blood-boiling outcry** 피 끓는 외침(절규)
- **a furious outcry** 격분의 외침
- **cry out in fright**(fear) 놀라서 비명을 지르다
- **cry out in alarm** 놀라서 소리를 지르다
- **cry out in pain** 아파서 비명을 지르다
- **hear her cry out** 그녀의 울부짖는 소리를 듣다

135

fragile, frail, brittle

***fra, frag**는 약한 것, 부서지는 것과 관련이 있다

***fragile** 부서지기 쉬운, 연약한

fragile

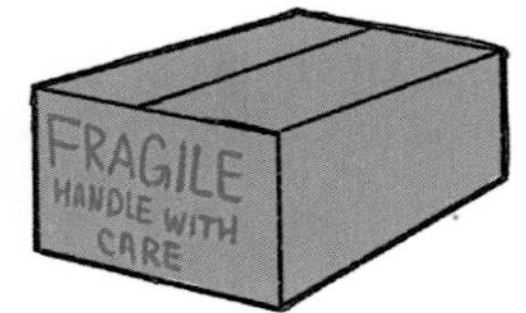

***fragility** 부서지기 쉬움, 연약함

***frail**
약한, 노쇠한

frail mother

frail girl

brittle nail

brittle laugh

***brittle**
잘 부러지는
귀에 거슬리는

ROOT/STEM

fragile 부서지기 쉬운, 연약한 * **fragility** 연약함, 부서지기 쉬움
* 라틴어 **frangere**(꺾다, 부수다), 라틴어 **fragilis**(깨지기 쉬운)→ **fragile, fragility**
frail 연약한, 허약한, 노쇠한 * **frailty** 연약함, 노쇠함
* 라틴어 **frangere**(꺾다, 부수다) → 구 프랑스어 **fraile** → **frail, frailty**
brittle ① 잘 부러지는, 손상되기 쉬운 ② 귀에 거슬리는

예문

Beauty is a fragile gift. 미(美)는 깨지기 쉬운 재능이다.

Glass is fragile. 유리는 깨지기 쉽다.

* 유리가 깨지기 쉽다는 진술이 참이 되려면 유리를 망치로 때려서 깨지는 결과가 발생해야 한다. 실용주의 철학(pragmatism)은 실제로 확인할 수 없는 추상적 이론을 싫어하고 우리 삶에 실제적으로 유용한 것을 중요하게 생각한다. 또 긍정적으로 생각하고 생각을 도구로 하여 유익한 것을 추구한다. 실용주의는 미국 번영의 정신적 토대가 되었다. 실용을 추구하는 사회는 번영하고 이념과 당위에 갇혀있는 사회는 정체된다.

Anti-fragile is an important quality for an entrepreneur. 반취약성은 기업가에 필요한 중요한 자질이다.

* 반취약성(anti-fragile): 외부의 혼란이나 압력에 의해 오히려 성과가 높아지는 성질(위기를 기회로 바꾸는 성질)을 말한다. 좋지 않은 일이 발생했을 때 그것을 역이용하여 노이즈 마케팅으로 광고효과를 거두는 것이 그 좋은 사례이다. 역사상의 기술혁신, 혁명 등은 혼란, 압력, 충격을 자양분으로 하여 이루어졌다. 전 세계적 유행병 같은 돌발변수가 발생하는 위험사회에서는 반취약성을 갖추는 것이 유리하다.

Human nature is frail. 인간성은 연약하다(손상되기 쉽다).

* 인간이 쉽게 흔들리는 이유는 여러 가지 생각을 많이 해야 되기 때문이다. 인간은 자신의 행동과 삶의 방식을 스스로 결정하며 살아가야 하는데 나를 둘러싼 외부 조건은 항상 달라지고 감정 역시 변하기 때문에 인간은 본질적으로 흔들리는 존재일 수밖에 없다.

Frailty, thy name is woman. 약한 자여, 그대 이름은 여자. - 셰익스피어

* 약한 자여, 그대 이름은 여자. 이 말은 일하는 데 근육량이 절대적으로 중요했던 시대, 결혼하지 않으면 생계 문제를 해결할 수 없었던 시대상을 반영하고 있다.

Hair is brittle. 머리카락이 잘 끊긴다.

구문

- **fragile articles** 깨지기 쉬운 물건
- **Fragile: handle with care!** 파손 위험, 취급 주의!
- **the fragility of the system** 그 시스템의 취약성
- **look frail** 허약(노쇠)해 보이다
- **a frail figure** 연약한 몸
- **a brittle laugh** 귀에 거슬리는 웃음소리
- **fragile bones** 깨지기 쉬운 뼈
- **seismic fragility** 지진 취약성
- **a frail girl** 연약한 소녀
- **a frail stem** 연약한 줄기
- **a brittle glass** 깨지기 쉬운 유리잔
- **a brittle temperament** 불안정한 성격
- **the brittle bone disease**(osteoporosis) 취약성 뼈질환(골다공증)

136 tribe, tribute, attribute, contribute, distribute

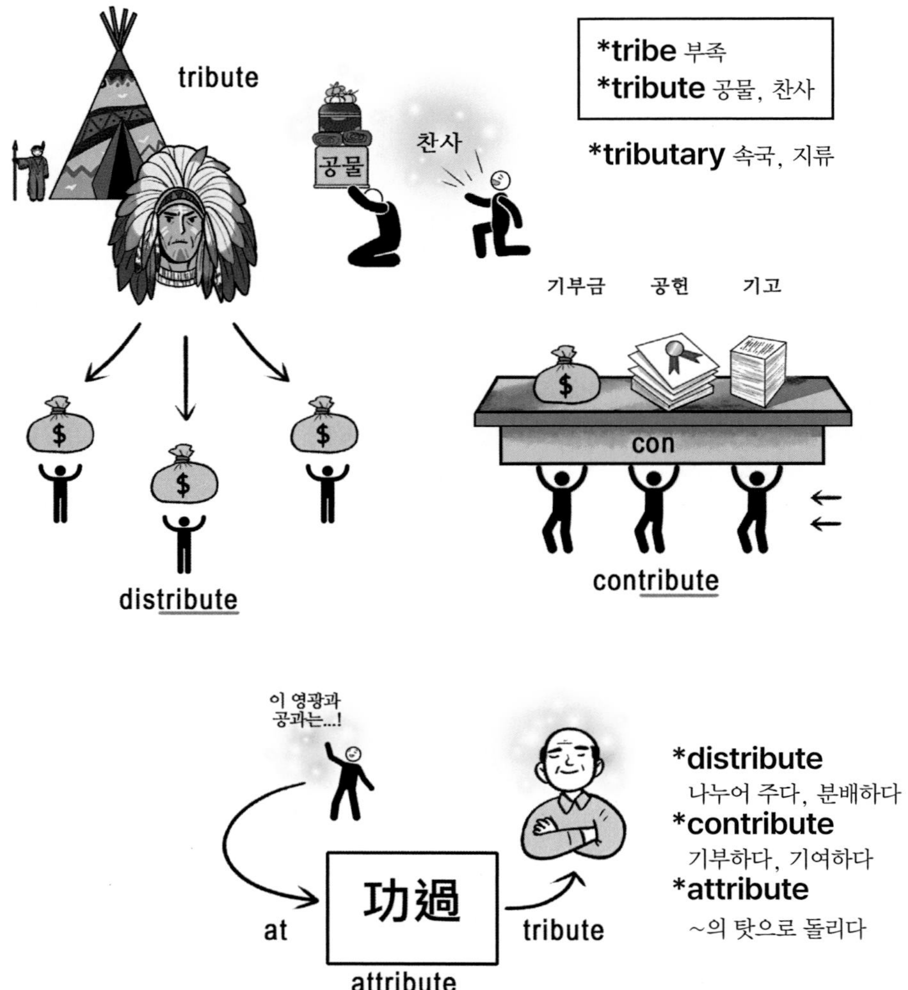

*distribute
나누어 주다, 분배하다
*contribute
기부하다, 기여하다
*attribute
~의 탓으로 돌리다

ROOT/STEM

tribe 부족, 종족 → **tribalism** 부족(종족)주의, 부족의식 * **tribalist** 종족주의자
tribe 부족, 종족 → **tribute** 공물, 헌사, 찬사 * **tributary** 속국, (강의) 지류
* **at**(**ad** ~ 쪽으로) + **tribute**(공물, 헌사, 찬사) → **attribute**
① ~의 공(탓)으로 돌리다 ② 부속물, 자질, 속성, 특성
* **dis**(분리) + **tribute**(공물) → **distribute** 나누어주다, 분배하다, 유통시키다
* **distribution** 분배, 분포, 유통
* **con**(함께) + **tribute**(공물, 찬사) → **contribute** 기부(기여)하다,
contribution 기부금, 성금, 기여, 원인 제공

예문

Ethinc cleansing was a predictable consequence of tribalism.
인종청소는 종족(부족)주의의 예상되는 결과였다.

This is my humble tribute to you.
이것은 당신에게 바치는 저의 보잘것없는 헌사입니다.

I attribute my success to your help.
나의 성공은 네 덕분이라고 생각해.

Let's distribute it in a fair way. 그것을 공평하게 나눠주자.

An industrial robot would contribute to reducing mistakes.
산업용 로봇은 실수를 줄이는 데 기여할 것이다.

구문

- **tribesman** 부족구성원
- **a tribe in danger of extinction** 멸종 위기에 있는 부족
- **primitive tribes** 원시부족들
- **trivalism in Palestine** 팔레스타인 부족주의
- **pay tribute to** ~에 보답하다, 감사(경의)를 표하다, 찬사를 보내다, 공물을 바치다
- **pay a silent tribute to the fallen patriots** 호국영령들께 묵념을 하다
- **a tributary of Han River** 한강의 지류
- **a tributary to the France** 프랑스의 속국
- **an attribute of a good teacher** 좋은 교사의 자질(성품)
- **distribute the exam papers** 시험지를 나눠주다
- **distribute the goods** 상품을 유통시키다
- **drug distribution** 마약 유통
- **worldwide distribution channels** 전세계적 배급 유통망
- **distribution of wealth** 부의 분배
- **geographical distribution** 지리적 분포
- **contribute money** 돈을 기부하다
- **contribute articles** 기사를 기고하다.
- **his contribution to the research** 연구에 대한 그의 공헌
- **voluntary contribution** 자발적 기부
- **make a great contribution** 지대한 공헌을 하다

137

forecast, predict, nemesis

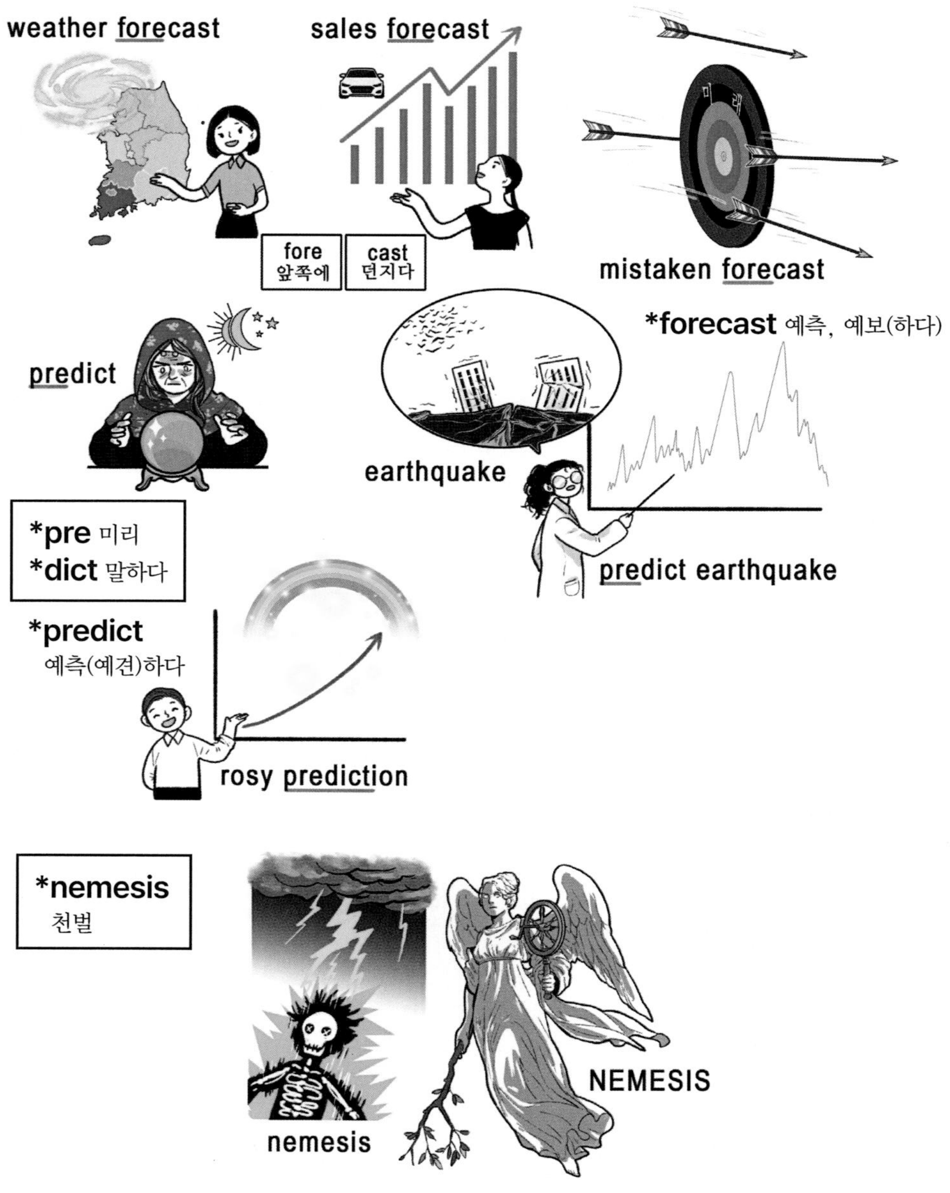

ROOT/STEM

forecast 예측, 예보, 예측(예보)하다
predict 예측(예견)하다
* **predictable** 예측할 수 있는
* **fore**(앞에) + **cast**(던지다) → **forecast** 예측, 예측하다
* **pre**(미리) + 라틴어 **dicere**(말하다) → **predict** 예측(예견)하다
* **prediction** 예측, 예견
* **forecast**는 정보에 근거하여 예상하는 것, **predict**는 어떤 일이 일어나기 전에 그 일이 일어날 것이라고 미리 말하는 것, 예언자의 말, 점쟁이의 말 등에 쓰인다

예문

The weather forecast information is sent through meteorological satellites.
일기예보정보는 기상위성들을 통해 전달된다.

The best way to predict the future is to invent it.
미래를 예측하는 가장 좋은 방법은 미래를 창조하는 것이다. -앨런 케이

* 미래 예측이 어려운 이유: 자동차는 울퉁불퉁한 험로를 통과할 수 없기 때문에, 열차는 그 안에서 숨쉬기 어렵기 때문에 쓸모없을 것이다. TV는 사람들이 상자를 쳐다보는 데 지쳐서 피곤함을 느끼기 때문에 인기가 없을 것이다. 미국에서 2000년도 휴대폰 시장규모는 90만 대일 것이다. 위의 예측은 모두 빗나갔다. 경제 전문가보다 환경미화원의 미래 예측이 더 적중도가 높았다는 1984년도 이코노미스트의 실험 결과에서 보듯이 미래 예측은 어렵다. 미래 예측이 틀리는 이유는 기술과 환경이 사회변화의 방향을 결정짓는다는 기술결정론, 환경결정론 때문이다. 미래 예측에서 인간이라는 핵심 요소를 간과했기 때문이다. 학자들은 실험실 밖, 연구실 밖의 인간 세상은 잘 모른다.

It's too predictable. 그건 너무 뻔해.

구문

- **sales forecast** 매출 예측
- **business forecast** 경기 예측
- **weather forecast** 기상예보
- **forecast a recovery in the economy** 경기 회복을 예측하다
- **predict earthquake** 지진을 예측하다
- **predict outcome** 결과를 예측하다
- **a rosy prediction** 장밋빛(낙관적) 예측
- **a predictable result** 예측 가능한 결과

ROOT/STEM

nemesis ① 천벌, 권선징악, 응당 받아야 할 벌 ② 강한 상대, 숙적
* **Nemesis**는 그리스 신화에 나오는 율법의 여신, 복수의 여신이며 그 역할은 자만에 차 있는 인간을 본래의 초라한 존재로 되돌려 보내는 것이다.

예문

He finally took down his nemesis at Wimbledon.
그는 마침내 윔블던에서 그의 숙적을 쓰러뜨렸다.

Mathematics is my nemesis.
수학은 나에게 어려운 과목이다.

138

pending, impending, suspend

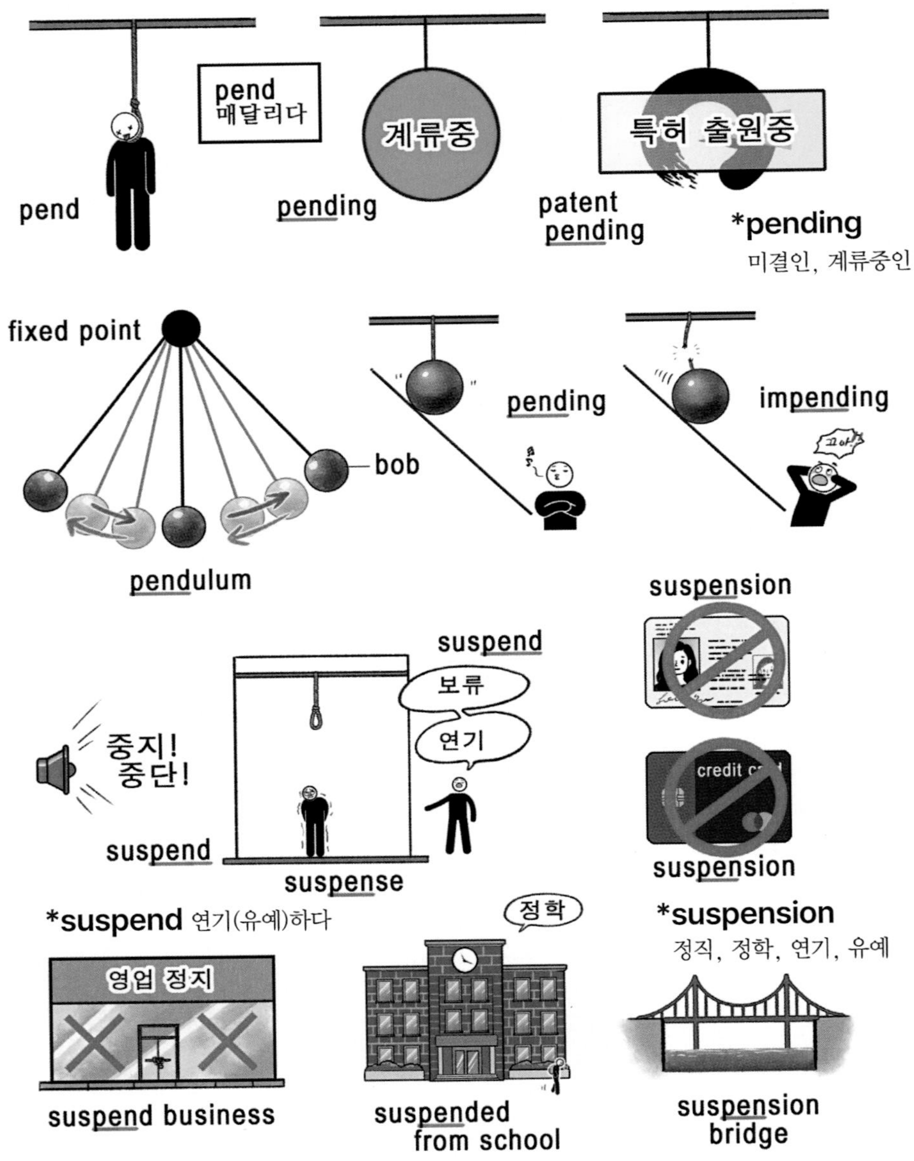

ROOT/STEM

pending 미결인, 계류중인

* 라틴어 **pendere**(매달다) → **pend** 매달리다, 미해결인 채로 있다.

* **pending** 미결인, 계류중인 * **pendulum** (시계, 진자의) 추

* **im(in)** + **pending**(미해결인, 계류 중인) → **impending** 임박한

미해결(매달린) 상태가 아니므로 **impending**은 "곧 닥칠, 임박한"이라는 뜻

* **sus**(아래로 **sub**) + **pend** (매달리다) → **suspend** 연기(유예, 유보)하다, 중단하다

suspend는 아래로 매달아 처형하는 것을 중단(연기)한다는 것에서 유래

* **suspension** ① 정직(정학, 출장정지) ② 연기, 유예, 유보 * **suspense** 긴장감

예문

The case is still pending in the court.
그 사건은 아직도 법원에 계류 중이다.

Let's discuss the impending matter first.
시급한 문제부터 먼저 논의하자.

My driver's license was suspended because of drunk driving.
음주운전 때문에 내 운전면허가 정지되었다.

구문

- **be released on bail pending** 보석으로(일시적으로) 석방되다
- **be patent pending** 특허 출원 중이다.
- **long-pending negotiations** 오래 끌어온 협상
- **warnings of impending danger** 임박한 위험에 대한 경고
- **impending recession** 곧 닥칠 경기 불황
- **impending deadline** 임박한 마감 시기
- **impending resolution** 곧 채택될 결의안
- **the reports of an impending crisis** 위기가 임박했다는 보도
- **put the computer in suspend mode** 컴퓨터를 '일시중지' 모드에 두다
- **order to suspend business** 영업 정지를 명령하다
- **suspend the card transaction** 카드 거래를 정지시키다
- **be suspended from school** 학교에서 정학당하다
- **be given a two-month suspension** 2개월 정지(정직) 처분을 받다
- **a suspension bridge** 현수교
- **business suspension order** 영업정지 명령
- **a suspension for cheating** 부정행위로 인한 정학처분
- **indefinite suspension** 무기한 정직처분
- **keep me in suspense** 나를 초조하게 하다
- **thrill and suspense** 스릴(흥분)과 서스펜스(긴장감)

139

stifle, hierarchy, monarchy, anarchy

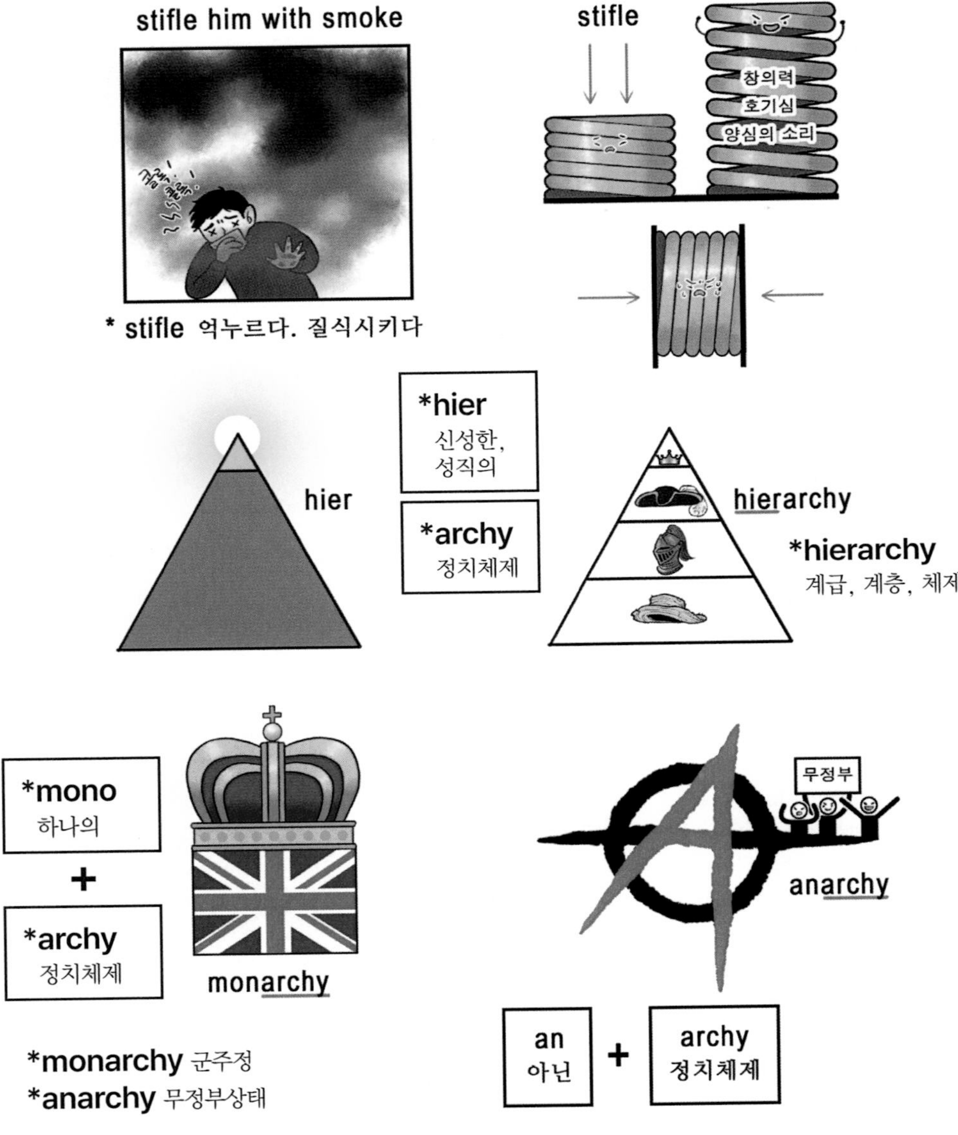

*monarchy 군주정
*anarchy 무정부상태

ROOT/STEM

stifle ① 억누르다, 억압하다 ② 숨이 막히다, 질식하다
***stifling** 숨막힐 듯한, 답답한

예문

I couldn't stifle a laugh. 나는 웃음을 참을 수 없었다.

It's so stifling 정말 답답하다(숨이 막힌다).

He stifled the urge to scream.
그는 비명을 지르고 싶은 충동을 억제했다.

It's stifling in here. 여기는 숨이 막힌다.

구문

- **stifle a yawn** 하품을 억지로 참다
- **stifle creativity** 창의력을 억누르다
- **stifle curiosity** 호기심을 억누르다
- **stifle enterprise** 기업을 압박하다
- **stifle free expression** 표현의 자유를 억압하다
- **stifle the voice of conscience**
  양심의 소리를 억누르다
- **be stifled by the fumes** 연기로 질식되다
- **stifling heat** 숨 막힐 듯한 더위
- **stifle him with smoke** 연기로 그를 질식시키다

ROOT/STEM

hierarchy 계급, 계층, 지배층, 체계, 체제
* 그리스어 **hier**(신성한) + **archy**(정치, 체제, 체계) → **hierarchy**
* **mono**(하나) + **archy**(체제) → **monarchy** 군주정
* **an**(없는) + **archy**(체제) → **anarchy** 무정부상태

예문

There is a very rigid hierarchy in the country.
그 나라의 신분제도는 매우 엄격하다.

The caste system categorized Hindus into a social hierarchy.
카스트 제도는 힌두교 신자들의 사회계급을 항목별로 구분하였다.

구문

- **social hierarchy** 사회 계층
- **sense of hierarchy** 계급 의식
- **hierarchy level** 계층 단계
- **military hierarchy** 군대 서열
- **be ordered by hierarchy**
  서열에 따라 순서가 정해지다

140

request, require, integrate

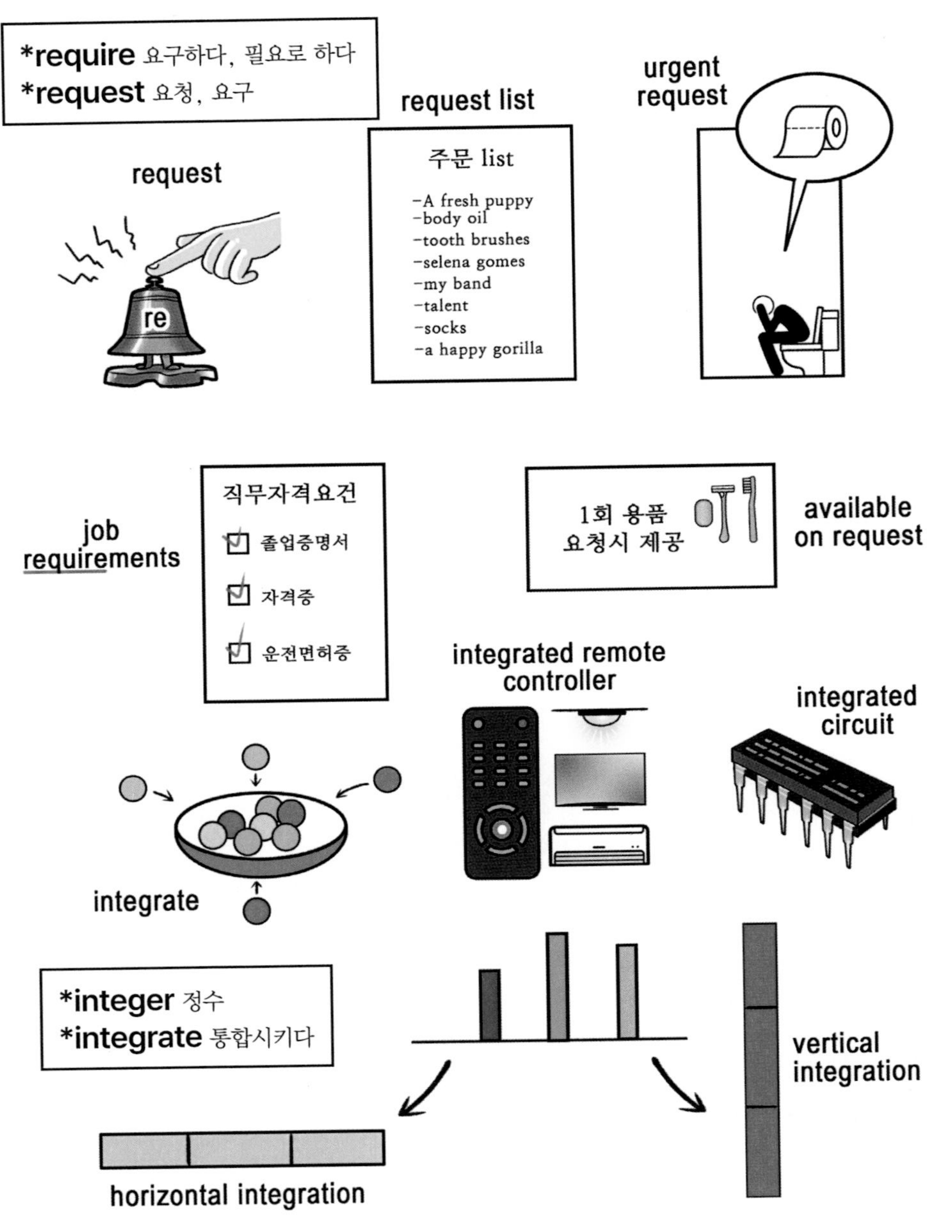

ROOT/STEM

request 요청(요구), 요청(요구)하다

* **re**(반복) + 라틴어 **quaerere**(찾다, 묻다) → 라틴어 **requirere**(묻다, 찾다) → **require, reguirement, request**

* **require** 필요로 하다, 요구하다

* **requirements** 필요조건, 자격요건

예문

All requests have to be in writing. 모든 요청은 서면으로 해주셔야 합니다.

Further details will be sent upon its request. 더 자세한 내용은 요청하시는 대로 보내드리겠습니다.

Your request will be dealt with in due course.
귀하의 요청에 대해서는 정해진 절차에 따라 조치를 취하겠습니다.

구문

- **an urgent request** 긴급요청
- **requests from customers** 고객의 요청
- **grant one's request** 요청을 승낙하다
- **refuse a request** 요청을 거절하다
- **make a request for further aid**
  추가원조를 요청하다
- **comply with one's request** 요청에 응하다
- **~ is available on request**
  ~는 요청하시면 받을 수 있습니다
- **at the request of the chairman**
  의장의 요청에 따라
- **request a press interview** 언론 인터뷰를 요청하다

ROOT/STEM

integrate 통합하다, 통합되다

* 라틴어 **integer**(완전한, 건강한) → **integrate** 통합하다

예문

It's essential that these services are integrated with one another.
서비스가 하나로 통합되는 것이 매우 중요하다

It took a long time for her integrate into korean society.
그 여자가 한국사회에 융합(동화)되는 데는 오랜 시간이 걸렸다.

구문

- **integrate management** 경영을 통합하다
- **integrated course** 통합 교과목
- **an integrated art** 종합예술
- **an integrated public transport system** 통합 대중교통
- **be integrated into the story** 이야기에 녹아들다
- **technological integration** 기술 집약
- **racial integration** 인종 간 통합, 인종차별 폐지
- **horizontal integration** 수평적 통합
- **vertical integration** 수직적 통합

humble, humus, humility, humid

ROOT/STEM

humble ① 겸손한 ② 변변치 않은, 초라한, 누추한
* 라틴어 **humus**(땅, 흙) → **humus** 부식토, 부엽토(동식물의 유기체가 분해되어 형성된 토양으로 비옥하다)
* **hum**은 땅, 흙과 관련이 있다. 땅은 낮고 습하다
* **humid** 습한 * **humidity** 습도, 습기 * **humidifier** 가습기
* **humility** 겸손 * **humiliate** 굴욕감을 주다 * **humiliation** 굴욕, 창피, 수치심

예문

Be humble enough to learn from your mistakes,
자신의 실수에서 겸손하게 배워라.

However humble it may be, there is no place like home.
아무리 초라해도 내 집 같은 곳은 없다.

The more noble the more humble. 고상할수록 겸손하다.

God blesses all who humble themselves.
신은 스스로 낮추는 자를 축복한다.

Humility comes before honor. 명예를 추구하기 전에 겸손해야 한다.

Humility is like underwear. 겸손은 속옷과 같다.
* 겸손은 드러나지 않게 해야 한다. 지나친 겸손은 비굴함이나 오만함으로 비춰질 수 있다.

If I only had a little humility, I'd be perfect.
조금만 더 겸손했더라면 나는 완벽했을 것이다.

The constant companion of truth is humility.
진실의 변함없는 반려자는 겸손이다.

구문

- **in my humble opinion** 제 변변치 못한 생각으로는
- **my humble tribute** 저의 보잘것없는 헌사
- **humble origins** 보잘것없는 출신배경
- **humble beginning** 초라한 시작
- **lessons in humility** 겸손에 관한 교훈
- **intellectual humility** 지적 겸손
- **humiliate him** 그를 모욕하다
- **This is humiliating** 이거 굴욕적인데(망신이야)
- **sexual humiliation** 성적 수치심
- **public humiliation** 대중 앞에서 수치심을 주는 것(공개모욕)
- **suffer the humiliation of losing all the game** 전패의 수모를 당하다

142

mimic, mimicry, mime, imitate, comic

mimicry

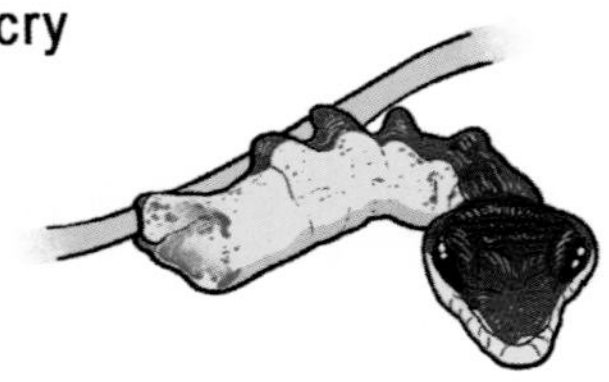

*mi는 흉내내는 것과 관련이 있다
*mimic 흉내를 내다

*mimicry 흉내, 의태
*mime 무언극
*comic 웃기는, 희극의
*imitate 흉내 내다, 모방하다

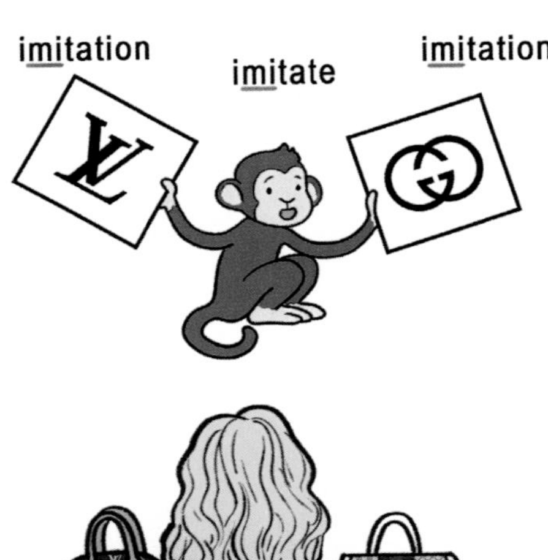

ROOT/STEM

mimic 흉내를 내다, 모방하다, 흉내쟁이 * **mimicker** 흉내 내는 사람
* 라틴어 **mimicus** (흉내 내는, 모사의, 가짜의), 라틴어 **comicus**(희극의), 라틴어 **imitor**(모방하다) → **mi**는 흉내 내는 것, 모방하는 것, 풍자희극, 익살극과 관련이 있다.
* **copycat**은 「모방(하는 사람), 모방하다」는 뜻
* **mimic** 흉내를 내다 → **mimicry** 흉내, 의태
* **comic** ① 웃기는, 재미있는, 희극의 ② 만화책 * **comedy** 코미디, 희극
* **mime** 무언극, 몸짓으로 표현하다
* **panto(all)** + **mime** → **pantomime** 무언극
* **mimesis** 모사, 모방(행동) * **mimetic** 모방(모사)하는
* **imitate** 모방하다, 흉내 내다 * **imitation** 모방, 흉내 내기, 모조품

예문

Most monkeys have ability to mimic human behavior.
대부분의 원숭이는 인간의 행동을 흉내 낼 수 있는 능력이 있다.

He is the master of vocal mimicry.
그는 성대모사의 달인이다.

The wise men shun the mistakes of fools, but fools do not imitate the successes of the wise.
현명한 사람들은 어리석은 사람들의 실수를 타산지석으로 삼아 그것을 피하지만 어리석은 자들은 현명한 사람들의 성공을 따라 하지 않는다.

All art is an imitation of nature.
모든 예술은 자연의 모방이다.

Rudeness is the weak man's imitation of strength.
무례함이란 약자가 강한 체하는 것이다.

구문

- **mimic human movements** 인간의 동작을 모방하다
- **mimic one's walk** ~의 걸음걸이를 흉내내다
- **a gift for mimicry** 흉내 내는 재능
- **protective mimicry** 보호적 의태
- **provide comic relief** 재미 있는 위안을 주다
- **a comic book** 만화책
- **perform a brief mime** 간단한 무언극을 하다
- **mime a picture** 사진을 몸짓으로 표현하다
- **convey one's sentiment into pantomime** 감정을 무언극으로 전달하다
- **express oneself in pantomime** 몸짓(손짓)으로 의사를 표현하다
- **mimetic skills** 모방 기술
- **memetic wars** 모의 전쟁
- **copycat suicide** 모방 자살
- **copycat my handwriting** 내 필체를 흉내 내다

143

heresy, heretic, pagan

ROOT/STEM

heresy 이단, 이설(異說)

* 라틴어 **haeresis**(이단) → **heresy** 이단, 이설(異說)
* **heretic** 이단자, 이교도 * **heretical** 이교도(이단자)의
* **heathen** 비종교인, 이교도, 야만인
* **pagan** 이교도, 기독교 이전의 토속신앙을 믿던 사람들, 비기독교도

예문

A virtuous heretic shall be saved before a wicked christian.
도덕적 이교도가 사악한 기독교도보다 먼저 구원될 것이다.
* 사람은 어떤 종교를 믿는가에 의해서가 아니라 그 사람의 행위에 따라 평가되어야 한다.

Heretics were burned at the stake. 이단자들이 화형에 처해졌다.

Every revolution ends by becoming either an oppressor or a heretic.
모든 혁명은 압제자가 되거나 이단자가 되면서 끝난다.
* 혁명은 폭력을 동반하고 그 과정에서 많은 사람을 희생시킨다. 혁명으로 정권을 잡은 지도자, 피를 묻힌 자들은 자신들도 똑같이 당할 수 있다고 생각하기 때문에 정권을 계속 유지해야 한다. 그러기 위해서는 혁명을 신성시하고 반대 세력을 반혁명 세력, 적폐 세력으로 몰아 끊임없이 숙청(purge)하거나 처형(excute)해야한다. 공포정치를 통해 반대 세력을 학살하고 끊임없이 죽일 사람을 찾아 공포의 전율 속에서 감히 다른 목소리를 내지 못하게 해야 한다. 대부분의 혁명은 이성에서 출발하여 감정적으로 되고 집단의 광기로 이어져 폭정과 공포정치로 귀결된다.

구문

- **be burned at the stake for heresy** 이단으로 화형을 당하다
- **heretical beliefs** 이단적인 믿음
- **a heretical cult** 이교적 광신자 집단
- **pagan rites** (기독교 입장에서 본) 이교도 의식
- **a heretical thought** 이단적 생각(이견)
- **convert the heathen** 이교도들을 개종시키다
- **a pagan goddess** 이교도 여신

ROOT/STEM

screw 나사, 나사를 조이다(고정시키다)

* **screw up** 일을 망치다, 엉망으로 만들다
* **screw-up** 일을 망침, 실수

예문

Screw the bolt tight! 볼트를 단단히 조여라!

I am sorry I screwed up your party 네 파티를 망쳐버려서 미안해.

구문

- **screw up my life** 내 인생을 엉망으로 만들다
- **screw up badly** 심하게 망치다

144

envy, jealousy

envy

부러움
羨望
선망

envy

***envious** 부러워하는, 시샘하는

jealousy

嫉妬
질투

***zeal** 열의, 열성
***zealous** 열성적인
***jealous** 질투(시기)하는

진화 심리학자들은 질투는 진화 과정에서 형성된 감정으로서 생존경쟁과 적자생존의 심리가 작용하여 방어적 메커니즘의 역할을 하는 것이라고 설명한다.

ROOT/STEM

envy ① 부러움, 선망, 시기, 시샘 ② 부러워하다, 선망하다
* **in**(안) + 라틴어 **videre**(보다) → 라틴어 **invidere**(질투하다) → 프랑스어 **envie** → **envy** 부러움, 선망
* **envious** 부러워하는, 시샘하는

zeal 열의, 열성
* 라틴어 **zelus**(갈망, 열망, 질투) → **zeal** 열의, 열성 * **zealous** 열성적인
* **jealous** 질투하는, 시기하는, 자기것을 지키려고 애쓰는 * **jealousy** 질투, 시기, 시샘
* **envy**는 내가 갖고 싶은 것을 누군가 가지고 있기 때문에 느끼는 불편한 감정, 갖고 싶어 부러워하는 감정 **jealousy**는 내가 좋아하는 것을 빼앗기고 싶지 않은 감정을 나타낸다.

예문

Envy is the tax which all distinction must pay. 시기는 뛰어난 사람들 모두가 물어야 하는 세금과 같다.

Envy shoots at others and wounds herself. 시기심은 다른 사람을 쏘지만 자신을 상하게 한다.

A true friend is never envious of your success.
진정한 친구는 너의 성공을 시샘하지 않는다.

The envious man is trying to find his delight in another's misfortune.
시기심 많은 사람은 다른 사람의 불행 속에서 기쁨을 찾으려고 한다.

If you find serenity and happiness, some people may be jealous.
당신이 평온과 행복을 찾는다면 누군가 질투할 수도 있다.

Jealousy slays love under the pretense of keeping it alive.
질투는 사랑을 살린다는 구실로 죽인다.

Sexual jealousy is a common motive for murder.
성적 질투심은 살인의 흔한 동기가 된다.

Your zeal should not outrun your caution.
당신의 열의가 경고보다 빨리 달려서는 안 된다.
* 갈증 난 비둘기가 간판에 그려진 물잔을 향해 날아가다가 간판에 몸을 부딪쳐 다쳤을 때 사람이 말했다. "무언가에 열중하며 경계, 주의를 소홀히 해서는 안 된다" - 이솝 우화

He is a zealous supporter of stem cell research.
그는 줄기세포 연구의 열렬한 지지자다.

구문

- **be jealous of one's success** ~의 성공을 시기하다.
- **arouse jealousy** 질투심을 불러일으키다.
- **missionary zeal** 선교의 열정
- **a messianic zeal** 메시아적(세상을 다 바꾸려는 듯한) 열정
- **work with zeal** 열의를 갖고 일하다
- **the zeal for industrialization** 산업화의 열정
- **zealous communist party activists** 공산당 열성당원들
- **make zealous effort** 열심히 노력하다

145

obsolete, usurer, loan shark

ob(away) +라틴어 solere(늘 ~하다)

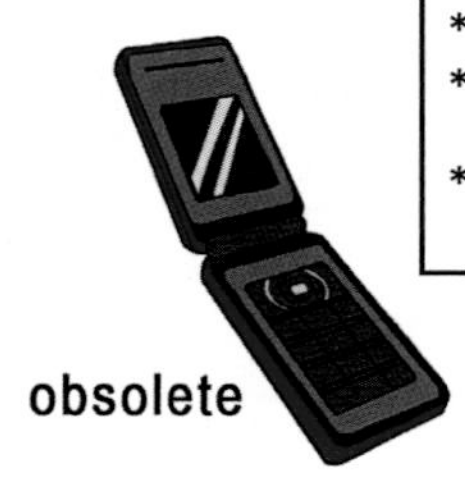

obsolete

*obsolete 한물간, 구식의
*obsolescent
쇠퇴해가는 퇴행성의
*obsolescence
노후화, 진부화

obsolete

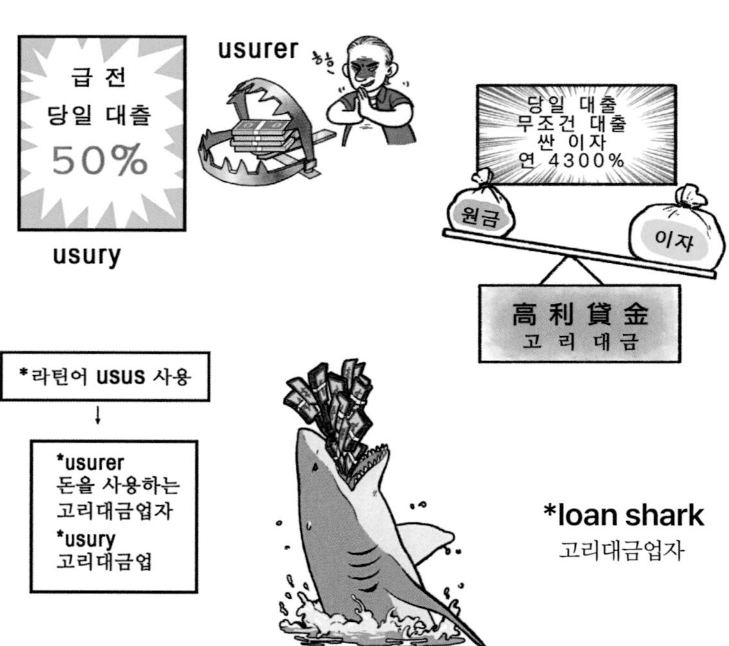

usurer

usury

*라틴어 usus 사용

↓

*usurer
돈을 사용하는
고리대금업자
*usury
고리대금업

loan-shark = usurer

*loan shark
고리대금업자

ROOT/STEM

obsolete 한물간, 구식의, 더 이상 쓸모가 없는

ob(반대로, 거슬러) + 라틴어 **soletis** (~하는 것이 통상적이다)→ 라틴어 **obsoletus**(낡아빠진, 보통의)

→ **obsolete** 통상적으로 쓰는 것과 반대로 되었으니 "한물간, 구식의"

* **obsolescence** 노후화, 진부화 * **obsolege** 무용지식

예문

The computer is really obsolete. 그 컴퓨터는 아주 구닥다리야.

There are strong elements of planned obsolescence in electronics.
전자제품에는 계획적 진부화의 강한 요소들이 있다.

* 전자제품은 곧 구식화되는 상품을 만들고 모델을 업데이트하여 소비자가 가지고 있는 제품은 구식이라는 인식을 심어준다. 장 보드리야르는 "유행과 광고는 사물의 가치를 증대시키는 것이 아니라 상품의 조직적 폐기를 유도한다. 상품은 사멸을 위해 생산된다."라고 하였다. 이 때문에 소비의 순환이 이루어지고 물건이 넘쳐나도 시장은 계속 돌아간다.

구문

- **War is obsolete** 전쟁은 한물갔다.

* 국제교역이 활성화되어 전쟁은 수익성이 현저히 떨어졌다.

- **obsolete technology** 한물간 기술
- **obsolete equipment** 노후 설비
- **planned obsolescence** 계획적 구식화 (고의적 진부화) = **built in obsolescence**

ROOT/STEM

usurer 고리대금업자

* 라틴어 **usus**(사용)→ **use** 사용 * **usurer** 돈을 사용해서 일하는 고리대금업자

* **usury** 고리대금업(악덕사채업 **predatory lending)**

* **loan shark** 고리대금업자 * **loan-sharking** 고리대금업 * **private loan** 사채

예문

Shylock was hated because he was a Jew and a usurer.
샤일록은 유대인이고 고리대금업자였기 때문에 미움을 받았다.

He owes to a loan shark. 그는 사채업자에게 빚을 지고 있다.

구문

- **usurer's capital** 고리대 자금
- **be squeezed dry by a usurer**
  고리대금업자에게 돈을 다 뜯기다.
- **usury law** 고리대금 금지법
- **cutlaw usury** 고리대금을 법으로 금지하다

* 이자를 지불해야 하는 이유: 근대 이전 유럽에서는 이자를 받는 것이 금지되었다. 시간은 오로지 창조주의 것이므로 시간을 이용해 돈을 버는 것은 죄악이었다. 이자는 흉물스러운 임신, 영적 간음으로 생겨난 사생아(love child) 취급을 받았고 대부업자(money lender)는 영혼을 지옥에 판 자로 취급되었다. 그러나 자본주의가 발달하면서 돈은 단순한 교환수단이 아니라 이윤을 창출하는 자본이 되었다. 돈을 빌린 사람은 그것을 이용하여 더 많은 돈을 벌 수 있고 빌려준 사람은 이윤 창출 기회를 놓치기 때문에 이자를 지불해야 하는 것이다.

146

barbarian, barber, hate, hatred

憎惡
증 오

hatred

*hate 미워하다
*hatred 증오
*hateful 혐오스러운

ROOT/STEM

barbarian 야만인, 교양 없는 사람
* 라틴어 **barba** (사람, 동물의) 수염 → 라틴어 **barbarus**(이방인, 외국인)
* **barbarian**은 수염이 덥수룩한 야만인, 교양 없는 사람 * **barbarism** 야만, 미개, 만행
* **barber** 수염을 깎는 이발사 * **barbed wire** 잔가지가 많은 가시철사
* 영어 이름 **Barbara**는 라틴어로 외국인(야만인) 여자라는 뜻이다.

예문

The true barbarian is he who thinks everything barbarous but his own tastes and prejudice.
진정한 야만인은 자신의 취향과 편견을 제외한 모든 것을 야만스럽다고 생각하는 사람이다.

Cannibalism has been condemned as an act of barbarism.
식인 행위는 야만적인 행동으로 비난받아 왔다.

* 문명과 야만의 구분은 인간집단의 편향이다.
사람들은 자기에게 익숙한 삶의 방식을 문명이라고 하고 낯선 것을 야만이라고 한다. 문명과 야만은 자기중심주의(egocentrism)에서 기인한다. 사람들은 자기에게 친숙한 것을 좋은 것이라고 믿는 편향(bias)이 있는데 그것은 친숙한 것이 인류를 해치지 않았고 안전했기 때문에 진화과정에서 생긴 편향이다.

ROOT/STEM

hate ① 미워하다, 싫어하다 ② 증오
* **hateful** 혐오스러운, 지긋지긋한 * **hatred** 증오, 혐오

예문

Hate is toxic waste in the river of life. 증오는 인생의 강에 있는 유독성 폐기물이다.

The hatred you're carrying is a live coal in your heart.
당신이 품고 있는 증오는 가슴속에 타고 있는 석탄 덩어리다.

Hatred paralyzes life. 증오는 인생을 마비시킨다.

Love will conquer hatred. 사랑은 증오를 물리칠 것이다.

* 증오상업주의(hatred commercialism)
정치인과 사업가 등은 자신의 영향력을 확대하기 위해 증오를 상업적으로 이용한다. 정당한 분노도 그 정도가 심해지면 증오로 바뀌고 증오가 무르익으면 증오를 숭배하게 된다. 선동가들이 증오의 대상에 좌표를 찍어주고 공격성을 발휘하게 해주면 그 주동자는 그들의 선두에 서고 그들의 왕이 될수 있다. 반대집단을 적으로 간주하여 선동하고 편향성을 강화하여 지지자들을 뭉치게하는 것은 선동가들에게 이익이 되지만 소통을 불가능하게 하고 갈등과 반목으로 나라를 망하게 한다. 사악한 정치꾼들은 증오상업주의로 파당의 이익을 얻고 현명한 지도자는 국민을 화합시켜 국가를 번영하게 한다.

구문

- **a hate crime** 증오에 의한 범죄
- **hate speech** 증오 발언
- **a hate campaign** 증오 캠페인
- **a hateful crime** 혐오스러운 범죄
- **post hateful comments** 악성 댓글을 올리다
- **look at him with hatred** 증오에 찬 눈으로 바라보다
- **incite racial hatred** 인종 간의 증오를 조장하다

147

blame, blameless, endemic, epidemic, pandemic

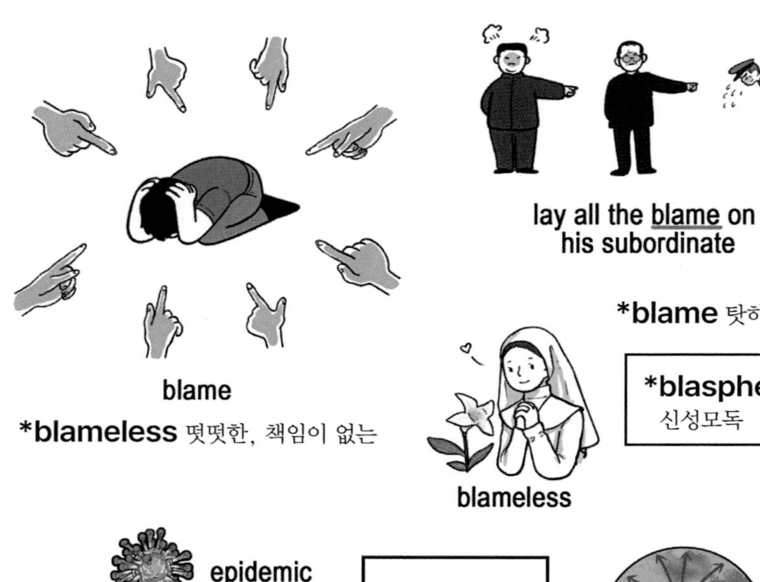

*blame 탓하다, 비난하다

*blasphemy 신성모독

*blameless 떳떳한, 책임이 없는

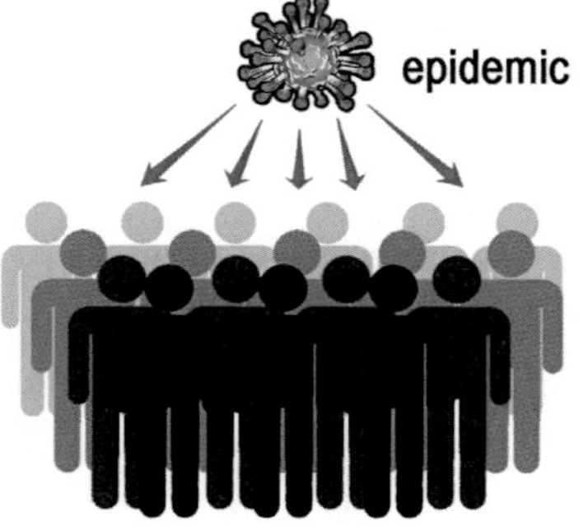

epi 위에
pan 전체의
demos 민중

pandemic

covid-19

*epidemic
유행병

*endemic
고유의, 풍토병

*pandemic
전국적(전세계적) 유행병

ROOT/STEM

blame ~를 탓하다, 비난하다, 책망하다
* 라틴어 **blasphemare**(신을 모독하다, 욕설하다) → **blaspheme, blame**
* **blaspheme**(신성을) 모독하다 * **blasphemy** 신성모독
* **blameless** 떳떳한, 책임이 없는 * **blameworthy** 탓할 만한, 책임이 있는

(예문)

I don't blame you. 그럴 수도 있어. / I don't blame you for leaving him. 네가 그 사람을 떠날 만도 하네.
A bad workman blames his tools. 서툰 일꾼이 연장을 탓한다.
It's easy to blame circumstances. 환경을 탓하기는 쉽다. / Who is to blame? 누구 탓인가?
Don't blame me, I blame it on you. 내 탓이 아니야, 네 탓이야.
He is not blameworthy. 그는 나무랄 데가 없다.

(구문)

- **blame the accident on drunk driving** 사고를 음주운전 탓으로 돌리다
- **blame Tom for his negligence** 톰의 태만을 나무라다
- **blameless for the accident** 그 사고에 대해 책임이 없다
- **blame it on me** 내 탓이야
- **blaspheme the name of god** 신의 이름을 모독하다
- **blaspheme against god** 신을 모독하다
- **be killed for bleasphemy** 신성모독으로 살해되다
- **anti-blasphemy** 신성모독 방지의

ROOT/STEM

endemic ① 특정지역(집단) 고유의, 고질적인, 그 고장 특산의 ② 풍토병
* **en**(안으로) + 그리스어 **demos**(대중) → **endemic** 집단내부(고유)의, 고질적인
* 그리스어 **epi**(위에) + **demos** (대중) → **epidemic** 유행병
* 그리스어 **pan**(전체의) + **demos**(대중) → **pandemic** (전국적, 전세계적) 유행병

(예문)

Malaria is endemic in Africa. 말라리아는 아프리카의 풍토병이다.
Corruption is endemic in underdeveloped countries. 저개발 국가들에서는 부패가 고질적이다(만연하다).
A fashion is nothing but an induced epidemic. 유행은 유도된(유발된) 유행병이다. - 버나드 쇼
The delivery business has grown during the coronavirus pandemic.
코로나바이러스 팬데믹 기간 중 배송업이 성장하였다.

* 2019년 중국 우한에서 발생한 폐렴 바이러스는 전세계에 확산되어 사회적 거리두기(social distancing)라는 새로운 생활 습관을 등장시켰다. 그 결과 디지털 대체서비스로 재택근무(homeworking), 화상회의(video conference), 원격진료 (remote medical service) 등 비대면 소비(untact consumption)가 증가하였다.

(구문)

- **the endemic problem** 고질적인 문제
- **an endemic disease** 풍토병
- **species endemic to Korea** 한국 고유의 토종들
- **a flu epidemic** 유행성 독감
- **contain an epidemic** 유행병을 방지하다
- **be helpless against an epidemic** 전염병 앞에서 속수무책이다
- **save the pandemic ridden world** 전염병에 시달리는 세계를 구하다
- **pandemic resilience** 세계적 유행병 이후의 회복력

148

crater, meteor, skyscraper

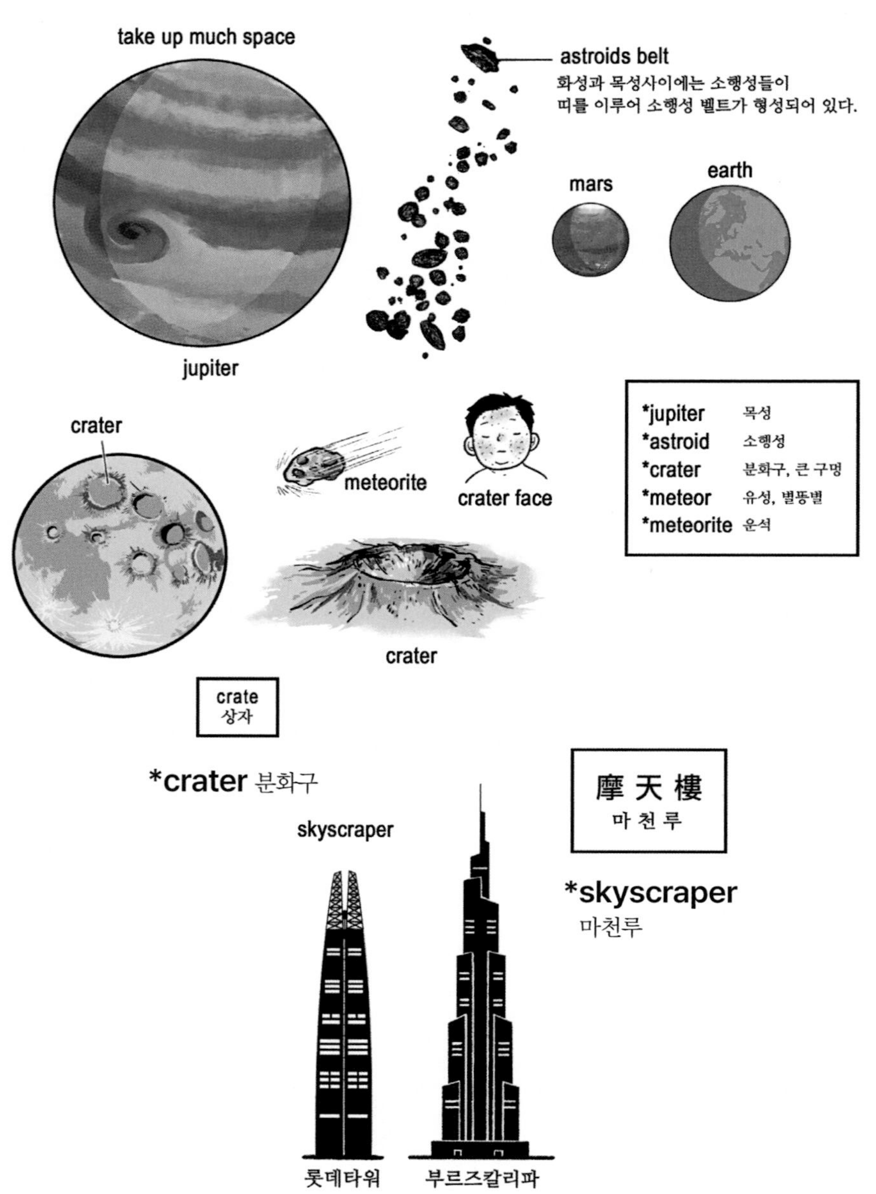

ROOT/STEM

crater 분화구, 큰 구멍
* **crate** 운송용 상자, 저장용 상자 → **crater** 분화구, 큰 구멍
* **craterlet** 작은 분화구
* **meteor** 유성, 별똥별 * **meteorite** 운석

예문

A meteor hit the earth and made a huge crater.
유성이 지구에 부딪쳐 큰 분화구가 생겼다.

The atmosphere burns most meteorites.
대기는 대부분의 운석을 연소시킨다.

* 운석이 지구에 충돌하면 엄청난 양의 먼지와 이산화황(sulfur dioxide)이 지구를 덮어 생명체를 멸종시킨다. 대기(atmosphere)는 대부분의 운석(meteorite)을 연소시켜 없앤다. 대기가 없다면 지구는 운석의 폭격으로 생명체가 살아남기 어렵게 된다.

구문

- **an impact crater on the moon** 달의 충돌 분화구
- **a crater formed by a meteorite** 운석에 의해 형성된 분화구
- **a meteorite crater** 운석이 떨어져 생긴 큰 구멍
- **crater-face** 여드름투성이의 얼굴
- **a volcano crater** 화산 분화구

ROOT/STEM

skyscraper 마천루, 고층빌딩
***sky**(하늘) + **scraper**(긁개) → **skyscraper**(하늘을 긁어버리는) 고층빌딩

예문

The higher the buildings, the lower the morals.
마천루가 하늘에 닿을수록 도덕은 땅에 떨어진다.

* 지금도 지진과 화산활동이 활발하고 어떤 곳은 수 km만 가도 펄펄 끓는 마그마가 나온다. 마천루는 소방에 취약하다. 또 에너지 소비가 많고 주변의 교통혼잡 등을 고려하면 그다지 경제적이지도 않다. 그럼에도 불구하고 인간이 마천루를 짓는 이유는 과시욕 때문이다.

The Burj Khalifa is the tallest skyscraper in the world.
부르즈 할리파는 세계에서 가장 높은 고층빌딩이다.

Lightning is striking the skyscraper.
마천루에 번개가 치고 있다.

구문

- **skyscraper curse** 마천루의 저주

* 초고층건물 축조후 경기불황을 맞는다는 가설
유동성이 풍부할 때 초고층빌딩을 짓다가 완공 무렵에 경기가 꺾이게 되면 거품이 꺼지게 되어 금융위기를 맞이할 수 있다. 이것은 저주가 아니라 인간의 허영심이 만들어낸 결과다.

149
embarrass, cutback, cut back

*embarrass 당황스럽게 만들다
*embarrassment 어색함, 쑥스러움, 곤란한 상황

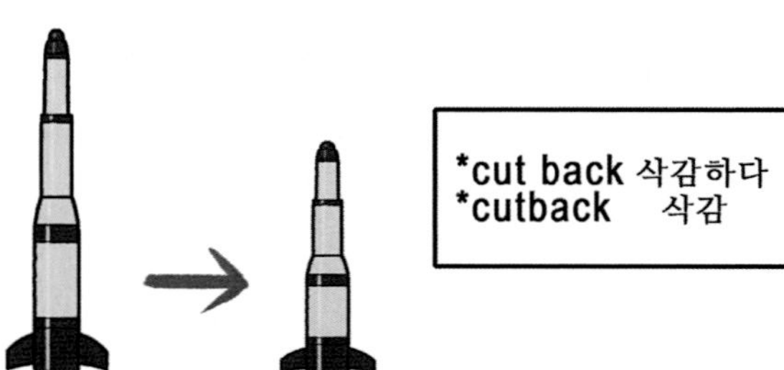

cutback in military spending

ROOT/STEM

embarrass 당황스럽게(어색하게, 쑥스럽게) 만들다, 곤란(난처)하게 만들다
*** em(make) + barr**(막대기) + **ass**(엉덩이)로 나누어 생각하면 기억하기 쉽다
막대기로 엉덩이를 건드리면 당황스럽게 된다
*** embarrassment** ① 어색함, 쑥스러움 ② 곤란한(난처한) 상황 ③ 골칫거리, 골칫덩어리

예문

I know this is embarrassing, but you must take off your underwear.
창피하겠지만 너는 속옷을 벗어야 돼.

To save her from any embarrassment I think maybe I should talk first.
그녀의 쑥스러움을 덜어주기 위해 내가 먼저 얘기를 꺼내야 할 것 같아

I've never felt so embarrassed in my life. 내 생에 그렇게 당황스러웠던 적은 없어.

구문

- **feel embarrassment** 당혹감을 느끼다
- **blush with embarrassment** 쑥스러워 얼굴을 붉히다
- **an embarrassed silence** 어색한 침묵
- **nearly died of embarrassment** 쑥스러워 죽는 줄 알았다
- **embarrass him with questions** 질문으로 그를 난처하게 하다

ROOT/STEM

cut back 줄이다, 축소하다, 삭감하다, 자제하다
cutback 삭감, 감축

예문

The government cut back on the defense budget. 정부는 국방예산을 삭감했다.

You need to cut buck on fatty food. 너는 고지방 음식을 줄여야 해.

구문

- **cut back on smoking** 흡연을 줄이다
- **cut back on salt(dairy, caffeine, sweets)** 염분(유제품, 카페인, 당분) 섭취를 줄이다
- **cut back on the budge**t 예산을 삭감하다
- **cut back on expenses** 비용을 줄이다
- **cut back output(production)** 생산을 줄이다
- **cutback in public spending** 공공비용지출 삭감
- **cutback in military spending** 군비지출 축소
- **decision to make cutbacks in pay** 임금삭감 결정
- **cutbacks in production** 생산량 감축

150

scapegoat, get ahead

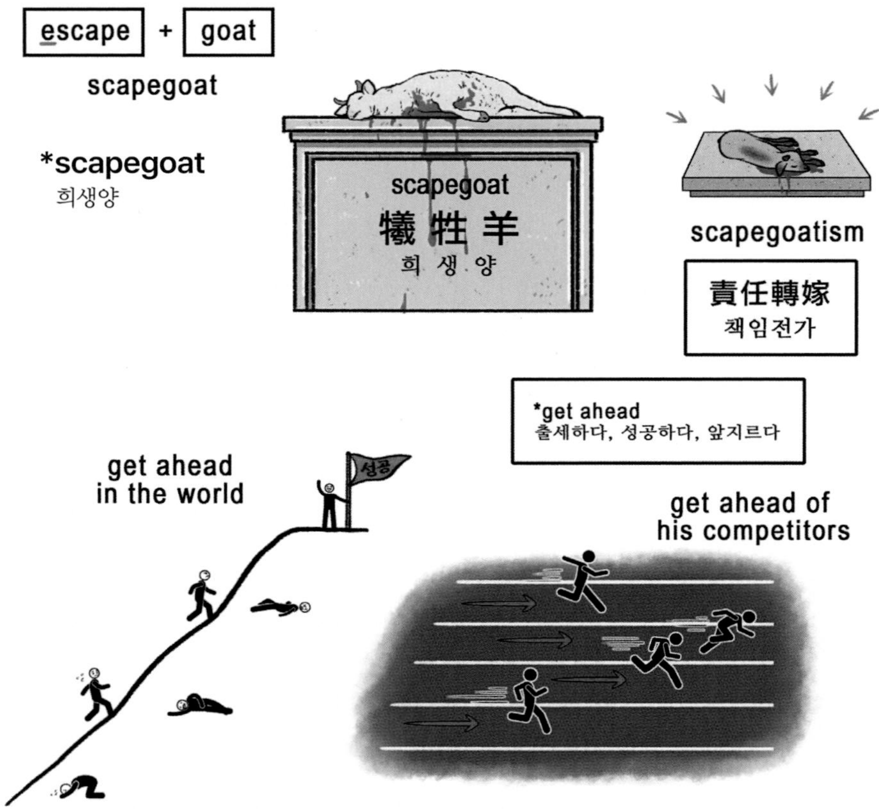

ROOT/STEM

scapegoat 희생양

* **escape**(탈출하다 **get away**) + **goat**(염소) → **scapegoat** 희생양
* **scapegoat**(희생양)는 다른 사람의 죄나 책임, 잘못을 대신 뒤집어 쓸 사람, 희생자 **victim**의 의미로 사용된다. 힘 있는 자들은 잘못이 있으면 희생양을 만들어 꼬리 자르기를 통해 몸통을 보호한다. 희생양 때문에 진짜 잘못을 저지른 사람은 쉽게 잊힌다.
* **scape goat**는 정부가 가상의 적을 설정하여 국민의 불만을 다른 곳으로 돌려 증오나 반감을 해소시키는 정책을 말한다.
* **scapegoating** 책임전가, 희생양 찾기 * **scapegoatism** 책임전가

예문

They are looking for scapegoats in this case.
그들은 이 사건에서 책임을 전가할 희생양을 찾고 있다.

They had to make him the scapegoat for the government's incompetence.
그들은 그를 정부의 무능함에 대한 희생양으로 삼아야 했다.

* 희생양의 유래
이스라엘에서는 제사장이 매년 속죄일 Yom Kippur에 염소(산양)에게 백성들의 죄를 전가하여 황야로 내쫓고 다른 염소를 한 마리 더 잡았다. 1953년 당시 성서를 번역한 윌리엄 틴들의 오역으로 염소가 양(lamb)이 되었다. 지배계층은 대중의 불만을 무고한 대상에게 분출하게 함으로써 정권의 안정과 사회결속을 도모한다. 이 경우 소수자, 여성, 이단 종교집단 등 사회적 약자가 주로 공격 대상이 된다(중세 유럽의 마녀사냥, 나치스 시대의 유대인 등). 희생양 제의는 책임 전가를 위한 왜곡된 의사소통의 패턴이었다.

구문

- **a scapegoat for the slush fund scadal** 비자금 사건의 희생양
- **a political scapegoat** 정치적 희생양

ROOT/STEM

get ahead 앞서다, 출세하다, 성공하다

예문

I want to get ahead in my career. 나는 내 분야에서 성공하고 싶어.

구문

- **get ahead of one's competitors** 경쟁자들을 앞지르다
- **get ahead in the world** 세상에서 성공하다, 출세하다